CONGRATULATIONS ON THE PUBLICATION
OF THIS SPECIAL EDITION.
THANK YOU TO ALL READERS
FOR THEIR SUPPORT.
I HOPE WE WILL HAVE THE
WISDOM TO DISTINGUISH
RIGHT / WRONG.

JUAN ENRIQUEZ

"스페셜 에디션의 출간을 축하드립니다. 독자 여러분의 성원에 감사드리며,
우리 모두 '무엇이 옳은가'를 분별할 수 있는 지혜를 얻길 바랍니다."

후안 엔리케스

추천의 글

인공지능과 줄기세포 같은 과학기술의 등장이 새로운 윤리 문제를 야기하는 오늘날, 어제의 도덕이 더 이상 통용되지 못함에 당혹스럽다. 난민과 가짜뉴스, 소셜미디어의 사생활 침해처럼 모든 것이 서로 복잡하게 얽혀 있는 전 지구적 현대 사회에서, 수많은 윤리적 이슈들은 우리가 학교에서 배운 규범이 더 이상 유용하지 않다는 걸 깨닫게 해준다. 참, 윤리적 딜레마를 사려 깊게 판단하는 법을 학교에서 제대로 배우기나 했던가?

과학기술과 현대 문명, 복잡한 사회 시스템과 정치적 올바름까지, 새로운 윤리적 문제가 날마다 엄습해오는 이때에, 이 책은 그저 21세기의 윤리 규범을 제시하는 책이 아니다. 오히려 우리가 어떻게 옳고 그름의 문제를 대해야 할지 이야기하며, 현대 윤리에 대한 태도를 스스로 정립하도록 도와주는 책에 가깝다. 고개를 끄덕이며 읽다가 마지막 책장을 시원하게 덮어버리는 책이 아니라, 책장을 넘길 때마다 친구들과 윤리적 딜레마에 대해 논쟁하고 싶어 근질근질하게 만드는 책이란 말이다.

정신질환자의 범죄에서부터 기후재난 시대의 일회용품 사용에 이르기까지, 이 책은 현대 사회에서 맞닥뜨리는 온갖 윤리적 딜레마들을 종횡무진 섭렵한다. 우리가 윤리적 판단에서 고려해야 할 다양한 논점들을 대화하듯 제시하고, 구체적인 판단 근거들을 조목조목 일러준다. 덕분에, 우리가 현대사회를 상식적으로 판단하며 살아가는데 유용한 지침서가 되어줄 것이다.

정재승 (뇌과학자, 『과학콘서트』, 『열두 발자국』 저자)

무엇이 옳은가

RIGHT / WRONG by Juan Enriquez

RIGHT

무엇이 옳은가

궁극의 질문들, 우리의 방향이 되다

WRONG

후안 엔리케스 지음

이경식 옮김

세계사

일러두기

이 책의 원주(原註)는 미주로, 역주는 각주로 처리했습니다.

메리와 다이애나 그리고 니코,
또 다음 세대 사람들에게 이 책을 바친다.
다음 세대야말로 미래 '신세계 윤리'의
틀을 만들어갈 주체이기 때문이다.

무엇이 변하고
무엇이 영원히 남을까?

　　옳음과 그름을 다룬 이 책의 초판이 나온 뒤로 지금까지 많은 것
이 변했으며, 또 다른 한편으로는 바뀐 게 거의 없다.

　　우크라이나와 러시아의 붕괴, 인공지능, 챗GPT 등은 과거에는 일
상의 이야깃거리가 아니었다. 코로나바이러스도 마찬가지다. 새로이
등장한 몇몇 정치 지도자는 거짓말과 속임수와 도둑질과 분열 행위
를 통해 자신의 존재감을 강화하고 있다. 반면 많은 추세들은 변하지
않고 있다. 일부 국가와 지역에서는 상대적인 부의 격차가 지속적으
로 벌어지고 있다. 소셜미디어와 전통적인 미디어는 계속해서 사람들
을 폭주하게 하고 또 분열시킨다. 대다수는 여전히 자기가 절대적으
로 옳다고 생각하고 또 자기 의견에 조금이라도 동의하지 않는 사람
은 그르다고 생각한다. 반대 의견을 가진 사람들을 비인간화하는 일
도 흔하게 일어나는데, 그들은 배척하고 소외시키고 무시하고 공격해

도 되는 '타자'일 뿐이기 때문이다.

　이렇게 철저하게 양극화된 세상에서 우리는 두 가지 사실을 잊어버리곤 한다. 첫 번째는 사람들 대부분이 점잖고 자상하다는 점이다. 예를 들어 늦은 밤 자동차 사고를 당한 사람이 폭설에 갇혀 누군가에게 도움을 청한다고 치자. 그러면 거의 모든 사람이 도움의 손길을 내밀 것이다. 두 번째는 어떤 확고한 믿음이라도 도전받을 수 있다는 것이다. 가령, 우리가 현재 어떤 사람들과 의견이 다르고 그들이 특히나 시대에 뒤떨어졌다고 생각하는데, 이런 우리의 생각이 옳다고 치자. 결과적으로 역사는 우리의 손을 들어줄지 모른다. 그러나 우리가 쉽게 잊어버리는 것은, 기술이 발전하면서 우리가 실천하고 진단하고 이해하고 구축하고 제공할 수 있는 것들이 더욱더 진보하게 되면 우리의 철석같은 믿음 역시 도전을 받게 되리라는 점이다.

　옳고 그름을 따지는 우리의 잣대는 시간이 흐르면서 바뀐다. 당신 또한 판단의 대상이 될지 모른다. 바라건대 지금 우리가 서로를 판단하는 것처럼 그렇게 가혹하진 않기를. 특정한 신이나 봉건 영주나 기업주를 위해 목숨까지 바치겠다고 생각하는 사람들의 의지는 시대가 변함에 따라 달라질 수 있으며, 때로는 완전히 사라져버릴 수도 있다. 지금 정상적이고 당연해 보이는 일, 예컨대 다른 많은 나라와 비교해 더 긴 시간 일할 것을 요구하거나 안정적인 화학 물질 생산을 위해 다양한 에너지원의 활용을 극대화하는 일조차도, 자원과 선택지와 지식이 지금보다 훨씬 더 풍부해질 미래에는 전혀 다른 관점에서 평가받게 될 것이다.

　한국은 윤리적 충격에 특히 취약한 세 가지 특성을 동시에 가지고 있다. 첫째, 한국은 탐욕스러운 3개 대국에 둘러싸인 천년의 문명국이다. 살아남기 위해 이 나라는 전통문화를 만들고 자기 영토와 독창성에 대한 자부심을 거듭 강화해왔다. 그런데 새로이 등장한 기술들이 오랜 믿음과 전통에 의문을 제기하면서 옳고 그름에 대한 생각을 계속해서 뒤집고 있다. 둘째, 한국은 새로운 발명과 신제품 혁명을 주도하는 기술 강국이다. 글로벌 경제 체제로 편입되는 속도가 한층 빨라질수록 오랜 세월 유지되던 윤리적 규범들과 충돌을 일으킬 가능성도 더 커지기 마련이다. 이런 도전은 전 세계 어떤 곳보다도 한국에서 먼저 일어날 수 있는데, 변화를 담지하는 기술의 파도가 한국 해안을 먼저 강타할 것이기 때문이다. 셋째, 언젠가 통일된 한국은 옳고 그름에 대한 우선순위나 인식이 전혀 다른 두 개의 사회를 하나로 섞고 통합해야 하는 과제를 풀어야 한다.

이런 맥락에서 겸손과 용서라는 두 단어를 기억하는 것이 특히 중요하다. 사람들 대다수는 사악하지 않다. 일부가 사악할 뿐이다. 우리는 우리가 속한 사회에서 끔찍하게 사악한 사이코패스를 용납하는 구조를 가려내 도태시켜야 하는 한편, 우리와는 전혀 다른 방식으로 새롭게 진화하는 윤리적 규범들을 채택하도록 교육받고 성장한 사람들을 수용할 공간을 마련해야 한다. 그렇다고 해서, "나는 옳고, 내게 동의하지 않는 사람은 모두 엄중하게 처벌하겠다"라는 명목으로 저질러진 끔찍한 개인적인 행동들을 용서하거나 없었던 것으로 치부하자는 말은 아니다. 이런 악행을 저지를 가능성이 가장 높은 사람들은 대개 자신은 정의라는 이름 아래 행동한다고 확신하는 이들로, 종교인이나 기업가, 정치인, 안보 전문가, 사회활동가 등으로 위장한 일종의 광신

도이다. 우리는 진정으로 사악하고 의도적으로 잔인한 사람들과, 교육을 잘못 받았거나 잘못 알고 있는 사람들을 구분할 필요가 있다.

이 문제와 관련해서는 동독과 알바니아와 미국의 경험이 조금은 다른 점에서 고무적이다. 독일은 1940년대 나치라는 절대악이 이끌던 사회에서 자유와 경제성장과 이념에 대해 전혀 다른 전망을 가진 두 개의 나라로 분단되었다. 하지만 동독은 여러 세대에 걸친 공산주의 이념의 세뇌에도 불구하고, 특별한 폭력이나 사회적 분열 없이 자본주의적인 경제 모델을 점진적으로 채택했다. 동독에서 이런저런 잔학 행위를 자행했던 사람들이 제대로 처벌받았는지에 대해서는 논쟁의 소지가 있지만, 분명한 사실은 한 사회가 옳고 그름에 대한 인식을 빠르게 바꿀 수 있다면 전혀 다른 시스템에도 잘 적응할 수 있다는 것이다. 동독 사람을 대하는 서독의 태도는 옳았다. 서독은 동독의 불행을 고소하게 여기지 않았고, 그들이 학습하고 적응하도록 공간과 자원을 제공했으며, 또 아직은 불완전하더라도 그들이 공동의 프로젝트에 대한 소속감을 키우도록 해주었다.

'은자의 왕국'으로 불렸던 알바니아야말로 완벽한 고립과 억압의 나라에서 현대적인 국가로 탈바꿈한 가장 적절한 사례가 아닐까 싶다. 세계에서 가장 편집증적이고 고립적이고 억압적인 정부의 독재자 아래에서 수십 년을 보냈던 알바니아는 지금 유럽의 일원이 되는 길로 나아가고 있다. 독재자 엔베르 호자Enver Hoxha를 보호하기 위해 고안되고, 북한이 설계에 부분적으로 참여하기도 했던 핵 벙커는 현재 미술관이며 역사박물관이자 억울하게 살해된 이들을 추모하는 공간으로 탈바꿈했다. 물론 모든 게 해결된 것은 아니다. 부패, 범죄, 경제적인 기회, 법치는 여전히 중대한 도전 과제로 남아 있다. 그러나 이 나라가 불과 몇십 년 사이에 얼마나 많이 변했는지를 보면 놀랍다. 알바니아 국민은 지금 과거와는 완전히 다른 세상에 대해 그리고 자기들이 받아들일 수 있는 윤리적 기준에 대해 배우고 또 적응하고 있다.

그리고 미국이 있다. 미국에서는 인종, 성적 지향, 계급 갈등, 기후, 총기 소지, 정치를 둘러싼 온갖 사회적 분열이 날마다 폭주한다. 뉴스를 읽다 보면 일부 '지도자들'의 무지와 잔인함과 파괴성에 경악을 금치 못하곤 한다. 상황이 심각해져 나라 전체가 분열의 소용돌이 속으로 떨어질 가능성도 늘 존재한다. 그러나 역사를 돌아보면 미국이 과거보다 얼마나 나아졌는지 알 수 있다. 비록 가끔 뒷걸음질 치기도 했지만. 나는 오늘날의 불의와 불평등에 절망하는 미국의 청년들에게, 만약 그들이 여성이나 무슬림이나 아프리카계 미국인이나 히스패닉으로 1970년, 1950년, 1900년, 1850년, 1800년에 태어났더라면 어땠을지 상상해보라고 권한다. 다양한 성적 지향이나 여성의 권리를 용인하는 태도는, 비록 완벽하진 않지만 1980년대 이후로 크게 개선되었다. 문화의 진화라는 관점에서 보면 광속이라 할 수 있을 정도다. 우리는 지금 다수의 윤리가 수십 년 사이에 180도 변화하는 과정을 목도하고 있다.

현재 많은 국가와 사회는 오랫동안 확립되어온 관행과 규범과 믿음이 극단적으로 도전받는 상황에 직면해 있다. 전통은 뒤집히는 정도를 넘어서서 폄하되고 있다. 가끔은 이런 상황이 더 나을 때도 있다. 그러나 언제든 너무 무리한 믿음의 변화는 혼란을 야기하기 마련이며, 때로는 '무엇이 옳은지'에 대해 다른 믿음을 오래 유지해온 이에게 직접적인 모욕감을 안겨주기도 한다. 문화 전쟁은 결코 사라지지 않을 것이다. 기술이 우리에게 새로운 지평과 과제를 제공할수록 우리의 질문과 도전도 더 많아질 것이다. 최근 인공지능의 부상과 이것이 가져다주는 약속과 위험은 하나의 기술이 어떻게 어떤 이들은 매료시키고 동시에 다른 이들은 공포에 떨게 할 수 있는지를 보여주는 가장 최신의 사례이다.

우리는 규제에 대해 얼마든지 토론할 수 있다. 특히 인공지능과 관련해서 우리는 세 가지 사실을 명심해야 한다. 첫째, 인공지능은 고도로 탈중심화되어 있고, 이미 오픈소스이며, 복제가 가능하고, 더 빠르고 더 좋고 더 싸지고 있다. 이러한 기술을 막으려는 시도는 공장에서 생산된 방대한 자원들과 긴 리드타임[•]을 필요로 하는 원자력이나 다른 기술을 규제하는 일보다 훨씬 어렵다. 둘째, 신중한 규제에는 결과가 따른다. 2000년 당시 유럽연합과 미국의 경제 규모는 거의 대등했다. 그러나 지금 미국의 경제 규모는 주로 기술과 스타트업 덕분에 유럽연합의 거의 두 배에 달한다. 셋째, 인공지능과 같은 강력한 기술들이 한 주가 멀다 하고 발전하는 상황에서는, 불법 프로그램이 지하에서 비밀리에 번창하고 돌연변이를 낳도록 하는 것보다는 공개적으로 토론하고 감독하는 게 훨씬 더 낫다.

한국은 다양한 기술을 수용하고 채택하고 성장시키면서 성공을 거두어왔다. 인공지능을 둘러싼 이 전투에서 한국이 주변의 몇몇 강대국과 경쟁하려면 스타트업들이 성공하고 또 국가적인 차원의 지원

• 상품의 생산 시작부터 완성까지 걸리는 시간

이 이루어져야 한다. 그렇다고 걱정할 필요도 없고 규제도 필요 없다는 뜻은 아니다. 내 말의 의미는 지능의 80퍼센트는 윤리적인 인공지능을 어떻게 성장시키고 배치할 것인가 하는 점에 집중하고 나머지 20퍼센트는 규제와 위험에 대한 논의에 쏟아야 한다는 뜻이다.

마지막으로 전쟁에 대해서 한마디 하자. 이 책을 처음 출간할 때 나는 지구상에서 전쟁이 종식될 것이라고는 기대하지 않았다. 하지만 유럽에서 전면적인 침공이 일어나리라는 예상도 하지 못했다. 전쟁에 따른 대가는 너무 컸다. 러시아는 농경지를 추가로 확보하고 국경을 확장하려는 시도의 대가로, 최고의 기업가정신을 가진 사람들을 다수 잃었고 글로벌 경제로부터 차단되었으며 다수의 자국 기업이 파괴되는 결과를 받았다. 기술 경제에서 인재는 이동이 자유롭기 때문에, 한 나라의 부의 상당 부분이 수백 대의 비행기로 옮겨질 수 있다. 따라서 어떤 국가도 안심할 수 없는 것이다. 어쩌면 아시아에서 대규모 전쟁이 일어날 수도 있다. 비록 이런 전쟁은 반합리적인semi-rational 경제학이 아니라 이념적이고 권력에 굶주린 정치인들에 의해서 일어나겠지만. 시작이 어땠든 좋은 결말은 없을 것이다. 무기 제조업체를 제외한 그 누구의 형편도 나아지지 않을 것이다. 침략자가 가장 막대한 손해를 입을 가능성이 크다. 정신을 잃는 손실에 비하면 영토를 얻는 이득은 비교가 되지 않을 정도로 작다. 전쟁의 명분이 약해지면 전쟁에서 이길 수 있다는 생각도 잠식될 것이다. 한 국가가 실패했을 때 다른 나라가 개입해야 한다는 생각과 의지도 점점 옅어지고 있다. 이렇게 되면 통치 불능 상태에 빠지는 나라들이 점점 더 많아질 공산이 크다.

시민을 대할 때 존중과 존엄한 마음으로 대하고, 다문화 복합사회의 미래를 제시하는 것이 혁신과 기업가정신의 핵심이다. 여기서 실패하면 경제도 실패한다. 현대사회가 고령화됨에 따라 국내외에서 외국인 노동자와 협력하는 일이 점점 더 중요해질 것이다. 대규모 분열을 방지하려면, 외국인 노동자에게 중요한 것이 무엇인지 이해하고, 또 그들에게 공동의 미래에 대한 기대와 문화 공유에 대한 전망을 제시하는 것이 필수적이다. 이 일이 가능해지려면, 옳고 그름에 대한 감각이 사람마다 다를 수 있음을 또한 이해해야 한다.

한국은 강한 직업 정신과 강력한 교육 체계 및 기술 지향성을 갖추고 있어서, 복잡다단한 21세기에 번영할 수 있는 좋은 조건을 가지고 있다. 그러나 한국도 옳고 그름을 구분하는 자기만의 잣대가 심각한 도전을 받는 상황에 직면하게 될 것이다. 이런 상황에서는 때로 자기만의 고유한 전통과 강점을 완강히 밀어붙여야 할 것이다. 또 때로는 남의 말에 귀를 기울이고, 새로운 것을 받아들이고 적응하며, 심지어는 절대 변하지 않을 것이라 믿었던 것들에 대한 생각조차 바꿔야 할 것이다.

2023년 10월
후안 엔리케스

차례

들어가며

옳고 그름의 문제는
왜 뜨거운 이슈가 되었을까?

성^{Sex}은 바뀐다. 그것도 빠르게. 성에 대한, 또 성 아닌 다른 여러 주제에 대한 옳고 그름의 핵심적 발상들 역시 빠르게 바뀐다. 우리의 조부모 세대가 피임, 체외수정, 대리모와 대리부, 유전자 편집 등에 대해 생각했던 것들은 지금 젊은 사람들이 당연하게 여기는 것들과 매우 다르다. 그분들이 도저히 받아들일 수 없었던 비윤리적인 것들이 지금은 상식이 되었다. 기술은 흔히 우리의 믿음을 바꾸어놓고, 또 윤리라는 골대의 위치를 예전과 다른 곳으로 옮긴다. 여기에 있던 것을 저기로 옮겨놓는 식이기에 많은 사람들은 이를 혼란스러워하고, 심지어 어떤 이들은 역사가 잘못 굴러간다며 분노하고 두려워한다.

변화가 끊임없이 진행되는 상황에서는 보수적인 사람이든 진보적인 사람이든 누구나 온갖 소음과 분노에 휩싸일 수밖에 없다. 어떤 시점에 경험한 누군가와의 신체 접촉이 나중에 떠올려보니 불편한 것으로 느껴지는 이유 중 하나가 어쩌면 바로 이것이 아닐까? 당신 주변에는 당신이 이러저러한 일들을 잘못하고 있다며 절대적 확신을 갖고서 지적하는 이가 너무도 많다. 당신 역시 다른 사람이 하는 행동을 보고 이렇게 생각할 수 있다.

저건 내가 성장하면서 보고 배운 것과 다르잖아. 어째서 이렇게나 많은 사람이 사악하기 짝이 없는 짓을 하고 있는 거지?

어떤 때는 과거와 달리 악마들이 사방에서 활개를 치며 돌아다닌다는 생각이 들기도 한다. 그래서 어떤 이는 이런 질문을 하기도 한다.

'옳은 것'이 무엇인지 이해하고 실천하지 못하는 이가 이토록 많은 이유는 도대체 뭘까?

이 '공포의 시대'이자 '위대한 확실성의 시대'에 사람들은 편을 가르고선 안전하다고 느끼는 쪽에 선다. 이어 자기편을 보호하는 바리케이드를 친 다음엔 자신들이 가진 믿음, 자신들이 하는 말의 신뢰성은 이미 입증되었다고 선언한다. 그리고 거기에다 자기가 좋아하는 라벨을 붙인다. 동성애자 인권활동가, 혈기왕성한 보수주의자, #미투Metoo, 하느님을 무서워하는 아무개, 백신 접종 거부자, #MAGA* 등…… 우리 가운데 많은 이는 누군가를 만나면 그 사람이 공화당을 지지하는지 혹은 민주당을 지지하는지, 또 이러저러한 것들을 찬성하는지 혹은 반대하는지를 파악하자마자 그것을 기준 삼아 상대를 평가하는 경향이 있다.

---

* 'Make America Great Again(미국을 다시 위대하게 만들자)'의 약자로, 도널드 트럼프가 내건 슬로건이자 트럼프와 그의 선거운동을 상징한다.

어쩌면 당신은 여기에서 한 걸음 더 나아가, 자신은 주변의 다른 무지한 군중과 달라서 옳음과 그름을 분별한다고 생각할 수도 있다. 그래서 학교, 광장, 트위터Twitter나 페이스북Facebook, 술집, 커피숍 그리고 투표장에서 자기가 절대적으로 확실하다고 생각하는 것을 큰 소리로 외쳐댄다.[1]

극우와 극좌에 속하는 사람들만 미래를 걱정하며 불안에 떠는 게 아니다. 우리 가운데 많은 이가 두려움에 떨고 있다. 좋든 싫든 신기술의 발명과 적용이 워낙 빠르게 진행되다 보니 그 각각의 기술을 놓고 충분히 생각할 시간은 거의 없으며, 각 기술에 적응할 시간은 더 말할 것도 없다. 청년들이 좋아하는 아무 책이나 영화 하나를 머릿속에 떠올려보자. 대부분은 '포스트 아포칼립스post-apocalypse'*에 해당될 것이다. 『해리 포터Harry Potter』 시리즈에서 느꼈던 기분 좋은 아슬아슬함은 한층 암울한 모습을 띠게 되었다. 〈헝거 게임The Hunger Games〉 〈메이즈 러너The Maze Runner〉 〈매트릭스The Matrix〉 〈다이버전트Divergent〉 〈왕좌의 게임Game of Thrones〉 등이 그렇다. 비디오게임은 또 어떤가? 〈퐁Pong〉 〈테트리스Tetris〉 〈슈퍼마리오Super Mario〉 등과 같은 유형의 게임은 수백만 명의 군인이 전투를 벌이고 죽어가는 온라인 멀티플레이어 게임으로 바뀌었다.

어쩌다 우리가 여기까지 오게 된 것일까? 왜 이젠 예전의 관습과 규범과 믿음만으로는 충분하지 않은 걸까? 누군가는 이렇게 대답한다.

"요즘 사람들은 예전과 달리 훨씬 더 과격하고, 사악하며, 인종차별적이고, 착각에 빠져 사는 데다가 화도 많이 나 있으니까요."

---

* 인류와 문명이 멸망한 이후를 다루는 세계관 또는 그런 세계를 배경으로 하는 작품.

그러나 내 생각은 다르다. 나는 사람들이 대부분 친절하고 자상하며, 옳은 일의 실행을 때로는 필사적일 정도로 원한다고 생각한다. 그들은 나 혹은 당신과 의견이 다를 수 있다. 그러나 작은 단위의 집단을 벗어나 극좌에서 극우까지 펼쳐진 넓은 스펙트럼상에서 보면 우리는 과거보다 한층 더 가까이 연결되어 있다. 그뿐 아니라 지금 당장 무엇을 해야 하는지, 남을 어떻게 대해야 하는지에 관해서도 예전보다 더 많이 안다. 뒤에서 자세히 살펴보겠지만 아프리카나 빈민가, 시골에 사는 '우리와 같은' 사람들 그리고 때로는 우리와 매우 다른 사람들에게 일어나는 일들에 대해 우리가 신경 쓰고 걱정하는 경향은 예전보다 훨씬 더 강해졌다.

다른 이들에 비해 상대적으로 자주 잔인함과 피에 노출되는 사람들(의사나 군인을 생각해보자)이 그렇듯, 어떤 점에서 우리는 온 세상이 다 자기 눈에 보이는 것처럼 걱정스럽게 돌아간다고 결론짓고 만다. 이런 것들에 너무 많이 노출되고 또 무감각해진 나머지 예전과 달리 많은 것들이 좋아졌다는 사실, 또 여러 가지가 개선됨에 따라 윤리 역시 시간의 흐름 속에서 변한다는 사실을 우리는 잊어버린다. 사람들은 대부분 자신과 다른 사람의 기준을 한층 높게 설정하고, 우리 후손들만큼은 새롭게 설정된 보다 높은 수준의 삶을 살길 바란다.

그러나 우리는 이러한 인식에 유의해야 한다. 윤리에는 그것과 관련된 일체의 논의를 뒤집어버리는 강력하고도 오랜 경향이 존재하기 때문이다. 그것은 바로 '규칙은 변한다'라는 절대적 성질이다. 우리가 올바르고 윤리적이며 표준이라 여기는 것들은 유례를 찾아볼 수 없을 정도로 빠르게 바뀌고 있다. 확실성, 신념 그리고 우리가 늘 자명하고 영원한 진리라 믿어온 바들을 지탱하는 기둥들 중 많은 것들은 이미 무너졌다. 이 붕괴 과정은 지금 이 순간에도 쉼 없이 진행되고 있다. 그런데 대부분의 경우 이런 변화는 좋은 쪽으로의 변화에 해당한다.

　오늘날 우리가 '올바르다' 혹은 '그르다'고 생각하는 대상들은 과거 사람들이 '올바르다' 혹은 '그르다'고 생각했던 것들과 다르다. '구약성서'는 '신약성서'가 아니다. 또한 혹자가 이단자라 한들 지금의 우리는 그 사람을 불에 태워 죽이지 않고, 노예를 부리지 않으며, 군중에게 즐거움을 주겠다는 목적으로 광장에서 사람을 고문하거나 목을 베는 일도 없다. 예전에는 당연하게 여겨지던 것들이 이제 더는 용인되지 않는다.

> 우리는 윤리를 순백의 대리석 조각상 같은
> 그 무엇으로 여기는 데 익숙해져 있다.
> 결코 바뀔 수 없는 영원불멸의
> 합법적인 토템(신성한 상징물)으로 여긴다는 말이다.
> 그러나 '모든 윤리적인 것'도 시간이 흐름에 따라
> 근본적으로 바뀐다는 점을 생각해보자.

'옳음 대 그름'은 매우 중대한 주제다. 우리는 우리의 어리석음을 깨달아야 하고, 또 그 어리석음을 비웃을 수 있어야 한다. 나중에 돌아보면 너무나 분명한, 또 비극적인 실수를 우리는 지금까지 많이 저질러왔고 앞으로도 그러할 것이다. 중세의 고귀한 법정에서는 열두 살짜리 아이가 결혼하는 것이 자연스러웠으며 예의나 법도에도 맞았다. 또 몇몇 지역에선 섭취할 영양 자원이 매우 부족할 때 하는 식인(食人) 행위가 하나의 자연스러운 규범이었고 심지어 20세기까지도 그랬다(극단적 환경에서는 이러한 식인 관행이 주기적으로 나타나곤 한다. 1972년 칠레의 한 대학교 럭비팀과 가족들을 태운 비행기가 안데스산맥에 추락한 뒤 생존자들 사이에서 그런 일이 일어나기도 했다). 성적인 관습 또한 시대와 사회에 따라 제각각이다. 이교도 화형식은 이제 장작을 태우는 대신 트윗을 날리는 방식으로 바뀌었다(OH°나 BTW°° 같은 축약어를 일반 대중이 받아들이는 수용도는 시간이 지나면서 얼마든지 바뀔 수 있다. 화형식에 사용되는 장작 묶음을 가리키는 단어 'faggot'의 본래 뜻이 무엇인지 모른다면 사전에서 찾아보길 바란다. 'gay'나 'bumfiddle' 'cock-bell' 같은 단어들과 함께 말이다°°°).

그간의 모든 문명과 역사 속에서 인간은 일을 망치는 실수를 수없이 되풀이했다. 그러나 여전히 윤리적 문제들을 다루는 방식이 낡은 발상에 사로잡혀 있고, 그 때문에 본질적으로 가장 잘못된 믿음을 가지고 문제를 해결하려 든다. 그 믿음이란 바로 이것이다.

"윤리라는 것은 절대 변하지 않아. 그래서 나는 옳음과 그름을 잘 분별할 줄 알지!"

누군가가 "오늘 오후에 어떤 문제에 대해 윤리 심사를 하자"라 제안해도 우리가 크게 흥분하지 않는 이유가 이러한 확신 때문이다. 하지만 그러다가도 타인이 자기 의견과 다른 의견을 내면 우린 그걸 도저히 참

● '배우자' 혹은 '파트너'를 뜻하는 'other half'의 약자.

●● '그건 그렇고'를 뜻하는 'by the way'의 약자.

●●● 모두 '남성 동성연애자'를 뜻한다.

아 넘기지 못한다.

윤리를 그저 '지루한 것'으로만 여기는 이유는 다들 자기가 옳고 그름을 분별한다고 생각하기 때문이다. 다른 학교로 전학을 가거나 새로운 직장에 출근하는 경우를 생각해보자. 대개는 이럴 때 엄청난 혼란에 빠진다. 새로운 윤리적 인간관계 매뉴얼에 적응해야 하기 때문이다. '명백함의 대장 아무개 꼰대'가 저술한 이 두꺼운 매뉴얼은 온갖 틀에 박힌 말들로 가득하며, 사람이 쓸 수 있는 말 중 가장 지루하고 틀에 박힌 것들을 죄다 담고 있다. 그런데 만일 그들이 이 교리문답서를 통해 당신에게 '가르치려' 하는 내용을 당신이 충분히 파악하지 못한다면 어떨까? 아마 당신은 새로 전학 간 그 학교에서 잘 지낼 수 없거나, 새로운 직장에서 주어진 업무를 수행하지 못하거나, 그 멋지고 우아한 이들과 어울리지 못할 것이다.

> 이런 인간관계 매뉴얼들은 예전에 버진 아메리카^{Virgin America}•에서 안내한 다음 멘트를 상기시킬 것이다.
>
> "안전벨트를 한 번도 착용해보신 적 없는 0.001퍼센트의 분들을 위해⋯⋯"••

그런데 문제는 어떤 사회에서든 구성원 다수가 윤리적이라 여기는 것도 불과 몇 년이라는 짧은 시간 안에 근본적으로 바뀔 수 있다는 점이다. 당대의 관습뿐 아니라 인간관계 매뉴얼을 숙지하고 충실히 따랐

• 미국 항공사 중 하나이다.
•• 버진 아메리카에서 유머를 가미해 만든 안전벨트 착용 안내 멘트이다.

을지라도 어느 한순간에 역사의 잘못된 편에 서는 바람에 눈총을 받을 수 있다. 이런 일은 언제든 일어난다. 소셜미디어에 무언가를 끊임없이 기록하고 게시하는 시대에 살다 보니 멍청한 댓글 하나를 자칫 잘못 달았다간 직장을 잃고 경력을 망치며 온 세상 사람에게 신상이 털려 수백만 명으로부터 조롱당할 수 있다. '우리 편'에 서 있는 누군가에 대한 모욕 하나하나는 모두 우리에게 가해지는 개인적 모욕이 되고, 또 우리는 그 모욕을 고스란히 돌려주기 위해 같은 편끼리 뭉친다.

오늘날의 보편적 규범에 따라 합리적으로 행동하는 사람이라 해도 미래의 어떤 시점에 가서는 그 행동 때문에 가혹한 비판을 받을 수 있다. 미래 세대가 어떤 것들을 윤리적이라 여기고 어떤 것들을 야만적이라 여길지 우리는 추측만 할 뿐 확실히 알 수 없다. 윤리라는 영역이 가장 까다롭고 분노를 유발하지만, 또 보상을 가져다주는 노력의 영역인 것도 바로 이런 이유에서다. 우리의 손자들은 나중에 우리를 비웃을 것이고, 때로는 우리 행동에 혀를 찰 것이며, 또 때때로 분노할 것이다. 우리가 조부모 세대에게 그랬듯이 말이다.

윤리적 변화를 급격하게 추동하는 가장 큰 동력들 중 하나는 기술이다. 기술은 옳고 그름에 대한 우리의 관념을 근본적으로 바꾸는 대안들을 제공한다. 단 한 번의 도약으로 높은 건물을 뛰어넘는 건 이제 어려운 일도 아니다. 우리는 과거 세대들이 기적이라 여길 일들을 이미 하고 있다. 지구가 아닌 다른 행성에 가고, 그 행성을 지구처럼 만들며, 또 인간을 포함한 생명체의 진화 과정도 통제하고 있다.

변화하는 윤리적 규범을 판단할 방법은 정해져 있지 않다. 지금 우리가 당연시하는 일들을 하게 될 거라고 예전에는 생각조차 하지 못했

기 때문이다. 돌이켜보면 우리 조상들은 우리가 지금 야만적이라 여기
는 행동들을 했다. 그리고 우리는 그 행동들을 놓고 그들을 냉혹하게
비판한다. 그러나 이 과정에서 우리는 그들이 어떤 교육을 받고 성장했
는지, 또 당시 그들이 취할 수도 있었던 대안적 행동으로 무엇이 있었
을지에는 거의 관심이 없다. 남을 배려하고, 예의를 지키며, 법을 준수
하고, 신에게 두려움을 느끼는 사람들은 계속해서 그릇된 역사를 답습
한다. 이는 "기술은 윤리를 바꾸어놓는다. 그러니 오늘 당연한 것으로
받아들여지는 일이 내일도 그럴 것이라는 생각은 하지 마라"라는 근본
적 규칙을 무시하거나 잊어버리기 때문이다.

　우리가 절대적이라 여기는 믿음들은 이 순간에도 바뀌고 있다. 그
것도 과거에 우리가 받아들이고 믿었던 것과 정반대 방향으로 말이다
(수십 년 전 우리가 동성애자에 대해 어떻게 배웠는지 한번 떠올려보자). 기
술이 워낙 빠르게 발전하니 그 변화의 길을 우리에게 보여줄 결정적 로
드맵이나 성가집 같은 것은 존재할 수가 없다. 또한 기술 발전에 동반
되는 윤리 기준의 대규모 변화가 기업이나 학계의 예의범절 매뉴얼에
도 거의 드러나지 않는다. 이런 격변의 변화 속에서 개인과 사회는 비
틀거리고 결국엔 역사의 통구이가 되고 말 것이다.

　윤리적 측면에서 기술을 생각할 때 사람들은 흔히 사악함을 떠올
린다(영화 〈터미네이터Terminator〉의 배경음악만 봐도 그렇다). 기술을 두려
워하고 그것에 엄격한 잣대를 들이대는 데는 충분히 그럴 만한 이유들
이 있다. 합성생물학synthetic biology*과 인간을 위협하는 인공지능AI, 과거

●　특정 목적을 위해 생명체를 인공으로 합성하는 학문 분야.

어느 때보다도 강력한 파괴력을 가진 무기, 거대한 규모로 연결된 경제적 상호의존성 그리고 기후변화 등을 특징으로 하는 이 시대에 윤리적 차원의 문제는 점점 뜨거워지고 있다. 이 문제들에 대한 오늘의 선택이 인류의 내일을 결정할 것이다.

명심하자. 이는 비유가 아닌 직설이다.

그러나 우리가 종종 무시하는 기술-윤리 상호의존성에는 또 다른 측면이 있다. 기술은 흔히 보다 윤리적인 행동들을 가능하게 해주는가 하면, 미래 세대들이 과거를 돌아보며 이런 질문을 하게도 해준다.

옛날 사람들은 그때 도대체 무슨 생각을 한 거지? 어떻게 감히 '그런 짓'을 할 수 있었을까?

인류 역사에서 나타난 혁명들을 놓고 생각해보자. 우선 농업혁명과 산업혁명은 사람들이 일상에서 누릴 수 있는 것과 행할 수 있는 것, 그리고 타인을 향한 관대의 범위를 근본적으로 바꿔놓았다. 산업혁명이 없었다면 사람들은 약 천년간 다문화적으로 수행된 (도저히 정당화하기 어려운) 노예제도를 폐지할 생각조차 할 수 없었을 것이다. 그리고 디지털 혁명이 왔다. 지구의 절반이 인터넷망으로 연결되었고, 이 연결망을 통해 소통하고 비교하고 질문하기 시작했다. 또 우리가 거실에서 TV나 영화를 볼 수 없었다면, 성적 지향은 다르지만 유쾌하고 창의적이며 영향력 있고 사랑스러운 사람들의 생각과 말과 행동이 지금처럼 많은 사람에게 노출되긴 어려웠을 것이다. 덕분에 '동성애는 잘못된 것'이라는 과거 많은 사람의 절대적 확신 역시 불과 수십 년 만에 흔적도 없이 사라졌다.

기술은 윤리를 바꾸어놓고, 오래된 믿음들을 향해 문제를 제기하며, 더 이상 성장하거나 변화하지 않는 제도들을 뒤엎는다. 소통 채널과 미디어에 대한 접근성이 강화됨에 따라 부패와 차별, 제도적 학대 등은 과거와 달리 세상에 고스란히 알려지고, 그렇기에 '과거의 대응 방식'은 위기를 맞는다. 물론 기술은 잘못 사용될 수 있기에 때로는 어마어마한 피해를 안기고 대규모의 집단적 괴롭힘에 보탬이 되는가 하면 선거 결과를 뒤집기도 한다. 그러나 대개의 기술은 부(富)와 유용성, 접근성을 강화함으로써 과거엔 전혀 누릴 수 없었던 기회를 우리에게 줌과 동시에 우리가 내릴 수 있는 선택의 폭도 넓혀준다. 말하자면 우리가 예전보다 더 관대하고 이해심이 많으며 윤리적일 수 있게끔 해주는 것이다. 생산하는 방법, 소비하는 방법, 여행하고 소통하는 방법을 우리가 더 많이 개발함에 따라 우리의 관점은 바뀌어간다.

세상에는 '용인되는 것'과 '용인되지 않는 것'을 가르는 기준이 존재하고, 기술은 그 기준의 위치를 근본적으로 바꿔놓는 촉매제 혹은 지렛대가 된다. 우리가 맘속 깊이 갖고 있는 믿음이라 해도 얼마든지 바뀔 수 있다. 아닌 게 아니라 실제로 그렇다. 그러나 학계의 교수, CEO, 기자, 변호사 그리고 정치인들은 이런 점에서 준비되어 있지 않다는 사실을 자주 들킨다. 그들은 기존 법칙들을 따라 당대의 규범에 스스로를 맞추고, 그렇기에 미래에 기술이, 즉 윤리의 기준이 급격하게 달라지면 자신이 욕을 먹게 될 수도 있다는 사실을 결코 염두에 두지 않기 때문이다.

지금 우리는 기술이 기하급수적인 속도로 바뀌는 시대에 살고 있다. 말하자면 우리가 사는 현재는 윤리가 기하급수적인 속도로 바뀌는 시대란 뜻이다.

그렇다면 이는 당연히 당신에게 중요한 문제가 아니겠는가? 기술이 발전함에 따라 우리에겐 과거보다 더 많은 선택지와 더 높은 수준의 자유가 주어진다. 그리고 이런 폭넓은 선택권 덕에 우리는 조상들의 과거 행동을 비판하기도 한다. 이건 매우 당연한 일이다. 그들이 했던 일 중 많은 것이 근본적으로 올바르지 않았으니 말이다. 그러나 우리에겐 이미 겪어보았기에 알 수 있는 깨달음과 여러 선택권이 주어져 있다. 동시에 한편으론 조상들이 그랬듯 우리 역시 다음 세대에서 진행될 이런저런 역사적 변화에 얼마든지 취약할 수 있다.

재생 에너지의 비용이 석탄과 석유의 비용 아래로 떨어지면 다음 세대는 탄소 배출을 그다지 많이 하지 않으면서도 자기 생활방식을 유지할 것이다. 그러면서 이렇게 생각할 테고.

이전 세대 사람들은 도대체 무슨 생각을 한 걸까? 어쩌자고 지구 온도를 이렇게 높이 올려놓은 거지? 그렇게 하면 어떤 결과가 일어날지 전혀 몰랐다는 거야?

그러나 그들이 그런 생각을 할 수 있는 건 우리보다 한결 싸고 깨끗한 에너지를 풍부하게 사용하게 되는 잘난 위치에 있기 때문이다. 육식이라는 식습관도 마찬가지다. 그들은 화학적으로 만든 고기 혹은 실험실에서 생육시킨 고기를 저렴하면서도 안전하고 건강하게 먹을 것이다. 그러면서 과거 세대가 대체 무슨 생각으로 지각 능력을 가진 동물 수십억 마리를 우리에 가둬두고 키워서 잡아먹은 것인지 당최 이해할 수 없다며 고개를 절레절레 저을 것이다. 미래 세대는 지금 우리가 당연하게 여기고 또 실제로 하는 여러 행동을 낡은 것으로, 심지어 어떤 것들은 극악무도하다고 여길 것이다.

그렇다 해도 기술이 비용을 상당 수준으로 낮춰주지 못하는 영역, 선택권이 그다지 많이 주어지지 않는 영역, 혹은 잘못을 바로잡아야 한다는 사회적 압력이 그리 크지 않은 영역에서는 비윤리적 관행들 중 일부가 미래에도 계속 존재할 것이다. 설령 그 비윤리적인 면이 사실로 명백히 확인되더라도 말이다(이와 관련해선 뒤에 나오는 보몰의 비용 병폐 Baumol's Cost Disease*를 참조하자).

우리는 지금 도널드 트럼프Donald Trump부터 브렉시트까지, 총기 소지부터 엄격한 채식주의까지, 백인의 특권부터 흑인의 생명까지, 또 종교와 문화적 도용 cultural appropriation**, 군사적 개입, 대학 입시, 그 외 꽤 많은 이들이 '거칠지 않은 정도의' 열정으로 다루는 수많은 윤리적 쟁점을 마주하고 있다. 이 주제를 두고 어떻게 하면 합리적인 (설령 뜨겁게 달아오른다 하더라도) 토론을 할 수 있을까? 우선 조상들에 대한 비판의 수위를 조금은 누그러뜨릴 필요가 있다. 우리 자신이 수십 년 전에 저질렀던 어리석은 행위들에 대해서도 마찬가지다. 과거를 돌아볼 때든 미래를 예측할 때든, 현대 윤리는 오늘날의 격정적인 토론과 무모한 절대적 확신에 대해 요즘 쉽게 찾아보기 힘든 단어 하나를 요구한다. 바로 겸손이다.

- 제조업에서 서비스업으로 산업 구조가 전환될 때 후자의 생산성이 전자를 따라가지 못해 일시적으로 소득 저하나 고용 없는 성장 등의 부작용이 발생하는 현상이다. 미국 경제학자 윌리엄 보몰이 주장했다.
- 한 문화집단이 다른 문화집단의 전통문화를 마치 자기 것처럼 무단으로 사용하는 일을 말한다.

좌파에서든 우파에서든 가장 폭력적인 사람은
대개 두려움을 가장 많이 느끼는 사람이다.
'저들'보다 '나음'으로써 자기 지위를 확보하려는
경우가 우리에겐 너무 흔하다.
다른 사람에게 너그러우려면 우선 자기가 안전하다고 느껴야 한다.

나는 도덕적 상대주의자가 아니다. 옳음과 그름 사이에는 분명한 차이가 존재한다고 생각하기 때문이다. 그러나 더 나은 판단을 발견하고 실천할 수 있으려면, 또 보다 관대해지려면 여러 사회와 사람들의 가치를 수용해야 하며 새로운 기술과 관련된 선택권들이 필요하다.

이 책은 고전적인 '학문적 차원'의 책이나 확실성을 제공하는 책이 아니며, '옳은 해답'을 주는 책은 더더욱 아니다. 오히려 이 책을 읽고 나면 여러분의 머릿속에선 질문이 꼬리에 꼬리를 물고 나타날 것이다. 그에 대한 '옳은 해답'은 내게 없다. 아니, 그 해답을 갖고 있는 이는 아무도 없다. 그렇다면 나는 무슨 까닭으로 이 책을 썼을까? 내가 바라는 것은, 나 아닌 다른 (과잉 계몽의 공격적 활동가들이나 절대주의적 보수주의자들뿐 아니라) 똑똑한 사람들이 우리가 당연시하는 현재의 상태에 의문을 품고, 윤리적 딜레마들을 주제로 생각과 토론을 하는 것이다.

많은 윤리학 전공자는 아마 이 책을 불편하게 여겨 이렇게 말할지도 모르겠다.

도대체 이 친구는 우리 분야에 대해 뭘 안다고 겁도 없이 이런 심각한 주제들을 놓고 이야기를 풀어내는 걸까? 이건 내가 신성하게 여기는 데다 누구보다 잘 아는 분야인데, 진지하고 학문적으로 접근해야 하는 이런 논의를 두고 지금 뭘 하자는 거지? 삶과 죽음의 문제를 놓고 농담을 하자는 건가?

그렇지만 이렇게 말하는 사람에게 감히 묻겠다. 윤리를 다루는 책을 당신이 가장 최근에 자발적으로 펼쳐본 때는 언제인가? 학계의 전문가라는 이들은 점점 난해한 말들을 주워섬기며 자기 영역을 좁혀가고, 또 그렇게 배타적인 태도로 일반 독자를 소외시키면서 멀찍이 자신들만의 섬을 만든다. 이런 사람들을 도발할 생각으로 나는 이 두껍지 않은 책을 썼다. 생각과 토론을 활성화하는 것이 이 책을 집필한 목적이라는 뜻이다. 윤리에 관한 생각과 토론은 진리의 학문적 요새가 아니다. 전문가라는 이들의 종신재직권이 끝날 때까지 어떻게든 지켜내야만 하는 영역이 아니라는 의미다.[2]

전문 윤리학자라는 사람들이 이 책을 다 읽고 나서 옳음과 그름에 대해, 그리고 세대에서 세대로 이어지는 그 질문에 답하기가 얼마나 어려운지에 대해 약간의 불쾌함이라도 느낀다면 내 목적은 달성되는 셈이다. 극단적으로 양극화되고 스스로 확실하다고 여기는 시대에 우리에게 필요한 것은 보다 겸손한 태도와 덜 비난하는 자세, 그리고 후손들이 지금 우리의 행위를 놓고 야만적으로 여기리란 사실에 대한 깨달음이다.

그대가 내일 평가받고 싶은 내용 그대로,
오늘 그대 자신을 평가하라.

기술과 윤리의 변화는 이제 우리에게 아주 단순하고 직설적인 질문을 던진다.

우리의 오래된 믿음을 뒤흔드는 인체 재설계 기술에 대해 우리는 어떻게 판단해야 할까? 꼭 해야만 할까?

인간을 다시
설계하는 것은 옳은가

진화니 유전자니 신경과학이니 하는 주제들에 대한 지식이 점점 더 많이 쌓이면서 우리는 인간을 포함한 모든 지구 생명체를 바꿔놓는 도구들을 개발하고 활용하기 시작했다. 그런데 꼭 그래야 할까? 윤리적이란 건 무엇일까? 우선 성에 대한 이야기부터 시작해보자.

원죄 없는 잉태

오늘날 진행되는 문화전쟁 속에서 성에 대한 논의는 슈투름 운트 드랑 Sturm und Drang*, 즉 질풍노도를 강력하게 일으키고 있다. 낙태, 줄기세포,

---

* 　18세기의 낭만주의 운동을 가리키는 말이기도 하다.

생식 옵션reproduction option*, 진화, LGBTQIA** 등과 같은 주제들에 대해서는 절충적인 입장이 별로 없다. 당신은 이런 주제들에 대해 찬성하는 쪽인가, 아니면 반대하는 쪽인가? 자, 어느 쪽이든 하나를 선택하고 그 진영에 서보자.

늘 되풀이되는 일이긴 하지만, 한 사회가 갖고 있는 윤리적 규범은 언젠가 결국 바뀐다. 겉으로 보기엔 너무나 철갑처럼 단단해서 절대 바뀌지 않을 것 같아도 말이다. 결혼 아닌 동거는 1960년대만 해도 '죄 속에서 사는 것'이었으며 법적 처벌까지 받는 일이었다. 그러나 지금은 30~34세의 여성 중 4분의 3 가까이가 법적 남편이 아닌 동거인과 살고 있으며, 새로 결혼하는 부부의 3분의 2는 이미 2년 넘게 동거해본 이들이다. 이제 동거를 건너뛰고 곧바로 결혼하는 부부는 오히려 『피플People』지에 실릴 정도로 드물어졌다.

윌버포스 주교Bishop Wilberforce와 다윈 지지자 사이에서 벌어진 논쟁***은 지금도 워싱턴 어딘가에서 여전히 새롭게 불붙고 있긴 하지만, 성적인 면에서 용인될 수 있는 것과 없는 것에 대한 우리의 생각과 오늘날의 과학은 빠른 속도로 전개되고 있다. 사고실험 하나를 해보자. 당신이 보유한 타임머신에 이미 돌아가신 증조부모님을 태우고 현재로 모셔 와 새와 벌을 화제로 대화하는 상황을 상상해보는 것이다(조금은

- 생식·번식에서의 여러 선택권.
- 레즈비언(Lesbian), 게이(Gay), 양성애자(Bisexual), 트랜스젠더(Transgender), 퀴어(Queer), 간성애자(Intersex), 무성애자(Asexual)의 첫 글자를 딴 표현으로 '성소수자'를 뜻한다.
- 1860년 6월 옥스퍼드 대학교에서의 토론회에서 윌버포스 주교가 "원숭이는 당신의 할아버지 쪽 선조요, 아니면 할머니 쪽 선조요?"라 묻자 진화론 지지자였던 토머스 헉슬리(Thomas Huxley)는 "진실을 왜곡하는 부도덕한 인간보다는 차라리 정직한 원숭이를 내 선조라 하겠소!"라 대답했다.

불편한 대화일지 모르겠다 싶어도 말이다).

타임머신 덕분에 이분들은 백발의 꼬부랑 노인이 아닌 20대 청년의 모습이고, 이미 결혼했으니 성에 대해서도 상당히 많이 알고 있을 것이다. 그러나 생식생물학 분야에서 근본적으로 바뀐 것에는 무엇이 있는지 살펴보자. '섹스＝생식(번식)＝진화'라는 등식은 지금까지 늘, 그리고 아주 최근까지도 성립했다. 전통적으로 보면 섹스는 생식과 번식으로 이어졌으니까. 하지만 지금은 섹스를 하고도 아이를 갖지 않는 것이 가능해졌다.

섹스에서 행위와 결과를 분리해낸 것이다.

우리는 피임을 당연하게 생각하고, 임신 시기 또한 선택할 수 있다고 여긴다. 피임 방법은 수도 없이 많다. 정관수술, 자궁 내 피임 기구, 피임약, 피임 패치, 피임 스펀지……. 이 모든 상품은 섬세하고도 유쾌하게 포장되어 있으며 시중에서도 당연히 판매된다. 그러나 어떤 동물의 역사, 또 20세기 중반까지의 인류 역사를 통틀어 살펴봐도 섹스와 생식은 떼려야 뗄 수 없었다. 물론 콘돔이나 생리주기를 이용하는 조잡한 피임법이 있긴 했으나 궁극적으로 섹스는 출산으로 이어졌다. 임신을 피하기 위해 생리주기에 맞춰 섹스를 하고 싶어도 여성에게는 통제할 수 있는 수단이 거의 없었다. 때문에 어린 나이에 이른 출산을 해야 했고, 보다 높은 수준의 교육을 받는 데 있어 제약을 받았으며, 결국 경력 개발 면에서 불리해질 수밖에 없었다.

지금의 우리는 섹스라는 행위와 그것이 일반적으로 초래하던 결과를 이미 분리해냈고, 그 사실을 당연하게 받아들인다. 그러나 두 세대 전만 하더라도 이런 일은 마술 혹은 마법처럼 보였을 것이다. 우리 조부모 세대가 피임을 원하지 않았다는 뜻이 아니다. 피임 희망 여부에 대해 갤럽Gallup이 1937년에 처음으로 시행한 설문조사에서 응답자의 61퍼센트는 피임을 원하며, 23퍼센트는 원하지 않는다고 대답했다. 그러나 정부와 종교적 소수자들은 그 누구보다 자신들이 인정하지 않는 것을 차단하는 데 유능한 솜씨를 발휘했다. 코네티컷을 비롯한 여러 주는 법률로 '임신 방지 목적의 약제나 약품 혹은 기구'를 금지했다.[1]

그런데 여성이 출산 여부와 임신 시기를 조절할 수 있는 싸고 효과적인 기술이 개발되자 윤리와 법률이 바뀌었다. 1965년엔 미국 인구의 81퍼센트가 피임을 지지했고, 결국 대법원은 종교 지도자들이 극렬하게 반대했음에도 '그리스올드 대 코네티컷Griswold vs. Connecticut' 재판에서 피임용품을 금지하는 코네티컷주 법률이 위헌이라고 판결했다. 하지만 결혼하지 않은 커플에게도 이 법률이 위헌이라는 판결은 그로부터 7년 뒤인 1972년에야 나왔다. 2015년 미국에선 설문 응답자의 89퍼센트가 피임을 긍정적으로 여겼으며, 미국 여성의 75퍼센트는 알약 복용이나 그 외 여러 방식으로 피임을 했다.[2]

그러나 가톨릭교회는 다른 길을 택했다. 1966년 교황청 출산조절위원회Pontifical commission on birth control의 80퍼센트는 인공피임 허용에 동의했지만[3] 교황 바오로 6세Paul VI는 '인간 생명Humanae Vitae' 회칙°을 통해 보수적인 소수 의견의 손을 들어주며 피임을 금지했다. 미국에서 겨우 8퍼

●   교황 바오로 6세가 인공유산을 단죄하기 위해 1968년에 낸 회칙.

38

센트만 피임 금지 조치에 동의했음을 고려하면 현명하지 못한 결정이었다.[4]

　피임은 여성에게 교육과 경력의 기회를 열어주는 핵심 열쇠가 되었다. 일하는 여성의 비율은 1962년에 37퍼센트였으나 2000년엔 61퍼센트까지 증가했고, 이 과정에서 약 2조 달러로 추산되는 가치가 창출되었다. 남녀 사이의 임금 격차 문제는 여전히 해소해야 하는 과제이지만, 이제는 오히려 남성보다 더 많은 여성이 대학에 진학해서 학위를 받는다. 또한 직장에 다니며 경제적으로 독립한 여성은 그렇지 않은 여성에 비해 결혼 상대자 및 결혼 시기를 정하거나 독신을 고수할 선택권을 훨씬 더 많이 갖는다. 이런 경향은 영원히 바뀌지 않을 것만 같았던 '윤리적 원칙들'도 바꾸어놓았다. 갤럽에서 이혼에 대해 조사한 바에 따르면, 1954년 당시 응답자의 53퍼센트가 '충분히 있을 수 있는 일'이라고 생각한 데 반해 2017년엔 응답자의 75퍼센트가 '도덕적으로 얼마든지 용인될 수 있는 일'이라 여겼다(응답자 가운데 다수는 '신앙심이 매우 깊은' 이들이었다).[5]

> 2014년 기준 5건의 결혼 가운데 2건에서
> 부부 중 적어도 한쪽에 과거 혼인 경력이 있다고 나타났다.[6]
> 여성용 담배로 미국에서 처음 개발된 버지니아 슬림의 광고는
> 한때 이렇게 외쳤다.
> "그대, 참으로 먼 길을 걸어왔다!You've come a long way, baby!"

여성의 피임과 관련된 문제는 윤리-도덕의 본질을 건드린다. 내가 대

학생이었을 때* 나와 내 여자친구는 '완벽하게 평균적인 가족이 되어 2.4명의 아이를 낳자'는 농담을 하곤 했다. 우리는 이 말이 얼마나 기괴한 것인지 한 번도 생각해보지 않았다. 0.4명이 아니라 2명이 그렇다는 뜻이다. 2명은 역사적으로 보면 비극적일 정도로 낮은 평균치다. 우선 예전에는 세상에 태어나도 살아남지 못하는 아이가 많았기에 일단 자녀를 많이 낳고 봐야 했다. 또 미국이 90퍼센트 농업 국가였을 당시 2명의 아이는 가족이 농장을 운영하는 데 있어서도, 노년기에 접어든 부모에게 적절한 사회보장을 제공하기 위한 면에서도 충분치 않은 수였다. 그러나 기술은 사람들이 일하는 방식과 장소를 바꿔놓았고, 그에 따라 이제는 농장 운영과 가축 돌보기, 물 긷기와 땔감 구하기를 위해 자녀 6명을 키우는 이야기도 옛말이 되었다. 요즘의 기술 분야 직업에서는 과거의 직업보다 길고 심도 있으며 폭넓고 긴 학교 교육을 요구하고 있다. 또 특히나 유아생존율이 높아진 지금은 아이를 적게 낳아 집중하는 편이 더 낫다. 자녀가 많으면 부담이 커지는 시대가 된 것이다. 이렇게 기술은 밀레니얼 세대**의 규범을 바꾸어놓았다. 1950년부터 2016년까지 전 세계의 합계출산율***은 5.0명에서 2.5명으로 줄어들었다.[7] 또한 1985년 이란의 여성은 1인당 평균 6.2명의 자녀를 낳았으나 지금은 이 수가 1.7명 미만으로 줄어들었다.[8] 율법학자들이 아무리 불평한들 이는 어쩔 수 없는 지금의 추세다.

•   저자는 1959년생이다.

••   1980년대 초부터 2000년대 초 사이에 출생한 세대.

••• 가임여성 1인이 평생 출산하는 자녀의 수.

정말 놀라운 변화가 아닐 수 없다. 시대를 초월해서 자식(자녀와 손자 손녀)의 수만큼 가족구조와 문화에 본질적인 충격을 주는 것은 없다. 그러나 피임이 보편화되고 여성의 권한이 커지자 가장 근본적인 가족 규범도 무섭게 빠른 속도로 바뀌었다. 그렇다면 미래 세대들을 위해 섹스-젠더-생식 윤리와 관련해서 무엇을 용인하고 무엇을 용인하지 말아야 할까? 또 그것들을 어떻게 생각하고, 판단하고, 규제하며, 법제화해야 할까?

한 가지 방법은 이렇게 말하는 것이다.
"과거의 구닥다리 바보들은 무엇이 옳고 무엇이 그른지 몰랐다.
그렇지만 나는 그 차이를 안다."

당신이 할아버지(혹은 할머니여도 좋다)와 편안히 마주앉아 와인을 홀짝이며 대화하는 상황을 가정해보자. 어쩌다 보니 '성'이 대화의 주제로 떠올랐고, 이런저런 얘기를 하던 끝에 당신이 체외수정 이야기를 꺼냈다. 그러자 그 순간 할아버지가 기겁하신다. 이때의 대화는 어떻게 진행될까? 한번 상상해보자.

당신: 난자가 있고 정자가 있어요. 그리고 이 둘을 시험관 속에서 섞습니다. 그러면 임신이 되는 거죠.
할아버지: 잠깐, 잠깐, 잠깐! 그러니까, 남성과 여성이 서로 털끝 하나 건드리지 않는데 임신이 된다는 거냐?
당신: 네, 맞아요.

할아버지: 그래, 그렇구나……. 나도 그런 얘기는 오래전에 교회에서 들어 알고 있다. 우리는 그걸 '마리아의 원죄 없는 잉태(무염시태, Immaculate Conception)'라 불렀지. 그건 기적이었어.

미국 최초로 체외수정을 통해 태어난 엘리자베스 카^{Elizabeth Carr}는 5학년 때 성교육 하던 교사의 설명을 정정하면서 이렇게 말했다. "나는 그런 방식으로 태어나지 않았어요."[9]

일단 신기술들이 세상에 통용되면, 그것은 과거에 존재하던 두려움을 누그러뜨리고 우리가 윤리적 혹은 비윤리적이라 여기는 것들을 매우 빠른 속도로 바꾸어놓는다. 두 개의 'P', 즉 피임약^{pill}과 페니실린 ^{penicillin}은 한 세대에게 성적 자유를 제공했다. 이 두 'P' 덕분에 사람들은 오랜 역사 속에서 공포에 떨었던 임신과 매독, 임질로부터 해방되었다. 베이비부머 세대의 남녀에게는 섹스를 즐기는 일이 갑자기 용인되었고, 평생에 걸쳐 만나는 섹스 파트너의 수 또한 놀라울 정도로 늘어났다.

윤리적 허용의 기준은 빛의 속도로 이동한다. 최초의 시험관 아기 이전에 여론은 인공수정을 '부자연스러운 임신'으로 여겼다. 그러나 1978년에 루이스 조이 브라운^{Louise Joy Brown}이 태어나고 이 소식이 신문 1면의 머리기사를 장식하고 나자, 그 귀여운 아기의 사진이 신문에 실린 지 채 한 달도 지나지 않아 응답자의 60퍼센트는 인공수정에 찬성했고 28퍼센트만 반대했다.[10] DNA 분자 구조의 공동발견자인 제임스 왓슨^{James Watson}은 1974년 의회에 출석해 수정란 이식이 무엇을 뜻하는지 설명하는 자리에서 이렇게 말했다. "이제 전 세계는 정치적으로나 도덕적으로 완전히 뒤집어질 겁니다."[11]

> 이제는 체외수정으로 임신이 가능해졌다. 그리고 이를 통해 우리는
> 신체적 접촉과 임신을 분리시켰다.

당신과 할아버지의 대화는 계속 이어진다. 두 번째 와인 병을 따면서 당신은 냉동 수정란이 무엇이고 대리모는 어떤 역할을 하는 존재인지 설명하고, 요즘에는 이 방식을 통해 아기가 1년이나 5년 혹은 10년이나 50년 뒤에도 '다른 어머니'의 몸을 통해 잉태될 수 있다고 알려준다.

이어 치명적인 유전병을 예방하기 위해 제3의 부모가 가진 유전자를 태아가 추가로 갖고 태어나게 한다는 내용의 신문기사를 할아버지에게 보여준다. 이런 식으로 추가된 유전자는 세대에서 세대로 이어지고, 그러므로 이렇게 태어나는 아기의 할아버지는 최소 다섯 명이 될 수도 있다는 점까지 당신은 설명한다. 또한 여성의 경우엔 (안구나 간을 기증하듯) 자궁을 기증해서 자기가 죽은 뒤에도 새로운 생명이 태어나는 데 기여할 수 있다는 얘기 역시 디저트 삼아 할아버지에게 들려준다 (어쩌면 이 지점에서 할아버지는 당신이 대마초를 너무 많이 피워서 머리가 이상해졌다는 결론을 내릴지도 모른다).

이런 일은 당신의 할아버지 세대까지만 해도 도저히 상상할 수 없는 것이었다. 지금 우리가 당연시하는 것들이 이전 세대 사람들에게는 아마 마법처럼 보일 것이다. 자, 그럼 이제 윤리 이야기를 해보자. 만일 당신이 그 세대 사람들에게 "이런 일이 허용된다면 윤리적으로 괜찮을 까요?"라는 질문을 던지면 어떤 대답이 돌아올까? 아마 거의 예외 없

이, 우리가 지금 하는 '짓'들은 사악하고 비정상적이며 신의 계획을 거스르는 일이라고 대답할 것이다.

항상 되풀이되는 일이지만, 기술 분야의 변화는 우리의 일상과 사회의 근본적 규범에 거대한 변화를 가져온다. 과학은 성에 대해 우리가 이해하고 있는 것들을 끊임없이 흔들어대고, 기술은 상상조차 불가능했던 여러 선택권을 제시한다. 예를 들어보자. 인간으로 하여금 동성애자나 이성애자 혹은 일련의 성 정체성 소유자들 중 하나가 되도록 만드는 것이 무엇인지, 즉 사람이 어떤 이유로 특정한 성 정체성을 갖게 되는지를 차근차근 공부하다 보면 '성별gender'이라는 것이 유동적 개념이 될 수밖에 없는 이유를 깨달을 것이다. 어떤 사람은 100퍼센트 이성애자로 태어나고, 그래서 어떤 특별한(가령 같은 성별의 사람들만 모여 있는 교도소에서 오래 수감 생활을 하는) 상황에 놓인다 해도 동성(同性)을 상대로 뭔가를 실험해보겠다는 생각은 눈곱만큼도 하지 않을 것이다. 그에 반해 어떤 사람들은 태어날 때부터 성별이 같은 사람에게 이끌린다. 그냥 그렇게 끌리는 걸 어쩌란 말인가.

동성애자는 지리적·사회문화적인 조건을 초월해 광범위하게 존재하는 것 같다. 만일 동성애자가 되는 것이 개인의 선택에 따른 결과라면, 동성애자임이 밝혀질 경우 언제든 살해될 수도 있는 사우디아라비아에 비해 자유로운 분위기가 지배적인 스칸디나비아 같은 곳에서 동성애자 비율이 훨씬 더 높을 것이다. 전 세계를 놓고 보면 커밍아웃하는 사람들의 수는 각 지역의 인구수에 따라 고르게 분포한다. 물론 어떤 지역에서는 좀 더 많을 수 있지만 말이다. 성 정체성을 차별하는 것은 왼손잡이로 태어난 사람을 차별하는 것만큼이나 어리석은 짓이다

(그러나 사실 과거의 우리는 왼손잡이도 차별했다. '사악하다'란 뜻의 단어 'sinister'도 왼손잡이를 뜻하는 라틴어 'sinister'에서 비롯된 것을 보면 알 수 있지 않은가).

> 왼손잡이는 싸울 때 유리하다. 권투 선수나 펜싱 선수의 경우 왼손잡이라는 특성은 강점으로 작용하고, 폭력적인 집단일수록 왼손잡이가 많다. 왼손잡이는 대결 상황에서 살아남을 가능성이 상대적으로 높기 때문이다.
> "부르키나파소의 줄라Jula(디울라Dyula)족은 연구대상 부족들 중 가장 평화로운 집단인데, 이 부족은 연간 살인율이 10만 명 중 1명꼴이며 전체 부족원 중 왼손잡이의 비중은 3.4퍼센트다. 그러나 베네수엘라의 야노마미Yanomami족은 1년에 폭력으로 사망하는 사람이 1,000명 중 5명꼴이고, 왼손잡이가 차지하는 비중은 22.6퍼센트에 이른다."[12]

지금까지의 연구 결과로 보자면 동성애는 유전자만으론 설명되지 않는다. 1994년 미국 국립보건원National Institute of Health 소속의 딘 해머Dean Hammer는 Xq28 유전자에 초점을 맞춘 논문을 발표했으나 이후 이 연구는 계속되지 못했다. 그러다가 2019년 8월에 49만 3,001개의 유전자를 연구한 논문이 등장해 '게이 유전자'라는 것은 단 한 개도 없음을 입증했다. 대신 동성애 행동을 시사할 수 있다는 유전자자리locus가 여러 개 있었으며, 특히 다섯 곳의 유전자자리는 동성애 특성의 8~25퍼센트를 설명해주었다. 그 외 다른 유전적 요소들은 "성적 행동, 매력, 정체성, 환상"에 영향을 미치지만 이런 것들은 복잡할 뿐 아니라 이성애적 특성으로도 볼 수 있기 때문에, 결과적으로 "이성애적 취향과 동성애적 취향을 가르는 단일 연속체single continuum는 단 하나도 존재하지 않는다."[13] 쌍둥이의 경우 두 사람 모두 동성애자가 될 확률은 20~50퍼센트지만, 비슷한 메칠화* 패턴methylation pattern을 가진 쌍둥이의 경우엔 그 확률이 70퍼센트로 높아진다.[14] 어떤 이들은 메칠화를 통한 유전자 발현gene expression**과 유전자에 대한 내용을 합치면 동성애자가 되는 경향을 설명할 수 있다고 주장하기도 한다. 그러나 다시 말하건대 이는 하나의 경향일 뿐 직접적인 연관성은 없다.

하나의 인구 개체군 내에서 성적 지향이 다양하게 나타나는 것은 통상적이고 자연스러운 현상이다. 몇몇 연구에 따르면 25세 이하 인구 중 남성과 여성이란 이분법으로 규정할 수 없는 이들은 최대 3분의 1에 이른다고 한다.[15] 생애의 어떤 시점(각기 다른 환경 및 나이)에 동성인 사람 둘 이상과 함께 있거나 그들을 관찰한다는 건 어떤 느낌일지 궁금해하는 이가 그만큼 많은 것이다.

페이스북에는 71개의 젠더 옵션이 있다.
이를 통해 사용자는 자신의 정체성을 나타낼 수 있다.
인간은 어쩌면 배스킨라빈스Baskin Robbins처럼
31+a의 맛을 가지는 존재인지도 모른다.
그러나 아직까지 영어엔 남성도 여성도 아닌
제3의 성을 가리키는 단일 단어가 없다.

---

* DNA 구성물질인 염기에 메칠기가 붙는 현상.
** 암호화된 유전 정보에서 단백질을 만드는 과정.

한 개인의 성적 취향을 유전자에 따라 결정되는 것으로 축소하는 경향이 있긴 하지만, 많은 이는 이런 태도와 방식을 거부하고 또 이에 저항한다.

"동성애 성향의 원인을 유전자에서 찾아낸다면 성소수자의 인권 수준을 높이거나 그들에게 찍힌 낙인도 없앨 수 있다. 그러나 오히려 거꾸로 유전자에 대한 개입 혹은 '치료'라는 수단이 등장할 수도 있다. 무서운 일이다."[16]

한편으로 무엇이 성적 정체성과 취향을 결정하는지 알게 된다면 미래에 일어날 수도 있는 일이나 복잡한 윤리적 문제들을 곁눈질로나마 살펴보는 게 가능해질 것이다. 그리고 이런 경우엔 자칫 엄청난 사회 분열을 조장하는 질문이 제기될 수도 있다.

동성애를 '치료'하거나 유도할 수 있다면 꼭 그렇게 해야 할까?(제발 마이크 펜스Mike Pence●●●에겐 이 질문을 하지 말아주길…….)

성적 지향을 안전하게 바꾸는 방법을 우리는 정말 개발해야 하는 걸까? 만일 이것이 개발된다면 당신의 손자 손녀는 단 한 번의 인생 동안 여러 시기마다 제각기 다른 성적 지향을 갖고 살 수도 있다. 터무니없는 말처럼 들릴 수도 있지만 내 친한 친구의 사례를 들으면 생각이 달라질 것이다. 여성인 내 친구는 뇌종양 수술을 받은 뒤 호르몬 생성 기능을 잃었다. 그래서 생존을 위해 여러 화학 치료를 받기 시작했으나 그 치료들로 신체와 정서 상태가 황폐해졌다. 빈틈없는 성격의 과학자

●●● 미국 트럼프 행정부의 부통령으로, 동성애를 철저히 반대하는 그는 이른바 '성적 취향 전환 치료'를 적극 지지한다.

였던 그녀는 정서적 균형 면에서 가장 행복하고 생산적인 조합을 찾아낼 때까지 스프레드시트상에 정리하며 다양한 약제를 함께 복용했다. 그중 어떤 조합을 통해선 마치 10대 소년이 된 것 같은 기분을 느꼈는데, 이 상태를 묘사하면서 그녀는 "내 머릿속은 온통 폭력과 섹스뿐이다"라고 썼다. 일주일 뒤 그녀는 '그건 참 흥미로운 경험이었어'라 생각하며 다른 조합들도 시도했다.

> 공감은 강력한 도구다. 어떤 학교에서는 학생들이
> 노인이 겪는 불편과 고통을 경험할 수 있도록
> 사물 식별이 어려운 안경을 쓰게 하고,
> 바른 자세로 걷지 못하게 하며,
> 물건의 뚜껑을 잘 열지 못하도록
> 몸을 옥죄는 장치를 착용하게 하고,
> 편안한 수면을 취하지 못하게끔 새벽 시간에 깨운다.
> 일주일간 이런 경험을 하고 나면 아이들은
> 나와 다른 사람의 감정을 이해하고 공감하게 된다.

만일 정서적으로 '다른 사람의 처지가 되어' 일주일을 살아간다면 어떤 일이 일어날 수 있을까? 성전환 수술을 받은 사람들이 이 질문에 대한 대답의 힌트가 될 것이다. 이들 가운데 다수는 호르몬 치료를 병행하는데 성 확정 호르몬 치료법이라 불리는 GAHT gender affirming hormone therapy는 정서 상태뿐 아니라 뇌의 형태와 여러 인지 패턴과 같은 근본적인 것까지 바꾸어놓을 수 있다.[17] 이런 치료는 사람들로 하여금 성전환자의 선택을 궁극적으로 더 잘 이해하게 만들어줄까? 아니면 '치료'를 통해 그 사람을 '정상'으로 만들려는 사회적 경향을 더 강화시킬까?

섹스와 생식의 또 다른 근본적 측면들 역시 바뀔 것이다. 아마 여성이 임신하는 방식도 달라져 지금부터 100년 뒤 사람들은 이렇게 물을 수도 있다.

"증조할머니는 아기를 자기 몸에 임신했다는 게 진짜예요? 임신한 채로 다니면 힘들고 불편하지 않았나요? 어떻게 그랬지?"

2017년에 필라델피아 어린이병원 의사들은 태아 상태의 새끼 양 여덟 마리를 양수가 가득한 커다란 지퍼백 같은 장치 안에 넣고 관찰했다. 그런데 이 인공자궁에서 한 마리가 살아남았다.[18] 투명 백 안에서 성장하는 태아 상태의 양들 모습이 얼마나 충격적이었던지, 『UK 레지스터_Register_』는 "암양아, 그냥 네 자궁으로 하면 안 되겠니?"라는 제목으로 기사를 보도했다.

그러나 지금 우리에게 끔찍해 보이는 것들이 미래 세대에겐 자연스러운 일상이 될 수 있다. 오히려 그들에게 끔찍한 건 그토록 힘들게 몸으로 아이를 낳는 일일 테고 말이다.

"아이가 밀고 나올 때의 고통을 나는 못 참을 거야. 난 해부학적으로 이게 가능할 거란 생각이 절대 안 들어. 도저히 못 하겠어."[19] 이런 사람들에게 오늘날의 여성은 아마도 영웅적이거나 조금은 야만적으로 보이지 않을까?

미숙아의 부모에겐 인공자궁 기술이 축복일 수 있다. 이 기술은 아기의 생존율을 높여줄 뿐 아니라 치료 과정에 드는 엄청난 비용도 줄여주기 때문에 부모와 사회의 경제적 부담은 그만큼 감소하게 될 것이다.

2005년에 발표된 한 논문은 미숙아를 돌보는 데 들어가는 사회적 비용이 최소 260억 달러일 것이라 추산했다.[20] 장애를 가진 미숙아가 태어나면 부모의 이혼율이 2배로 높아지고, 부모의 취업과 경제 활동에도 타격을 준다.[21]

인큐베이터가 아닌, 양수로 가득 찬 플라스틱 용기에 미숙아를 넣어 생육시키는 임상시험은 아마도 향후 몇 년 안에 등장할 것으로 보인다. 이 인공자궁의 개발로 사회의 윤리적 딜레마는 더욱 커질 것이며, 나아가 현재 가장 뜨거운 논란거리인 낙태 관련 논쟁을 한층 더 달굴 것이다. 낙태를 허용해야 한다는 주장의 근거는 다음과 같다.

"그 누구도 사람을 죽여선 안 된다. 그러나 태아는 아직 사람이 아니다."

다시 말해 태아가 더는 성장할 수 없고 산모의 건강이 심각하게 위험한 경우라면 대개 낙태가 허용된다. 그러나 앞으로 수십 년 안에 여러 유형의 체외 출산 기술이 이 허용 전제를 보다 근본적으로 복잡하게 만들 수 있다. 체외의 인공자궁이 하게 될 역할은 태아의 생존력을 몇 달씩 높이는 것일 텐데, 이렇게 되면 산모 건강을 지키기 위해 반드시 낙태가 필요하다는 주장은 힘을 거의 잃게 될 것이다. 그런 뒤 우리는 다음과 같이 훨씬 더 복잡하고 논란의 여지가 많은 윤리적 질문들과 맞닥뜨릴 것이다.

- 산모의 권리와 바람이 중요한가, 아니면 태아의 권리가 중요한가?
- 현재 지구의 인구는 지나치게 많은 상태인가?
- 당신이 아이를 키울 수 없거나 양육하고 싶어 하지 않는 경우

아이는 세상에 태어나야 하는가?
- 아버지의 권리와 의무는 무엇인가?
- 강간이나 근친상간에 따른 임신에는 어떤 예외를 적용할 것인가?

내 목적은 이런 복잡한 질문에 대답하는 것이 아니라, 오늘날 우리가 윤리적이라 믿는 것이 기술의 영향을 받아 근본적으로 바뀌고 있다는 점을 당신이 깨닫게 하는 것이다. 좌파와 우파의 정치적 스펙트럼상 당신이 어디에 있는지와 상관없이 말이다.

인공자궁에서 비롯되는 또 다른 중요한 윤리적 과제는 태아가 일단 산모의 몸 바깥으로 분리되고 나면 그 존재에게 개입하는 일이 한층 쉬워지고, 그렇기에 또 그만큼 유혹을 느낀다는 사실에 있다. 우리 후손들은 점차 복제와 유전자 '교정' 및 개선을 자연스럽고 일상적인 일로 여길 것이다.

> 인간 복제가 도덕적으로 용인될 수 있는 일이라 여기는 미국인은
> 2001년 당시 7퍼센트에 불과했으나, 2018년에는 16퍼센트로 늘어났다.[22]

현재의 체외수정 절차는 주로 소극적인 유전자 편집에 초점이 맞춰져 있다. 수정란을 편집하는 게 아니라 원하지 않는 형질이 없는 배아를 선택할 뿐이기 때문이다. 걷잡을 수 없는 근육 수축으로 경련을 겪는 아이를 낳지 않기 위해 '마이클'과 그의 아내 '올리비아'*가 그와 관

---

* 마이클 코디(Michael Cordy)의 소설 『신의 유전자(*The Messiah Code*)』에 등장하는 인물들이다.

련된 검사만 했던 이유도 이것이다. 미국에서 단일유전자 검사*를 하는 체외수정은 2014년에 1,941건이었으나 2016년에는 3,271건으로 늘어났다.[23]

그다음 단계인 의도적 유전자 편집도 머지않아 당신 집과 가까운 병원에서 실행될 것이다. 2018년에는 어느 중국 과학자가 한 아기의 DNA를 편집했다. 아기가 나중에 커서 겪을 수 있는 여러 질병을 예방할 (그리고 과학적 성취의 야망을 달성할) 목적이었는데, 이 소식이 알려지자 엄청난 비난이 쏟아져 지금까지도 이어지고 있다.[24] 그러나 인간 유전자의 일부를 조금은 편집해도 괜찮다는 의견이 전체 응답자 중 59퍼센트, 그리고 인간 향상human enhancement을 지지하는 이들도 이미 33퍼센트에나 이르는데 그런 비난이 과연 언제까지 계속될 수 있을까?[25] 관련 기술들과 그 가능성을 잘 아는 사람들 또한 유전자 편집을 강하게 지지하고 있다.

현재의 윤리적 논리와 추론과 우려는 완전히 뒤집어질 수 있다. 훗날 언젠가 우리는 이런 질문을 하거나 들을지도 모른다.

등산을 하거나 세계를 돌아다니며 여행할 때도, 그리고 질병에 노출될 위험이 있을 때도 태아를 몸에 품고 다녔단 말이야? 태아는 안전하고 좋은 환경에 두어야 하는데 어떻게 그렇게 무책임한 일을 할 수 있었던 거지?

해로울 수도 있는 유전자임을 잘 알면서 아이의 유전자에서 그걸 편집하지 않았다고? 나중에 아이가 성장해 암에 걸리면 자기 유전자에서 (암 발생과 관련된) HER-2 유전자나 p53 유전자를 편집하지 않았다는 이유로 부모에게

---

* 유전자 단 하나에서의 변화를 검사하는 방식.

소송을 제기할 수도 있다는 걸 몰랐단 말이야?

지금으로선 우리에게 이런 선택권이 없다. 미래를 예측해서 안전하게 유전자를 편집할 역량이 아직 없으니 말이다. 그러나 미래의 어느 시점에선 그게 가능해질 테고, 그때가 되면 인류는 자기 조상들의 '야만적 선택들' 혹은 '원시적인 출산 환경'을 사정없이 비판할 것이다.

더불어 그쯤 되면 생식 목적의 파트너는 별로 중요하지 않을 것이다. 검은 머리가 파뿌리 될 때까지 1명의 남편과 1명의 아내가 함께 살아간다는 전통적 결혼 양식은 퇴색하고 다양한 형태의 가족이 더 많이 나타날 것이다. 그러한 시도는 이미 LGBTQIA 커뮤니티 안에서 일어나고 있는데, 지금까지 이 집단 구성원의 37퍼센트는 자녀를 가지는 쪽을 선택했다. 입양 혹은 익명의 제공 방식과 형제나 친구가 제공한 정자를 이용하는 방식 등을 통해 600만 명 이상의 아이들이 LGBTQIA 커뮤니티에서 성장해왔다. 여기에서 다음과 같은 의문을 가질 수 있다.

앞으로 동성부부도 자신들의 유전자만 물려주는 게 가능할까?

체외수정을 좀 더 자세히 살펴보자. 2003년 5월 펜실베이니아 대학교의 한 연구팀은 생식의 규칙을 근본적으로 바꾸어놓았다. 이 연구팀은 일반인에겐 어려운 매우 기술적인 용어로 다음과 같이 보고했다.

"배양 조직에 있는 쥐의 배아줄기세포는 감수분열로 들어가 주변 세포들이 모낭과 같은 구조를 형성하도록 만들며 나중에는 배반포(胚盤胞)가 되는 난원세포가 될 수 있다." [26]

알아듣기 쉬운 말로 바꾸자면, 쥐에게서 세포 하나를 떼어내 다시 프로그래밍하면 쥐의 생체 중 특정 부위, 더 나아가선 쥐 전체를 복제할 수 있다는 뜻이다.

그로부터 10년쯤 뒤인 2012년 매사추세츠 종합병원의 한 연구팀은 인간의 난소 줄기세포에서 난자를 생성하는 데 성공했다. 이런 사실을 놓고 진지하게 고민하는 이들은 이렇게 묻는다.

"결국 이것은 한 개인도 아기를 가질 수 있다는 뜻이자 동성 부부가 자신들의 유전자를 아기에게 줄 수 있다는 뜻, 나아가 다른 여러 사람의 유전자까지도 아기의 유전자에 섞을 수 있다는 뜻이 아닌가?"[27]

말하자면 남성 동성애자 부부의 경우, 신체 외부에 존재하는 자궁을 이용함으로써 여성 산모 없이도 아기를 임신하고 출산할 수 있음을 뜻한다. 지금이야 기괴하기 짝이 없는 발상으로 여겨지겠지만 향후 두 세대 안에는 일상적이고 자연스러운 선택이 될지도 모른다.[28]

수명의 변화 역시 섹스와 관련된 규범에 많은 영향을 준다. 여성이 남성보다 훨씬 오래 살고 또 자신들끼리 얼마든지 안락하게 살 가능성이 점점 커짐에 따라, 어떤 여성들은 '누군가가 남성으로서 가지는 능력을 그의 파트너(여성)가 자기 육체를 얼마나 완전히 그리고 총체적으로 그 남자에게 헌신적으로 바치느냐'로 보는 발상에 반기를 든다.[29] 지금까지 전체 인구의 20퍼센트에 가까운 사람들은 어떤 특정 상황에 '합의에 의한 논모노가미consensual nonmonogamy, CNM•'를 받아들였고, 5퍼센트는 언제나 이를 활발하게 실천하고 있다.[30] 이런 관계를 제안하는 쪽은 대개 여성이다. 힘센 남성의 전유물로 여겨지던 폴리아모리polyamory••가 지금은 남성과 여성 모두에게서 확산되고 있다. 어떤 사람들은 자기 파

• 다수의 사람과 동시에 애정관계를 형성하는 것을 말한다.
•• 관련된 모든 상대의 동의를 얻어 두세 명 이상의 사람이 사랑하는 상태.

트너의 몸을 평생 독점하는 게 옳다는 발상보다 이런 관계와 발상이 더 윤리적이고 합리적이라 여긴다.

그럼 여기에서 한 걸음 더 나아가, 친밀성에 대한 이 논의의 범위를 인간의 섹스로만 제한할 이유가 있는지 생각해보자. 기계 역시 이런 논의에 포함할 수 있지 않을까? 2018년 10월 3일, 휴스턴 시의회에서 특이한 토론이 벌어졌다. 관료적 토론은 늘 그렇고 그렇듯 맥빠지기 마련이다. 그러나 이날의 토론만큼은 자유방임주의를 자랑하는 이 도시에서 좀처럼 볼 수 없던 격렬한 모습이었다. 무엇 때문에 이런 '질풍노도'가 나타났을까? 바로 로봇 성매매업소 때문이었다.

캐나다의 섹스로봇 회사인 킨키스돌스^{KinkySdollS}는 3,000달러짜리 제품을 판촉하기 위해 잠재고객들이 자유롭게 '체험'해볼 수 있는 시설을 짓기 시작했다. 그러자 자기 집 근처에 로봇 성매매업소가 생긴다는 사실이 불편했던 베가 목사는 자신처럼 분노한 이웃 주민들 1만 명에게서 반대 서명을 받았다. 그의 주장은 이랬다.

"이런 사업은 가정을 파괴하고 가정경제를 파탄으로 이끌 것이며, 도시 공동체를 위협하는 주요 원인이 될 것이다."

이에 어떤 시의원은 다음과 같이 거들었다.

"베가 목사는 해당 시설에 출입하는 이들을 추적한 뒤 인터넷에 공개해서 망신을 줄 계획이다."[31]

기계는 쾌락을 유일한 목적으로 하는 섹스에 대한 윤리적 긴장감을 높일 것이다. 어떤 사람들은 섹스와 사랑과 친밀함이 분리될 수 있음은 물론, 끊임없이 개선되는 로봇은 성병의 위험 없이 극도의 오르가즘을 가져다줄 거라 주장할 수 있다. 게다가 아직까지는 인간이 로봇을 성적으로 학대하거나 상처 입힐 수 없다. 이런 발상의 수용 범위는 사회에 따라, 또 환경에 따라 다양하다. 핀란드인 432명에게 "로봇을 인간과 구분할 수 없는 상황에서" 로봇과의 섹스가 잘못됐는지 묻자 독거 생활자들은 상황을 어느 정도 이해했지만 기혼자 대다수는 그렇지 않았다. 대부분은 로봇과의 섹스를 매춘부와의 섹스보다는 덜 나쁘지만 자위보다는 심각한 행위로 여겼다.[32] 이런 인식이 앞으로 어떻게 변하는지 지켜보는 것도 흥미로울 것이다. 지금은 진정한 섹스엔 사랑이라는 전제조건이 필요하고, 또 섹스에서 친밀함을 제거한다는 것은 곧 스스로를 비인간화하는 것이라는 반대 여론이 높다.

> 하지만 또 다른 이들은 친밀함과 섹스를 하나로 섞어 바라보며
> 로봇과 결혼할지도 모른다.
> 실제로 중국과 일본에서는 이미 이런 일이 일어나고 있다.

섹스와 관련된 미래의 기술들과 규범을 판단하며 무엇이 옳고 그른지에 대한 기준을 설정할 때, 우리 모두는 어쩌면 훨씬 더 윤리적으로 각성되어 있을 수 있다. 우리는 우리가 해야 할 윤리적인 일이 무엇인지 알고 있다. 여기에서 재미 삼아 이 장 서두에서 했던 사고실험을 한 번 더 해보자. 당신과 당신의 배우자가 타임머신을 타고 미래 세상으로 여행을 갔고, 그 세상에는 100살쯤 된 당신 손자들이 살고 있다. 당신은 설마 그 손자들이 이렇게 말할 것 같은가?

"달라진 건 거의 없어요. 섹스를 하면 임신이 되고, 아이가 태어나고……. 100년 전이나 지금이나 똑같죠."

당신은 진심으로, 섹스가 앞으로도 오늘날과 똑같을 거라고 생각하는가?

그럴 가능성은 희박하다.

그렇다면 인간은 스스로를 업그레이드해야 할까, 또 한다면 그 방법을 두고 우리는 과연 어떻게 결정해야 할까?

인간의 기본값이 달라진다

물론 가장 우선적인 질문은 '왜?'다. 사람들은 정말로 자기 몸을 바꾸길 바랄까? 그렇다는 증거가 있기나 한가?

> 물론 미국에서만 무려 1,770만 건의 성형수술이
>
> 이루어졌다는 사실은 제외하고 말이다.[33]
>
> 이 많은 수술이 모두 치료 목적이 아니었음은 분명하다.

그런데 진정한 인간 재설계는 복부지방 절제술이나 보톡스 주사 혹은 코 성형 수술 등과는 전혀 다른 차원의 일이다. 우리는 지금도 여전히 인간 신체의 운영체제를 완벽히 파악하지 못했다. 대부분의 유전자가 무슨 일을 하는지 그리고 그것들과 상호작용을 하는 다른 유전자들이 뭘 하는지 모른다. 복수의 기능을 하는 유전자와 그저 우리가 무지

해서 '비암호화noncoding'일 거라 여기는 유전자의 수 또한 엄청나니 말이다. 게다가 인간 재설계에선 인간의 유전자뿐 아니라 인간이 접촉하는 온갖 바이러스와 박테리아(모든 바이러스종virome 및 미생물균유전체microbiome), 인간이 과거에 경험한 트라우마들(후성유전체epigenome), 인간을 둘러싼 환경(균유전체학metagenomics)* 등 수많은 요인도 고려해야 한다.

인간의 신체를 바꾸려는 시도는 〈스타트렉Star Trek〉의 다차원 체스 게임과 유사하다. 한 평면에 있는 어떤 조각 하나를 이동시키는 행위는 꽤 복잡한 과정을 통해 다른 많은 차원에 상당히 많은 영향을 줄 수 있다. 지금 인간은 이렇게 여러 차원에서 특정 조각들의 이동을 배워나가고 있는데, 이런 이동들 중 어떤 것들은 전체 유기체를 근본적으로 바꾸어놓을 수 있다. 인간 게놈의 본질적인 정보를 해독하기 시작하면 우리는 신체의 특정 부분을 생장시키거나 바꾸는 것이 가능해진다.

그런데 미래 세대를 근본적으로 다시 만드는 것은 과연 윤리적인 일일까?

우리가 재설계를 바라는 이유 중 하나는 우리 인간이 특이하게도 다양성과는 거리가 멀기 때문이다. 80억 명 가까운 전 세계 사람들의 유전자가 거의 동일할 정도로 차이가 미미한 것은 딱 하나의 단순한 이유 때문이다. 그리 머지않은 과거에 인간이라는 생물종은 거의 도태될 뻔했는데, 서른 개가 넘던 우리의 친족 종들 중 단 한 종이 살아남았고, 그게 우리다. 그야말로 아슬아슬하게 멸종을 면했다. 아마 우리는 그렇

---

* DNA나 RNA 등을 유기적으로 연구하는 학문 분야.

게 인간 종으로서 유일하게 생존한 아프리카 어머니를 단일 조상으로 둔 후손들일 것이다. 물론 다른 여성도 많았을 테니 그녀가 유일한 여성은 아니었지만, 어쨌든 그녀는 대대로 후손을 남기게 되는 유일한 여성이었다. 다른 여성들의 후손은 도중에 끊어졌으나 정말 운이 좋게도 그녀의 후손만큼은 계속 이어졌다. 게다가 유럽 계열의 조상을 둔 어머니들은 모두 합해봐야 10개 남짓밖에 되지 않는 씨족의 후손들이었다. 아무리 많은 인종주의자와 몇몇 '지도자'가 그게 아니라며 설득하려 해봐야 우리 인류가 단일 조상의 후손이라는 사실엔 변함이 없다. 그런데 바로 여기에 문제가 도사리고 있다. 즉, 우리 인류는 기본적으로 단일 종족이고, 따라서 극단적으로 위험한 전염병에 취약하기 때문에 언제든 멸종할 수 있다는 것이다.

단일한 종이 이처럼 거대한 개체수를 가진 데다 전 세계에 퍼져 있는 경우는 매우 드문 일이다. 침팬지와 보노보는 인간보다 개체수가 훨씬 적지만 유전적 다양성은 훨씬 더 크다.[34] 고래나 곰, 고양이의 종이 딱 하나씩만 존재한다면 이상하지 않을까?

인류의 먼 조상인 호미니드[hominid]가 살았던 역사의 긴 기간 동안, 인류는 다른 유사한 종들과 공존했을 것이며 그 과정은 무척이나 격렬하고 폭력적이었을 것이다.[35] 우리는 네안데르탈인과 이종교배되었고, 데니소바인[Denisovans]**과도 그랬다. 어떤 진화생물학자는 이 과정을 두고 이렇게 말했다.

"우리는 지금 많은 종의 인간 개체군이 등장하는 〈반지의 제왕[Lord

** 시베리아 알타이산맥의 데니소바 동굴에서 처음 발견된 고대 인류.

of the Rings〉을 보고 있는 셈이다."[36]

어떤 자연사 박물관에 가더라도 우리의 공동 조상들은 생김새나 크기가 제각각임을 확인할 수 있다. 그러나 그들이 갖는 한 가지 공통점이 있다. 그들과 그들의 후손인 우리 모두는 이 지구, 그리고 지구의 여러 다양한 환경에 적합하게끔 자연선택*되었다는 점이다. 만일 인류가 지구 아닌 다른 곳에서 살고자 했다면 어떻게 되었을까? 아마 금성의 뜨거운 열기, 화성의 황무지, 천왕성의 액체 메탄 바다 혹은 우주의 잔인한 진공 환경 등에 적응하거나 멸종했을 것이다. 여기에서 2가지 결론이 나온다. 하나는 아무리 쾌적한 우주선을 타고 간다 하더라도 우주여행은 인간의 생존에 적합하지 않다는 것, 그리고 다른 하나는 설령 우주로 나간다 해도 그곳은 당신이 꿈꾸는 낙원이 아닐 거란 것이다.

우선 우주여행에 대해 생각해보자. 중력 변화는 심장의 형태를 일그러뜨려 한층 동그랗게 만들며 시력을 손상시킨다. 국제우주정거장ISS에 머물렀던 우주인들 중 60퍼센트가 시력에 심각한 손상을 입은 것은 그 때문이다. 고에너지입자**들은 인간의 두개골을 끊임없이 때려 인지력을 감소시키고, 계속되는 소음과 늘어난 이산화탄소량 그리고 뇌압 상승이 청각을 망가뜨린다. 지구와 가장 가까이 있어 미래에 이주 가능성이 상대적으로 높은 화성으로의 우주여행은 지금 커다란 관심을 받고 있다. 그러나 이 여행에서 피폭되는 방사선량은 닷새에 한 번씩 계속해서 전신 CT 촬영을 할 때의 피폭량과 맞먹는다.[37] 현실적으로 설

---

* 동종의 생물 개체 간의 생존경쟁에서 환경에 적응한 종이 살아남아 자손을 남기는 것.
** 수백만에서 수억 전자볼트에 해당하는 에너지를 가진 양성자나 전자.

명하자면 이는 여성 우주인의 경우 현재로선 화성에 갈 수 없다는 뜻이다. 미국에서의 우주인은 공무원 신분이고 공무원에게 허용되는 방사선 노출 총량은 제한되어 있기 때문이다. 평균적으로 볼 때 남성은 여성보다 살집이 적어서 방사선을 적게 흡수하니 그 기준에 가까스로 맞출 수 있긴 하다. 그러나 우주에서 남성의 뼈는 여성의 뼈보다 빠른 속도로 염분을 잃기 때문에 화성에 도착할 때쯤이면 남성의 무릎은 한층 약해져 있을 것이고 신장결석이 생겼을 가능성이 높다.

그러나 다른 어떤 것보다 심각한 문제가 있다. 그것은 바로…….

사람의 신체는 아무리 방호복으로 보호한다 해도 진화 과정에서 경험한 바 없는 환경에 대해선 취약할 수밖에 없다. 오늘날의 기술들을 사용하여 화성보다 먼 행성에서 무언가를 시도하는 것은 무모한 도전이다. 태양계에 존재하는 그 어떤 행성도 인간에게는 '편안한 집'이 될 수 없다. 설령 산소와 이산화탄소의 농도 변화폭이 상대적으로 적어서 대기 환경이 지구와 비슷한 행성을 찾아낸다 해도 생존은 어렵다. 상대적인 방사선량과 24시간 주기 그리고 정말로 낯설기 짝이 없는 동식물들과 질병이 널려 있는 조건이라도 마찬가지다.

데이노코쿠스 라디오두란스Deinococcus radiodurans는
방사능 물질이 있는 원자로에서도 생육하는 세균인데
어쩌면 인간은 이걸 유전자에 이어 붙이려 할지도 모르겠다.

우주 전체의 시각에서 보자면 지구가 속한 태양계는 규모가 작은 편이고, 태양계 너머는 측정할 수조차 없을 정도로 광대한 공간이다. 그러므로 태양계 너머의 먼 우주는 인간의 수명으로 어떻게 해볼 도리가 없다. 지금까지 확보된 기술로 태양계 바깥에서 가장 가까운 행성인 프록시마 켄타우리 b[Proxima Centauri b]까지 가는 데 걸리는 시간은 무려 5만 4,400년이다.[38]

결론은 은하계에 속한 어떤 곳으로 우주여행을 하려면 인간을 소소하게 수정하고 조정할 게 아니라 완전히 새로 설계해야 한다는 것이다. 인간은 지구와 근본적으로 다른 환경에서 살 수 있을 정도로 진화하진 못했다. 앞으로도 인류는 그런 환경에 적응하도록 진화할 시간을 갖지 못할 것이고, 수백만 명의 돌연변이 중 그런 환경에서도 생존할 수 있는 인간을 찾기 위한 막대한 비용도 들이려 하지 않을 것이다.

그럼 인류는 왜 자꾸만 그런 극단적 환경인 외계 행성으로 진출하려는 걸까? 당신이 알아야 할 모든 것을 알려주는 단 한 장의 사진이 있다. 보이저 1[Voyager 1]호*가 1990년 2월 14일 밸런타인데이에 지구로부터 60억 킬로미터 떨어진 곳에서 지구를 찍어 전송한 사진이다.[39] 이 사진을 자세히 들여다보면 일련의 색깔 띠 한가운데 아주 작고 작은 점 하나가 보인다.[40]

항공우주공학 관점에서 보자면
이 사진은 매우 멀리 떨어진 곳에서 찍은 것도 아니다.

• 미국 항공우주국이 제작해 1977년 9월 5일에 발사한 태양계 무인 탐사선.

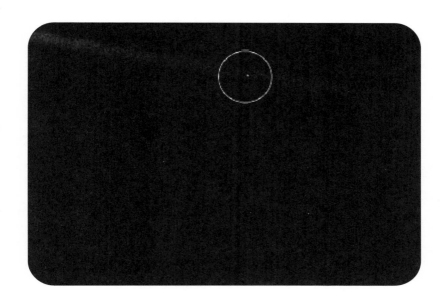

보이저 1호는 60억 킬로미터의 3배 거리에 해당하는
별들 사이의 공간을 이동하여 여행했으니 말이다.

그 작은 점이 지구다. 그게 전부다. 모든 식물과 동물과 인간 그리고 문
명이 그 작은 점 안에서 살았고 또 죽었다. 그렇다. 그 작은 점 위에 있
는 대부분의 생명을 완전히 없애버리는 방법들(예를 들면 기후변화, 산성
화, 메탄가스, 핵무기, 세균전)을 찾는 데 있어 우리는 지금까지 그 어떤
생물종보다도 창의적인 솜씨를 발휘했다.

어떤 카툰에선 외계인이 지구를 바라보며 이렇게 말한다.
"이 바위에 올라앉아 있는 사람들은 여러 신God을 두고 싸우는군."

그러나 마치 인류의 셀피 같은 이런 맥락에서 보자면 우리가 걱정해야 할 대상은 우리 동료들만이 아니다. 우주는 매우 거친 이웃이다. 당신이 바라보는 작은 성운(星雲)은 끊임없이 폭발하며 태양계 전체를 파괴할 수도 있는 별들이다. 블랙홀, 은하와 은하의 충돌, 펄서pulsar*, 초신성, 태양 표면의 거대한 폭발 들……. 우주에선 행성과 그 행성의 모든 생명체를 수증기로 만들어 날려버리는 등의 다양한 일들이 일어난다.

그러므로 현재의 인간과 그 후손이 오랜 세월에 걸쳐서 살아남길 바란다면 이 지구를 떠나 다른 여러 곳으로 이주하는 것도 충분히 일리 있다. 다만 이는 앞으로 수백, 수천 년에 걸쳐 인류가 자기 신체를 근본적으로 새롭게 설계해야 함을 뜻한다.

인류가 우주로 나가려 할 때 제일 먼저 무엇을 준비해야 할까? 우선 신체부터 생각해보자. 사실 아무리 잘 봐주려 해도 인간의 몸은 우주 공간에선 비효율적이다. 긴 팔다리나 복부 근력은 무중력 상태에선 필요가 없으니 말이다. 인체 대부분은 지구에 존재하는 여러 포식자와 중력으로부터 몸을 보호하고 앞으로 나아가게 만드는 데 사용된다. 또한 그 활동들을 위해 인간은 많은 양의 칼로리를 소모하게 된다. 하지만 우주에선 그런 활동이 필요 없으니, 사람의 신체를 완전히 새로 설계해서 한층 작게 만들 수도 있지 않을까?

우리의 몸집이 한층 작아지면 소중한 어떤 것을 정말로 잃게 될까?

농담을 담은 한 포스터에는 뇌 그림과 함께

---

* 일정 주기로 전파를 보내는 별.

이런 내용의 말풍선이 달려 있다.

"이게 진짜 너야. 나머지는 부속물과 포장이지."

우리가 우주여행을 할 때 중요하게 확장하고자 하는 신체 부위는 뇌일 것이다. 또한 우주에서 산도(産道)**는 제한될 수 있기에 여성은 (또 어쩌면 남성은) 언제나 제왕절개 방식으로 출산하거나 신체 외부의 인공자궁으로 임신하고 태아를 생육할지 모른다. 인공자궁은 또한 방사능으로부터 태아를 보다 안전하게 보호해줄 수도 있을 것이다.

최초의 재설계 중 초기 단계는 어떻게 구성될까? 기본적 암호인 유전자에 대한 이야기부터 풀어나가보자. 의사가 하는 수술이나 입원 혹은 약제 처방과 달리 유전자 염기서열 분석과 설계는 그 속도가 점점 빨라지고 결과도 점점 좋아지고 있으며 비용은 낮아지고 있다. 유전자 염기쌍의 염기서열 분석에 드는 비용은 2000년에서 2015년까지 15년 동안 17만 5,000배나 떨어졌고,[41] 그 결과 염기서열 분석이 끝난 염기쌍의 수도 폭발적으로 늘어났다.

이렇게 축적된 데이터는 다양한 라이프앱life-app을 만드는 데 필요한 청사진을 제공하는 방대한 도서관이 된다. 이것을 시각화하는 방법 하나를 소개하겠다. 포도 알갱이 하나를 하나의 앱이라고 생각해보자. 마치 우리 휴대전화에 깔려 있는 앱들처럼 말이다. 그러나 포도알에 있는 라이프코드(Life code, 생명의 암호)는 휴대전화용 앱처럼 사진을 편집하거나 인스타그램Instagram, 트위터 혹은 페이스북에 올리는 게 아니라

●● 분만 시 태아가 거쳐 나오는 통로.

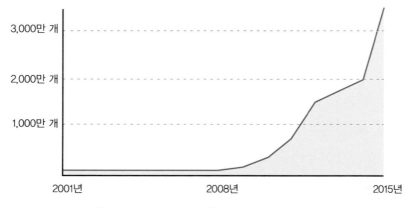

〈비용 1달러당 분석 가능한 DNA 염기서열 문자*의 수〉

라이프폼(Life-form, 생명의 형태)을 만들어나간다. 어떻게 이런 과정이 일어나는 걸까? 포도 알갱이 하나가 나무에서 땅 위로 떨어지면, 알갱이의 씨는 DNA 내부에 쓰여 있는 여러 지시들을 실행하기 시작한다. 뿌리를 내리고, 줄기를 뻗어 올리고, 나뭇잎을 내고, 생장 속도를 점점 높이고, 꽃을 피우고, 그러다가 가지에 포도송이를 주렁주렁 매다는 것이다. 그리고 이 과정은 반복된다.

　그렇게 여러 번의 여름이 지나고 나면
　당신은 포도송이가 무성히 달린 포도나무 덩굴 아래에서
　맛있는 포도주를 마시게 될 것이다.

어떤 포도의 유전자 총체인 게놈을 알고 나면 이것을 다른 포도의 게놈

●　염기서열 문자란 염기서열을 구성하는 문자다. 가령 'ATCG'라는 염기서열에서의 염기서열 문자는
　A, T, C, G다.

과 비교할 수 있다. 포도 이외의 다른 생명체에 대해서도 마찬가지다. 게놈만 알면 유전자의 아주 작은 변화 하나가 어떤 일을 하는지 알 수 있다. 알이 작은 초록색 포도를 알이 굵은 자주색 포도로, 하나의 품종을 다른 품종으로, 또 하나의 종을 다른 종으로 바꾸는 방법 등을 말이다. 유전자는 아주 조금만 달라져도 완전히 다른 결과를 만들어낼 수 있다.

> 카베르네cabernet, 메를로melot, 피노 누아pinot noir,
> 소비뇽 블랑 sauvignon blanc, 진판델zinfandel, 템프라니요 tempranillo,
> 네비올로nebbiolo, 모스카토moscato 등의 포도주를 음미하며
> 유전자의 작은 차이를 곰곰이 생각해보자.
> 물론 과학적 연구라는 관점에서 접근하란 뜻이지,
> 포도주를 마시고 진탕 취해보자는 건 아니다.

자, 그럼 이제 이 내용을 포도가 아닌 사람에게 적용해보자. 물론 인간의 유전자가 포도의 유전자보다 훨씬 복잡하긴 하지만 말이다. 우리는 이미 다른 동물들의 유전자가 어떻게 기능하는지 알고 있기 때문에 그중 종의 구분을 초월해서 인간에게 진정으로 유용할 기능(가령 겨울잠 같은 것)들을 유도하는 것도 충분히 가능하다. 어떤 과학자는 겨울잠이라는 과정을 '끄지 않고 계속 켜두는 불씨'로 묘사한다. 겨울잠은 실제로도 깊은 잠이 아니라서, 어떤 동물들은 겨울잠을 실컷 자고 일어났음에도 수면 부족인 경우가 있다.

　일부 동물들의 겨울잠은 따뜻한 기후와 추운 기후는 물론 극단적 가뭄이 이어질 때 활성화될 수 있는 기능이다.[42] 캐나다 칼튼 대학교 켄

스토리^{Ken Storey} 교수의 실험실에 가면 붉은악마오징어, 자이언트참치, 얼룩다람쥐, 송장개구리, 여우원숭이를 만날 수 있다. 이 중 몇몇을 산소가 거의 없고 기온이 영하 상태인 장치 속에 넣어 '건조'(스토리 교수의 표현이다)시키면 어떻게 될까?

"이 동물들은 세포 핵과 모든 유전자의 작동을 중지한다. 그러나 인간은 죽지 않고서야 그렇게 할 수 없다. 또 동물들은 자기 몸의 모든 세포에서 진행되던 모든 대사 활동을 중단할 수 있지만 인간에겐 불가능한 일이다. 상태의 추이를 그래프로 표시해보면 그 동물들은 살아 있는 것 같기도 하고 죽은 것 같기도 하지만, 다시 살아난다. 그래프상으로만 보자면 죽었다 할 수 있는 시간대가 있긴 하나 실제로는 죽은 상태가 아니다. 바로 이것이 우리가 연구할 과제다."[43]

이런 현상은 몇몇 척추동물에게서도 볼 수 있다. "체내 수분의 최대 65퍼센트가 얼어붙은 상태로 몇 달을 보낼 수 있는 이런 동물들은 세포 바깥이 얼고 살아 있다는 생리적 신호가 전혀 나타나지 않아도, 몸이 녹고 나면 몇 시간 안에 본래 상태로 돌아온다."[44]

사람도 짧은 시간이긴 하지만 겨울잠을 잘 수 있다는 사실은 입증된 바 있다. 노르웨이의 의사였던 안나 배겐흠^{Anna Bågenholm}은 노르웨이 북부 지역에서 스키를 타다가 절벽 아래로 떨어졌다. 절벽 밑에는 얼어붙은 웅덩이가 있었고, 그 위로 떨어진 그녀는 두께 20센티미터쯤의 얼음판을 뚫고 들어가 그 아래에 갇혔다. 그리고 심장이 멈춘 지 2시간 만에 구조되어 헬리콥터로 병원에 이송되었다. 그녀의 심부체온*은 섭씨

● 신체 내부 기관의 온도.

68

13.7도였다. 대개의 경우 이런 환자는 병원에 도착하면 이미 사망 판정을 받지만, 그녀가 도착한 곳은 "몸이 따뜻한 상태로 죽을 때까진 죽은 게 아니다"란 말이 통하는 노르웨이의 응급실이었다. 그리고 비록 느린 속도이긴 했으나 여러 달 만에 그녀는 건강을 완전히 회복했다.

응급실 의사들은 안나와 같은 사례가 수십 건이나 있음을 잘 알고 있었기에 응급 보전 및 소생EPR이라는 수술 방식의 임상시험을 시작했다. EPR은 환자의 출혈이 빠른 속도로 진행될 때 냉각 생리식염수를 대동맥에 주입하여 체온을 섭씨 10도 이하로 최대한 신속히 떨어뜨리는 조치를 우선적으로 시행하는 수술 방법인데, 이렇게 하면 총상이나 자상 치료에 필요한 시간을 최소 1시간은 더 벌 수 있다. 그렇게 해서 수술을 마친 다음 의료진은 환자의 체온을 천천히 다시 올려준다.[45]

현재 미국 항공우주국NASA은 짧으면 6개월, 길면 9개월까지 걸리는 화성 여행 동안 우주인의 대사율을 50퍼센트에서 70퍼센트까지 떨어뜨려 저체온 상태로 들어가게 했다가 깨어나게 하는 방법을 연구 중이다.[46] 말도 안 되는 소리처럼 들리겠지만 티벳 승려 2명이 자신의 신진 대사량을 각각 61퍼센트와 64퍼센트 늘리거나 줄일 수 있다는 연구 결과들도 있다.[47]

그런데 정말 이상하게도 겨울잠이라는 건 특정 유전자가 일으키는 기능이 아니라 그저 유전자 발현을 통해 생기는 기능인 듯하다.[48] 인간의 신체에도 겨울잠을 자는 데 필요한 암호가 있을 테지만 인간은 오래전에 이 특성을 포기해버렸다. 즉, 이론적으로만 보자면 인간은 유전자 암호를 근본적으로 바꾸지 않은 채 그저 유전자 발현만으로도 이런 상태에 얼마든지 도달할 수 있다는 뜻이다.

그러나 이런 종류의 의미 있는 유전공학적 성과조차도 인간 신체를 본질적으로 재설계한 것이라기보다는 유전자 배열을 그저 살짝 수정한 것에 지나지 않는다. 그렇기에 다음 질문은 충분히 던져볼 가치가 있다.

우리는 지금 생명체를, 심지어 우리 자신을 이해하고 수정할 능력을 가지고 있다. 그렇다면 근본적 재설계의 윤리적인 한계는 과연 어디까지일까?

우리는 도저히 상상할 수 없는 곳에서도 지구 생명체가 잘 살아간다는 사실을 계속해서 새롭게 발견하고 있다. 1977년 2월 15일부터 2월 17일까지 진행된 심해잠수정 앨빈Alvin호의 대양 해저 탐사 덕에 우리는 난방용 송풍구만 가까이 있으면 태양이 없는 극단적 환경에서도 얼마든지 생명체가 살아갈 수 있다는 사실을 알아냈다. 이런 생명체들의 먹이는 사람을 곧바로 죽일 수도 있는 황화수소와 암모니아다(너무나 놀라운 발견이었으나 앨빈호에는 전문 생물학자가 없었기에, 그 신기한 생명체들은 파나마에서 몰래 반입했던 러시아산 보드카에 담겨 보관될 수밖에 없었다).[49]

극단적 환경에서도 생명체들은 흔히 살길을 찾아낸다. 지난 수십 년간 우리는 극한성 생물*의 서식 범위가 점점 더 넓어진다는 사실을 확인해왔다. 너무 뜨겁거나 추워서 혹은 너무 산성이거나 알칼리성이어서 생명체가 살 수 없는 곳은 지구상에 거의 없다. 가령 피크로필루스 토리두스Picrophilus torridus는 PH 지수가 0인 곳에서도 활발하게 헤엄치며 번성하는 극도의 호산성(好酸性) 세포 물질이다. 또 호염성(好塩性)

---

* 극한 환경에서 서식하는 미생물.

생물은 염분 농도가 20퍼센트나 되는 호수를 좋아한다. 메타노피루스 칸들레리Methanopyrus kandleri라는 미생물은 섭씨 122도나 되는 곳에서 서식한다.••

　이런 유별난 능력의 유전자 암호를 점점 더 많이 발견하면 언젠가 인간은 지구와 전혀 다른 환경에서도 얼마든지 성장할 수 있는 박테리아를(어쩌면 동식물까지도) 유전공학적으로 만들어낼 수 있을 것이다. 토론토에서 북쪽으로 자동차를 타고 8시간 정도 달려가면 도로 끝에서 키드 크리크 광산Kidd Creek Mine과 만나고, 거기에서 바구니를 타고 지하로 2.4킬로미터쯤 내려가면 한 번도 오염된 적 없는 순수한 물을 채취할 수 있다. 이 물은 수십억 년 동안 지구 표면과 전혀 접촉이 없었고 지구 표면의 그 어떤 물질과도 섞이지 않았다. 그리고 그 안에는 황산염 및 그 밖의 여러 화학물질로 대사작용을 하는 미생물 군집이 지각 주변에 존재한다는 증거가 있다.[50] 이런 일은 우리 태양계에 속한 다른 행성들과 위성들에서도 얼마든지 있을 수 있으며, 심지어 우주인이 달에 버려두고 온 대변 주머니 안에서도 박테리아가 살고 있을지 모를 일이다. 우주 저 먼 곳의 생명체는 어쩌면 우리가 상상하는 것보다 훨씬 더 평범할 수 있다. 살짝 일러줄 말이 하나 있다. 일류 우주물리학자 10명 중 9명은 다른 행성들에도 생명체가 살고 있다 생각하고, 아마 우리의 손자 세대에선 그런 사실을 유추할 수 있는 이런저런 신호를 접하지 않을까 싶다.[51]

　지금 NASA는 '우리가 모르는 생명체life as we don't know it'를 활발하게

•• 이 미생물은 마그마로 가열된 뜨거운 물이 솟구쳐 나오는 캘리포니아만 해저에서 발견되었다.

찾는 중이다. 몇몇은 지구상의 생명체들과 완전히 다를 수 있고, 바로 그런 이유로 NASA는 먼 행성의 대기권에서 산소가 아닌 화학적 불균형 상태를 찾고 있다.[52]

최근까지 우리가 파악해온 모든 생명체는 단일 분자 DNA를 토대로 한다. 생명체의 근간을 구성하는 A, T, C, G라는 4개의 화학물질만으로도 박테리아부터 오렌지와 모기 그리고 달팽이, 정치인, 강아지 꼬리까지 모든 것을 만들어낼 수 있다. 그러나 궁극적으로 우리가 생명체들, 더 나아가 인간인 우리 자신까지도 다른 여러 행성에 적응하게끔 수정하는 것이 가능해짐에 따라, 유전은 오늘날의 기본적인 유전자 암호에만 의존할 필요가 없어질 것이다. 캘리포니아 라호이아 플로리다 앨라추아에 있는 작은 실험실에서는 무언가 심상찮은 일이 일어나고 있다.

현재 생명체들의 유전자는 대안적인 염기쌍들의 유전을 목적으로 변형되고 있다. 이제 우리는 ATCG가 아닌 ATXY, 또는 ATCGXY로 생명체를 새로 만들 수 있는 것이다. 이렇게 하면 특이한 단백질을 생성할 수 있을 뿐 아니라 생명체들의 곁가지 종도 이론적으로는 얼마든지 새로 만들 수 있으며, 다른 어떤 생명체와의 짝짓기나 상호작용 없이 새로운 생명체를 창조할 수도 있다. 어쩌면 그중 몇몇을 오늘날의 생명체 몇 종과 상호작용 시켜 거대하게 확장된 생물학적 툴키트를 만들어내는 것도 가능할 것이다.[53] 한 걸음 더 나아가, 지구상에 존재하는 대부분의 바이러스와 박테리아에 면역력을 가진 식물과 동물도 생겨날 수 있지 않을까?

이제 비DNA 생명체non-DNA life를 만들 수 있기에 생명체와 유전이 여러 화학물을 통해 발생 가능해진다. 그리고 우리는 더 이상 유일무이의 독특한 존재가 아니게 된다. 인류는 이제 새로운 생물종으로 분화할 수 있을 것이다. 우리가 기본적인 유전자 암호와 생리를 바꿈에 따라 이 지구는 여러 변종이 나란히 살아가는 세상이 될 것이다. 이것이야말로 우리가 (오로지 우리만이!) 세상을 지배해왔던 기간보다 더 긴 세월 동안 자연에 적용될 질서임을 명심해야 한다.

신체를 바꾸는 비용이 한층 낮아지고 안전성은 높아짐과 더불어 수요는 점점 커지고 있다. 그러므로 우주여행과 우주 식민지화가 실제로 시작된다면 지구와 전혀 다른 환경에 적응하도록 인간의 기본적 생리를 업그레이드해야 한다는 압박은 점점 더 거세질 것이다. 지금 시점에선 도무지 상상 불가능하고 비윤리적인 일로 여겨지는 이런 일이 우리 후손들에겐 전혀 특별한 일이 아닐 것이다.

우리가 우리와 다른 사람들, 또 우리와 가장 가까운 유인원 종들을 대하는 윤리적 규범을 어떻게 설정하는가에 따라 그것은 미래의 평화로운 공존, 혹은 또 다른 인류가 자행할 지배에 영향을 줄 것이다. 자, 우리의 마지막 질문은 여기에서 나온다.

만약 다른 어떤 행성으로 가서 대기와 식품, 연료 저장소를 만들고 새로운 문명의 씨를 뿌리는 일이 그곳에 이미 존재하던 생명체를 변형하거나 새로운 생명체의 싹을 심어야만 가능하다고 가정해보자. 이럴 때 과연 우리는 그렇게 해야 할까?

우주여행이 일상이 될 후손들 입장에선 이 질문에 대한 답이 너무나 뻔할 것이다. 그러나 당신이 지금 어떤 대답을 내놓든 간에 내일 이뤄질 발견과 내일 닥칠 걱정, 그리고 내일 해결해야 할 과제 들은 지금

통용되고 있는 윤리적 대응의 내용이나 방식을 쓰레기통에 처넣어버릴 것이다. 어쨌거나 윤리는 변하기 마련이니까.

실험실에서 자라는 두뇌들

편형동물인 플라나리아는 이상한 생명체다. 플라나리아를 반으로 자르면 어떻게 될까? 머리가 달린 쪽은 신기하게도 신체의 나머지 절반을 새로 만들어낸다. 그런데 더 신기한 것은 꼬리가 달린 쪽도 머리를 포함해서 신체의 나머지 절반을 새로 만들어낸다는 점이다. 이렇게 새로 생긴 플라나리아를 모두 다시 절반으로 자르면 플라나리아는 잘려나간 부분을 또 다시 새로 만들어낸다.

> 그래서 어떤 과학자는 이 동물을
> "칼날 아래에서도 절대 죽지 않는" 동물이라고 말했다.[54]

신체의 일부만 남은 플라나리아는 자기 신체에서 어떤 부위들이 잘려나갔는지를 정확하게 파악하고 그 부위들을 만들어낸다. 정말 신기한 점은 꼬리 부분만 남았다가 새로 생긴 머리의 뇌가 가지고 있는 기억이다. 새로 생긴 이 뇌는 잘려나간 머리가 가지고 있던 기억을 그대로 갖고 있다. 이전 개체에 있던 기억임에도 새로 생성되는 개체로 옮겨가는 것이다. 심지어 새로 만들어진 부위는 애초에 뇌가 없는 상태에서 생성되었고, 그 상태에서 새로운 개체로 성장해야 했음에도 말이다.[55]

이보다 더 신기한 일도 있다. 터프츠 대학교의 생물학 교수 마이클 레빈Michael Levin은 전류가 플라나리아의 통상적인 재생 패턴에 어떤 혼란을 가져다주는지 살펴고자 전기 자극을 주기 시작했다. 그랬더니 플라나리아의 눈이 4개가 되었고 머리는 2개가 되었다.[56] 전류 자극을 받은 생체에선 신체 부위, 심지어 머리까지도 추가로 생성되는 것이다.

뇌는 정말 신기한 존재고, 기억은 뇌보다 훨씬 더 신기하다. 레빈은 애벌레를 '부드러운 몸체의 로봇'이라 일컫는데, 애벌레는 기어다니면서 식물을 갉아먹다가 고치가 되고 변태 과정을 거쳐 나비가 된다. 이 과정을 밟는 동안 애벌레는 신경계와 뇌를 액화하면서 이전의 모습과는 전혀 다른 모습으로 변하고, 결국은 하늘을 나는 로봇이 되어 과즙을 찾아다닌다. 그런데 정말 이상하고 신기한 점은 나비가 애벌레 시절에 학습했던 내용 일부를 기억한다는 점이다.[57]

플라나리아와 애벌레의 뇌는 어쩌면 특정 정치인들을 연구하는 데 유용한 모델이 될 수도 있다. 사실 인간 뇌의 작동 원리와 특정 질병의 치유 원리를 알아내려면 인간의 뇌를 실험해야 한다. 그렇지만 뇌에 온갖 자극을 가하는 이런 실험에 자발적으로 나서는 건강한 뇌의 소유자는 정말 이상하게도 거의 없다. 때문에 중추신경계 관련 약제 개발의 실패율은 여전히 매우 높은 수준이다.

낯설지만 새롭게 떠오르는 과학의 또 다른 분야인 유사장기, 즉 오가노이드organoid를 살펴보자. 이 이야기는 2006년에 시작된다. 일본 과학자 야마나카 신야(山中伸彌)는 4개의 화학물질을 인간의 피부세포와 섞으면 미분화 상태의 줄기세포를 만들어낼 수 있다는 사실을 발견했다. 인체의 가장 기본 세포인 미분화 줄기세포는 정자와 난자의 결합으로 생성된 단일 착상세포다. 이 세포가 2개에서 4개로, 다시 8개, 16개로……
그리고 마침내 10조 개까지 분열한 결과물이 바로 당신이다. 처음 몇 차
례의 분열에서 이 세포들은 모두 신체의 어느 부위든 될 수 있다. 이 세
포를 산꼭대기에 서 있는 스키어라고 생각해보자. 그 자리에서는 어느
슬로프든 선택할 수 있으나 일단 하나를 선택해서 내려오기 시작하면
그 뒤로 이 사람에게 주어지는 선택권은 점점 줄어든다. 그런데 야마
나카는 스키 리프트를 만들어낸 것이다. 스키어가 다시 산꼭대기로 올
라갈 수 있게, 즉 우리 세포가 다시 예전처럼 무엇이든 될 수 있는 만능
세포가 될 수 있게끔 말이다.[58] 그 덕에 우리의 피부 세포는 이제 신체
의 전혀 다른 부위로 다시 성장하도록 프로그래밍될 수 있다.[59]

　마거릿 랭커스터Margaret Lancaster와 위르겐 크노블리히Jürgen Knoblich의
연구팀은 줄기세포를 배양접시에서 배양해 미니 뇌minibrain로 생장시키
는 방법을 발견했다.[60] 이건 이제 그리 놀랄 일이 아니다. 그렇지 않은
가? 오가노이드를 점점 더 정교하게 만들고, 또 이렇게 만들어진 오가
노이드를 더 오래 살아 있게 한 연구 집단도 여럿이니 말이다. 그런데
이상한 일이 일어나기 시작했다. 인간의 뇌보다 100만 배는 작은 이 오
가노이드들이 차별화된 뇌 조직으로 성장하는 자가조직화self-organization
를 시작한 것이다. 10개월이라는 기간 동안 과학자들은 무작위적인 신
경 발화neuronal firing가 뇌파로 자가조직화하는 과정을 관찰했다(뇌 활동의
기본적 조치 중 하나는 뉴런들이 함께 점화할 때 일어나는데, 인체에서 이 뉴
런들의 점화는 기억과 꿈을 포함한 여러 기능과 연관되어 있다).[61]

　그로부터 얼마 뒤 앨리슨 무오트리Alysson Muotri는 자동화된 뇌 오가
노이드 농장들을 발명했고, 이후 랭커스터와 노블리히 그리고 그들의

팀은 신경망을 체계적으로 발달시키기 시작했다. 튼튼한 오가노이드를 생장시킨 뒤엔 여러 신체 부위로 다양한 실험을 진행하고 신체의 다른 신호입력 부위input-body들과의 연결도 시도했다. 가령 뇌 오가노이드 안에 망막 세포를 발생시키면 이 미니 뇌가 감광성(感光性)을 갖게 되는 식이다.[62] 초기 생명체에서 가장 원시적인 눈이 어떤 식으로 발생했는지 일러주는 이런 작업은 제각기 다른 기능을 가진 뇌 세포들이 어떤 조건하에서 생성되는지를 알아내는 커다란 걸음과도 같다. 어떤 연구팀들은 인간 뇌 오가노이드를 쥐의 뇌 속에 넣으면 무슨 일이 일어나는지 살핀다.[63] 뇌 오가노이드는 심지어 우주로 나가기도 했다. NASA는 무중력 상태에서 미니 뇌가 어떤 발생 과정을 거치는지 알아보려고 그것들을 우주로 내보낸 적이 있다(예비보고서 내용이 궁금하다고? 뚜렷한 형상이 없었던 이 미니 뇌들은 한층 큰 공 모양으로 바뀌어서 돌아왔다. 우주에서 태어난 아기의 뇌는 해부학적으로 지상의 인간 뇌와는 전혀 다르게 생장할 수 있다는 뜻이다).[64]

오가노이드 관련 연구가 점점 늘어남에 따라, 한 윤리 관련 리뷰는 '생각해봐야 할 쟁점'이라는 미묘한 부제와 함께 다소 걱정스러운 시나리오를 제시했다.

"대리 뇌가 점점 커지고 또 정교해짐에 따라 이 뇌가 인간적인 직감과 비슷한 능력을 가질 가능성은 한층 더 커진다. 그런 능력에는 즐거움이나 고통이나 괴로움을 어느 정도 느끼는 능력, 기억을 저장하고 소환하는 능력, 혹은 심지어 자아정체성을 지각하는 능력까지 포함될 수 있다."[65] (영화 〈매트릭스〉에서 음산한 주제곡이 깔릴 때 당신은 주인공 네오에게 무슨 일이 생길지 잔뜩 긴장해야 한다.)

뇌를 바꾸는 것은 곧 인간성을 바꾸는 것이다. 자신의 뇌를 기꺼이 바꾸고 싶은 마음이 과연 생길까? 그런 사람이 있을까? 글쎄다. 근본적으로 다른 뇌 설계나 신경 기능 수정을 위한 이식을 그저 기다리고만 있는 사람은 많지 않다. 도파민, 옥시토신, 세로토닌, 엔돌핀 등 신경화학 물질로 구성된 약을 사용 중인 사람은 수백만 명에 이른다. 아닌 게 아니라 프로작Prozac, 셀렉사Celexa, 이펙사Effexor, 팍실Paxil, 졸로프트Zoloft 등을 비롯한 여러 우울증 치료약의 매출 규모는 10년 동안 4배로 성장했다. 2008년까지 미국인 10명 가운데 1명은 자신의 감정 상태를 바꾸려고 했다.[66]

(심지어 그때는 금융위기 발발 이전이었던 데다

트럼프가 대통령이 되기 전이었으며 코로나19도 없던 때였다!)

뇌 상태와 통증을 조절하는 것은 매우 위험한 일이다. 미국에서 진통제 처방받은 사람들 중 약 4분의 1은 약제를 오용했고, 10명 중 1명은 진통제에 중독되었다.[67] 날마다 약 130명이 오피오이드opioid• 과다복용으로 사망한다. 기업의 윤리의식 부족에 대해 이야기해보자면, 2006년부터 2012년 사이에 수많은 기업이 출하한 마약성 진통제 옥시코돈과 하이드로코돈 알약의 총량은 무려 760억 개에 이른다는 사실을 지적할 수 있다. 가장 가난한 계층이 제약 회사의 가장 수익성 높은 고객층이었다는 뜻이다.

• 마약성 진통제의 통칭.

"웨스트버지니아, 켄터키, 테네시 그리고 네바다에선 모든 남녀와 어린이에게 매년 50개 이상의 마약성 진통제를 처방했다. 애팔래치아 지역의 경우엔 연간 1인당 100개가 넘는다."[68]

웨스트버지니아의 밍고 카운티에서는 이 수치가 연간 1인당 203개에 이른다. 이 수치들이 얼마나 심각한지는 미국 전체를 놓고 봤을 때 마약성 진통제가 미국인의 평균수명을 4개월이나 단축시켰다는 데서 알 수 있다.[69] 마약성 진통제 과다복용으로 사망하는 이들의 적어도 3분의 2가 의사의 처방을 받았다는 사실을 염두에 두면, 지금 우리는 평범한 사람들을 죽음으로 몰아넣고 있는 게 아닐까 하는 의문이 든다.[70]

기본적인 뇌 기능을 바꾸는 것에 대해 그럴듯한 반발들이 쏟아지고 있다. 미국의 대통령생명윤리위원회Presidential Commission on Bioethics에는 인지·심리적 차원의 반대론자들이 꽤 있었는데, 그들은 다음과 같은 몇몇의 집단으로 분류되었다.

- 정통 칼뱅주의자: 약의 도움으로 성공을 거두는 일은 속임수를 쓰는 것이나 마찬가지다. 성공은 개인적 노력의 결과여야 한다.
- 업보주의자: 행복과 복지는 약물의 결과가 아닌, 선한 마음과 행동에 대한 보상이어야 한다.
- 자기학대자: 기억이 일생을 바꾸어놓더라도 좋은 경험이든 나쁜 경험이든 그 기억을 안고 가야 한다. '가짜 행복'은 의미 없다.
- 히스테리 환자: 만일 사람들이 나쁜 것들과 트라우마를 기억할 수 없다면 미래에 그 트라우마를 피하는 일이 불가능해진다.[71]

그럼에도 인간이 약물을 통해 감정과 생각을 잠재우거나 자극하며 고양시키려는 시도를 중단할 것 같진 않다. 뇌 활동을 안전하게 조절 가능해짐에 따라 여기서 발생하는 보상은 너무도 크고 또 때로는 너무도 긴급해서, 엄청난 규모의 수많은 실패에도 불구하고 대학교와 제약 회사, 뇌 연구소 등은 수십억 달러를 투자 중이다.

뇌 기능을 바꾸는 방법에는 약만 있는 게 아니다. 약 300만 명에 달하는 간질 환자에게는 약이 듣지 않아 여러 연구소에서는 이식형 뇌 자극 장치를 실험 중이다. 외부형이든 이식형이든 이런 유형의 장치는 모두 극단적 우울감이나 만성적 고통을 제어할 목적으로 사용된다. 이러다 나중에는 분노, 충동, 우울감, 공격성 등을 제거하기 위해 가상현실 모듈레이터를 사용할지도 모른다.[72]

뇌 지도를 작성하여 뇌 기능에 개입하는 기술이 점점 발달하면 다수의 윤리적 질문과도 맞닥뜨리게 될 것이다. '인생의 어떤 단계에서 어떤 목적으로 어디까지 뇌 기능 조절을 허용할 수 있을까'와 관련된 질문들 말이다.

약물을 비롯한 뇌 기능 조절 치료법은 누가 처방해야 할까?

이 치료의 대상자는 얼마나 폭넓게 설정돼야 할까?

이런 치료와 관련해서 학교 교사도 일정 권한을 가져야 할까?

또한 판사나 경찰 그리고 교도관에게도 그런 권한을 줘야 할까?

그렇다면 군대는?

중앙 정부는?

우리가 감정을 느끼고 경험하는 방식은 반드시 본인 선택에 따라야 할까?

일단 뇌 기능과 관련된 여러 질문들은 윤리적인 것과 아닌 것의 경계선에서 그것을 끊임없이 의심하며 그 범위를 점점 넓힐 것이라고 대답할 수 있다. 뇌를 바꾸고 키우고 또 개발하는 것과 관련된 우리의 윤리는 아직 유아적 수준에 머물러 있다. 또한 사람의 의식이 무엇인지, 이것이 어디에 존재하고 어떻게 측정되어야 하는지 등에 대해서도 여전히 이견이 존재한다.[73] 지금은 통상적인 규범으로 용인되지만 내일이 되면 사정이 근본적으로 달라질 영역도 있다. 그러나 이런 성가신 과제들을 맞닥뜨릴 때 우리가 명심해야 하는 것이 있다. '우리가 이런 쟁점들을 깊이 사고할 수 있는 능력을 지닌 이유는 무엇인가?'가 바로 그것이다. 우리가 갖고 있는 가장 강력한 기술은 우리의 뇌 자체다. 인간의 뇌가 생각하고 또 설계한 것들은 이미 인류를 발전시켰으며 지구 전체를 바꿔놓았다. 불을 발견하고 널리 퍼뜨리는 과정에서 음식 조리가 가능해졌고, 그 덕에 더 많은 열량과 지방질을 흡수할 수 있었으며, 이것이 뇌를 한층 더 발달시켰다. 또 인간은 보다 많은 것을 학습하면서 사회를 바꾸어왔음은 물론 뇌와 감정도 수정해왔다. 그 과정에서 폭력적 행위도 반성하며 한층 진보한 사회 제도를 발전시켰으며 윤리를 다듬어왔다. 우리의 뇌를 바꾸는 일은 사실상 우리의 인간성 자체를 발전시키는 일이었다.

(어쩌면 독자 가운데 몇몇 혹은 많은 사람은 우리가 인간의 뇌를 절대로 바꾸지 말아야 한다고 확신할지 모른다. 이런 이들은 바로 다음에 나오는 이야기를 다 읽은 뒤 정신질환자의 범죄 행동을 우리가 어떻게 판단하고 또 그것에 어떻게 대처하는 게 옳을지 말해주면 좋겠다.)

정신 오작동이 범죄라고?

25미터 높이 파도를 타고 서핑하는 사람, 좁고 험한 산마루를 따라 아슬아슬하게 산악자전거를 타고 달리는 사람, 맹수처럼 돌진해 상대에게 태클을 거는 사람, 로프나 보호장비 하나 없이 미국 요세미티 공원에 있는 엘카피탄El Capitan산을 오르는 사람……. 이런 이들의 모습을 담은 동영상을 보면 당신은 아마 혼잣말로 이렇게 중얼거릴 것이다.

"미친 사람이네."

불행하게도 이 말은 반사회적 행동과 극악무도한 범죄와도 관련된다. 만일 어떤 미친 행동이 실제 많은 범죄자의 특성이라면 어떻게 될까?

1844년 미국에서 태어난 에드워드 룰로프Edward Rulloff는 비범하게 특출한 인물이었다. 그의 직업은 의사, 변호사, 식물학자, 교사, 사진사, 발명가, 그리스어와 라틴어 학자, 카펫 디자이너, 골상학자, 문헌학자 등 한두 개가 아니었다.

그는 또한 방화범, 횡령범, 절도범, 사기범, 연쇄살인범이기도 했다. 룰로프는 화려한 범죄 행각을 어린 시절부터 일찌감치 시작했다. 그가 첫 번째로 취직했던 가게는 불에 타서 폭삭 내려앉았다. 불쌍한 가게 주인은 그 자리에 다시 건물을 짓고 룰로프를 계속 고용했는데, 새로 지은 건물 역시 이전 건물과 똑같은 운명을 맞아 폐허가 되어버렸다. 그 뒤 룰로프는 변호사 사무실에서 서기로 일하며 비싼 옷 한 벌을 훔쳤다가 교도소에 수감되었으며 석방된 뒤에는 새로 맞이한 아내를 때리고 독살하려다 미수에 그쳤다. 이후 형수와 그녀의 어린 아기를, 얼마 지나지 않아서는 자기 아내와 아이를 살해했다. 사형 선고를 받고 10년 동안 복역하다 탈출해서는 대학에서 학생을 가르쳤으며, 다른 한편으로는 절도 행각을 이어갔다. 그러다가 마침내 체포되었으나 법률 지식을 이용해 절차상의 문제를 제기했고, 무사히 풀려나는 데 성공했다. 그렇게 몇 년이 지난 뒤 또 다른 살인 사건으로 체포된 그는 공개 교수형을 당했다. 얼마나 사악하고 악랄하기로 유명했던지 의사들은 룰로프로 하여금 그런 극단적인 행동을 하도록 유도한 단서를 찾기 위해 그의 뇌를 해부하기까지 했다.[74] 룰로프의 뇌는 평균보다 30퍼센트 더 큰 것으로 드러났는데, 당시까지의 기록에 비춰보면 역대 2위였다(룰로프의 뇌를 보고 싶다면 코넬 대학교에 가면 된다).

사이코패스는 문명사회에 매우 해로운 존재다. 사이코패스의 뇌에 대해 우리가 아는 바는 많지 않지만, 그래도 사이코패스 범죄자를 의뢰인으로 둔 변호사들은 법정에서 자기 의뢰인의 범죄 행동을 설명하기 위해 뇌 활동이 담긴 화려한 스캐닝 영상을 제시한다. 일급살인 사건 5건 중 2건에서 변호사는 피고의 형량을 조금이라도 줄이겠다는 바람으로 법정에 '신경과학'을 동원한다.

"존경하는 재판장님, 피고는 환자입니다."

어쩌면 그 말이 맞을지도 모른다. 그러나 아무리 컴퓨터단층촬영 CAT이니 뇌파검사 EEG니 자기공명영상 MRI이니 양전자방출단층촬영 PET이니 운운해도 우리는 영 알아듣지 못한다.[75] 나중에 가면 '마음 상태' '고통이나 통증의 정도' '옳고 그름을 분별하는 능력' 그리고 법정에서 자주 언급되지만 표준화나 객관적 측정과는 거리가 먼 온갖 법률적 핵심 개념들을 조금은 알아듣게 될 수도 있다.

그러나 수십 년 뒤의 상황을 상상해보자. 신경과학이 눈부시게 발전해서 누군가 취했던 특정 행동이 통계적으로나 임상적으로 봤을 때 정신적 질환의 결과일 수 있다고 설명되는 미래의 상황을 말이다. 어쩌면 어느 시점에 이르러선 신경과학이 지문이나 DNA 증거처럼 100퍼센트의 정확도를 보장할지도 모른다. 만일 그렇다면 믿을 수 없을 정도로 복잡한 윤리적인 숙제들이 나타날 것이다.

윤리적·법률적 선을 넘은 사람이 만일 정말 아프다면, 또 우리가 그것을 증명할 수 있다면 어떻게 될까?

만일 중범죄들 중 상당 비율이 기본적인 뇌 회로 기능의 오작동에서 비롯된다면 어떻게 될까?[76] 사이코패스들이 다른 여러 정신질환자들과 전혀 다르다는 증거는 이미 나와 있다. 통계적으로 보면 교도소 재소자들은 정신질환을 앓으며 트라우마와 같은 뇌 손상의 고통에 시달리고 있을 가능성이 상대적으로 높다.[77] 실제로 이들은 자기가 하게 될 행동이 어떤 결과를 빚어낼지 제대로 추론하지 못한다. 하버드 대학교의 조슈아 부크홀츠Joshua Buckholtz는 교도소 재소자들에게 지금 당장 적은 돈을 받을지, 아니면 나중에 조금 더 많은 돈을 받을 것인지 선택하라고 한 뒤 고민하는 재소자의 뇌를 스캐닝했다. 이렇게 해서 나온 결과는 '일반인'의 경우와 매우 달랐다.[78]

그랬다. 이런 실험들의 결과에서 표준편차가 크게 나타난 이유 가운데 하나는 제도적 차원에서 범죄자를 정신질환자와 함께 뒤섞어놓았기 때문이었고, 사실 이런 관행은 19세기 중반까지 일관되게 이어졌다. 그런데 남편과 아내 모두 우울증을 앓던 부부의 딸인 도로시아 린드 딕스Dorothea Lynde Dix라는 사람이 나타났다. 15살 때 최초의 여자학교를 열어 부잣집 아이들과 가난한 집 아이들을 모두 가르칠 정도로 비범했던 딕스는 그 뒤 간호사로 일하며 남북전쟁의 참상을 가까이에서 목격했다. 후에 교도소를 방문하면서 그녀는 정신질환을 앓는 사람을 잘 다루어야 한다는 것, 또 그들을 무조건 범죄자로 취급하지 않는 것이 얼마나 중요한지 깨달았다. 열정적인 로비스트였던 딕스는 미국의 주 정부들이 차례차례 정신질환자의 운명을 개선하는 데 초점을 맞추도록 만들었고, 이 방식은 한동안 잘 통했다.[79]

> 매사추세츠 케임브리지의 마운트오번 공동묘지 내
> 스프루스 애비뉴의 4731번 묘지.
> 그 앞을 지나는 이 모두
> 딕스의 수수한 묘비명에 관심을 기울이지 않는다.
> 그런데 정신질환자들을 감옥 밖으로 해방시키는 일에
> 그녀가 얼마나 중요한 역할을 했는지 아는 사람은
> 그녀의 묘비명에 관심을 기울이는 사람보다 훨씬 더 적다.

그러나 영화 〈뻐꾸기 둥지 위로 날아간 새One Flew Over The Nest〉를 본 당시 사람들은 늙은 정신질환자들이 정신병원의 과잉수용에 시달리고 악랄한 수간호사 래치드와 그 일당들에게 무시당하고 학대당한다고 생각했다. 그래서 주 정부의 예산을 편성하는 강경파들은 선의의 진보주의자들과 손을 잡고서, 새롭게 정비되었던 정신병원 제도를 무너뜨리며 딕스의 노력을 헛되게 만들었다.

1955년 당시 미국 시민 10만 명당 340개였던 정신질환자 병상은

2005년엔 17개로 줄어들었다. 정신병원에서 나온 정신질환자들 중 어떤 이들은 집에서 치료를 받았고 또 어떤 이들은 새로운 정신과 치료약에 의지했다. 그러나 그 가운데 많은 사람은 결국 다시 범죄를 저지르고 교도소에 수감되었다. 그 비중을 보자면 심각한 정신질환자 5명 중 2명은 교도소에 수감되어 있고, 나머지는 대부분 노숙자다. 애리조나와 네바다 등 여러 주의 교도소에는 정신병원에 수용된 사람들보다 10배나 많은 정신질환자가 수감되어 있다. 어떤 면에서 보면 딕스가 정신질환자를 교도소 바깥으로 데리고 나와 보다 인간적인 치료를 제공하자며 개혁운동의 깃발을 들었던 19세기 중반 이전으로 되돌아간 셈이다.[80]

정신질환자를 범죄자로 만드는 일은 정의와 불의의 경계선을 모호하게 만든다. 로스앤젤레스 카운티 교도소의 재소자 중 정신적 장애가 있는 이들의 90퍼센트는 교도관들이 '빵쟁이frequent flyer'라 일컫는 상습 전과자가 되고 그중 31퍼센트는 전과 10범 이상이다. 여성의 경우 정신질환자가 아닌 한 대개 남성보다 폭력성이 덜하기 때문에 더 많은 대가를 치러야 한다. 여성 재소자 3명 중 적어도 1명은 정신질환을 앓고 있지만, 그럼에도 이 추정치가 터무니없이 낮다고 느끼는 이들은 그 비율이 실제론 75퍼센트에 이른다고 생각한다.[81]

두 사람이 비슷한 흉악 범죄를 저질렀는데 한 사람은 자신의 행동을 범죄로 인식하지만 다른 한 사람은 감정을 느끼지 못해 자신의 범죄를 인식하지 못한다면? 정신질환이 있는 사람과 없는 사람을 각각 무슨 죄목으로 감옥에 넣을지 판단하기는 쉽지 않다. 전체 미국인 중 사이코패스의 비중은 1퍼센트로 추정되지만, 남성 사이코패스가 전체 재소자에서 차지하는 비율은 4분의 1가량이다.[82] 동정심과 양심의 가책이 부족한 이 재소자들은 평균적으로 마흔 살 이전에 폭력 범죄로 네 번이나 유죄 판결을 받는다. 이들의 뇌는 '증오'나 '사랑' 같은 단어들을 보통 사람들의 경우와는 다른 영역에서 처리한다. 정서를 담당하는 영역이 아니라 오로지 언어만을 담당하는 영역에서 처리하는 것이다.[83] 사이코패스지만 자신의 본모습을 비교적 잘 숨길 수 있어 유죄 판결을 받지 않는 사람들은 법 집행 분야나 군대, 정치계, 의학계 등으로 모여드는 경향이 있다. 극단적인 사이코패스들 중 몇몇은 속임수의 달인이다. 워싱턴 대학교의 한 심리학 교수는 자기 학생 1명을 "밝고 상냥하며 매력적이며 의욕적이고 성실하다"고 묘사했고, 그 학생을 채용한 공화당 소속의 주지사도 견해가 같았으며, 시애틀의 자살 방지 전화상담소 자원봉사자 동료들도 그를 무척 좋아했다. 그러나 사실 이들 모두는 대량 학살자이자 강간범인 테드 번디 Ted Bundy에게 감쪽같이 속은 것이었다.[84]

모든 사악한 행동 뒤엔 생물학적 충동이 있다고 주장하려는 게 아니다. 거듭되는 모든 연구는 하나같이 어린 시절에 받는 훈육이 중요하다고 강조한다. 전후 관계의 문맥을 건너뛰는 이야기이긴 하지만, 사실 유년 시기에 훈육만 잘 이루어졌다면 멕시코에서 조직범죄와 관련된 살인 사건이 11년 만에 10배 수준으로 늘어나진 않았을 것이다. 스탈린, 마오쩌둥, 히틀러 그리고 폴 포트 Pol Pot 등의 독재자가 이끄는 정권이 어린아이까지 포함해 수백만 명을 죽이는 일도 생겨나지 않았을 테고 말이다. 그러나 모든 사회와 집단에는 특별히 사악한 개인들이 있기 마련이고, 이들의 머릿속엔 한층 문명화된 현대 사회와는 맞지 않는 생각이 자리한다.

진화론적인 차원에서 말하자면, 적군을 속이고 신의 이름으로 적의 모든 아내와 아이 그리고 가축을 씨도 남기지 않고 모조리 죽일 수 있는 전사들은 그가 속한 부족과 믿음 체계를 지키는 데 유용할 수 있다. 하지만 〈왕좌의 게임〉에서 허용되었던 과거의 행동들은 이제 우리 사회에서의 폭력과 학대가 점점 줄어듦에 따라 금기가 되었다. 그리고 그런 행동을 하는 이들에겐 집단학살광 정신질환자라는 딱지가 붙는다.

그러나 만일 이 살인광들이 정신적으로 불안정한 환자였다는 사실이 드러난다면 어떻게 될까?

첫 번째 질문은 이것이다. 환자 개개인에게 우리는 어떤 이유로, 어떻게 벌을 주어야 할까?

- 발생된 피해 규모에 비례해서 처벌한다? (정작 그들은 자신이 얼마나 나쁜 짓을 하는지 전혀 모르고 있는데도?)
- 보다 안전한 사회를 위해 처벌한다? (정신질환자들에게 선고하는 형량은 실제로 그들이 저지른 범죄에 비해 무거워야 할까?)
- 그들이 사회에 잘 복귀하게끔 돕기 위해 처벌한다? (하지만 만일 그 치료가 그들을 갱생시킬 가능성이 없다면 어떻게 해야 할까? 또 정신이 너무 심하게 망가져 위험한 상태라면?)
- 다른 사람의 고통에서 즐거움을 느끼지 못하도록 처벌한다? 시카고 대학교 장 데세티 Jean Decety 교수에 따르면 최악의 인간들은 고통에서 흥분을 느낀다고 하니 말이다.

이어지는 두 번째 질문. 범죄자들의 행동을 보다 잘 예측할 수 있게 된다면 우리는 선제적 행동을 취할까?

- 미래엔 어떤 사람의 전대상피질 anterior cingulate cortex이 얼마나 손상되었는지를 보고 그 사람의 억제 능력과 공격성을 예측하는 게 가능해지지 않을까?[85] 아니면 복내측 전전두엽 피질 ventromedial prefrontal cortex의 손상 정도나 편도체 이상을 살펴보는 것으로 가능할 수도 있겠다.[86] 만일 기능성 자기공명영상 fMRI으로 사이코패스들을 가려낼 수 있다면 어떨까?[87] 유죄가 입증되기 전까진 결백이 보장되는 걸까, 아니면 영화 〈마이너리티 리포트 Minority Report〉에서와 같은 상황이 벌어지게 될까?*
- 만일 누군가의 거짓말 여부를 혈류 패턴으로 탐지할 수 있다면 어떻게 될까?[88]
- 잠재적 범죄 행동은 실제 범죄 행동과 동일하게 처리되어야 할까? 그렇다면 얼마나 공격적으로 처리되어야 할까? (2019년 앨라배마는 성범죄자들을 화학적으로 거세하는 일곱 번째 주가 되었다.)[89]

세 번째 질문. 만약 사이코패스의 뇌 배선 brain wiring을 바로잡는 기술이 발명된다면 사회는 사이코패스의 뇌를 강제적으로 바꿔야 할까?

교도소장, 변호사, 학자, 철학자, 영화계 종사자 등은 이상의 문제와 그에 뒤따르는 여러 추가 질문을 수도 없이 던지고 또 고민해왔다. 그러나 정신질환에 의한 폭력적 범죄를 예방할 수 있는 보다 빠르고 효

- 이 영화의 배경인 2054년의 워싱턴에선 최첨단 치안 시스템으로 범죄를 예측해 사건이 발생하기 전에 범죄자를 체포한다.

과적이고 저렴한 해결책이 아직 나오지 않았기 때문에 그 많은 논쟁은 추상적 차원에 그쳐버렸다. 그래서 우리는 지금도 여전히 정신질환자들을 교도소에 우겨넣고 있다. 이것은 근본적으로 잘못된 일이라는 점에 거의 모든 사람이 동의함에도 말이다. 어쨌든 우리의 예산은 현재의 치안 수준을 최대로 높일 새로운 방식엔 마구 쓰이는 데 반해 정신적 치료를 위한 병원을 위해서는 거의 집행되지 않는 것 같다.

언젠가 약리학과 뇌 연구 분야가 발전하면 지금과 다른 복잡한 윤리적 문제가 대두될 것이다. 정신 치료 약물을 찾는 이가 늘어남에 따라 복용자의 도덕적 판단을 바꾸어놓을 수 있는 화학적 합성물도 많아질 것이다. 가령 실로사이빈Psilocybin 같은 강력한 환각제나 '사랑의 묘약'으로 일컬어지는 마약인 엑스터시Ecstasy(이것의 화학명은 MDMA이다)는 어떤 이들을 보다 관대하고 아량 넘치게 만들어준다.[90] 셀렉사Celexa 라고도 하는 항우울제 시탈로프람Citalopram에는 수면과 섹스, 신진대사와 관련된 여러 문제를 해결하는 긍정적 부작용이 있는데, 옥스퍼드 대학교의 신경과학자 몰리 크로켓Molly Crockett은 또 다른 부작용을 하나 더 발견했다. 셀렉사가 환자의 도덕성을 바꾸어놓는다는 것, 즉 공감 능력은 높이고 타인에게 해를 끼치려는 마음은 누그러뜨린다는 것이었다(이후 있었던 추가 실험에서, 셀렉사를 복용한 환자들은 타인이 전기충격을 받지 않게끔 하기 위해 자신의 돈을 기꺼이 지불하겠다고 나섰다. 심지어 자신과 전혀 모르는 사람이었고, 사전에 책정된 금액의 2배를 지불해야 했는데도 말이다).[91] 또 다른 약인 레보도파Levodopa는 사람을 한층 더 이타적으로 만들어주는데 이런 약물 및 그 밖의 합성물 들 덕에 뇌 회로brain circuitry의 지도를 작성하는 일, 그리고 특정 감정들을 유도하거나 끊어내는 일은 한결 용이해질 것이다.

약물을 복용한다는 사실이 꺼림칙하게 느껴지는가? 그러나 정신질 환자들의 공격성은 궁극적으로 뇌심부자극술 deep brain stimulation ••과 같은 기술에 의해 줄어들지 않을까? 또 그렇게 해야 하지 않을까?[92] 아주 작은 자극이 '타인들'에 대한 편견을 어떻게 줄여주는지 레이던 대학교의 로베르타 셀라로 Roberta Sellaro 교수가 입증해냈듯 말이다.[93] 그래서 언젠가 보다 나은 대안들이 기술적으로 다양하게 마련되고 또 그것들이 사회 전체적으로 용인되면 미래 세대는 과거의 우리를 돌아보며 이렇게 물을지도 모른다.

이 사람들은 도대체 어떻게 이럴 수 있었을까? 정신적 질병을 앓는 이들에게 어떻게 그토록 끔찍한 짓을 계획적으로 저지른 거지? 그저 아픈 사람들이었을 뿐인데 감옥에 보낸 것으로도 모자라 처형까지 했잖아!

•• 뇌의 심부에 전기 자극을 주는 시술.

2
장

기술이 윤리를
바꾸는 것은 옳은가

오늘날 우리는 기하급수적으로 발전하는 기술의 시대에 살고 있으며, 그 기술이 앞으로 우리의 윤리를 바꿀 수 있다고 가정해보자.

햇빛의 가격이 내려간다면

2018년 10월 30일, 어떤 사람이 동영상 하나를 올렸다. 배경이 되는 멋진 이탈리아 음식점에서는 우아한 웨이터들이 화려한 식탁들로 음식을 나르고 있다. 이 동영상을 보면 처음 몇 초 동안은 '이게 뭐가 대단하단 거지?' 싶다. 그러나 곧 알게 된다. 음식점 바닥에는 손님들 발목 높이까지 물이 차 있다는 사실을 말이다. 그날은 베니스 지역의 70퍼센트가 물에 잠겼고, 2019년에는 많은 지역이 여러 주 동안 그랬다.

어떤 용감한 관광객은 물에 잠긴 베니스의 거리를
셀카봉을 든 채로 첨벙첨벙 걸어 다니며 사진을 찍었다.
하지만 촬영에 너무 열중한 나머지 그는
깊은 운하가 베니스 도처에 널려 있다는 걸 잠시 잊어버렸고,
그 바람에 우스꽝스러운 장면이 많이 만들어졌다.

이런 일이 베니스에서만 일어난다 해도 정말 슬픈 일이다. 하지만 극단
적인 기후변화 때문에 삶이 엉망이 된 광경은 베니스뿐 아니라 전 세계
곳곳에서 꼬리에 꼬리를 물고 나타난다. 1900년 이후로 지구 해수면은
7~8인치나 상승했는데 그 상승폭의 절반은 1993년 이후에 기록된 것
이다.[1] 솔로몬제도에서는 섬 5개가 사라졌고, 2000년부터 2019년 사이
에 '맑은 날의 범람', 즉 폭풍해일이 원인이 아닌 범람은 미국 남동부 지
역에선 190퍼센트, 북동부 지역에선 140퍼센트나 증가했다.[2] 2019년
에는 이상 조류 현상으로 플로리다 키스Florida Keys*의 몇몇 구역이 80일
동안 물에 잠겼으며 오스트레일리아를 비롯한 여러 지역에서는 지금도
끊임없이 재발하는 재앙적 화재에 고통받고 있다.
　기후변화는 궁극적인 윤리적-존재론적 과제다. 지금 당장 우리가
이 주제와 연관된 생각과 행동을 바꾸지 않는다 해서 특별히 문제될 건
별로 없다. 그러나 불행하게도 우리가 취할 수 있는 행동의 범위는 점
점 좁아지고, 날마다 맞닥뜨리는 결과도 점점 암울해진다. 대기 중 이
산화탄소 농도가 높아지면 바닷속 상황도 마찬가지가 될 것이다. 여러

●　미국 플로리다주 남부의 산호군도.

연구에서 앞으로 이 문제는 점점 더 심각해지고 변화 속도 또한 지금보다 훨씬 빨라질 거라고 말한다. 다음 예를 살펴보자.

대기 중 이산화탄소 수치가 270ppm에서 280ppm으로 바뀌는 데는 얼마나 걸렸을까? 답은 약 5,000년이다.** 그렇다면……

280ppm → 290ppm: ~100년

290 → 300: ~40년

300 → 310: ~30년

310 → 320: ~23년

320 → 330: 12년

330 → 340: 8년

340 → 350: 6년

350 → 360: 7년

360 → 370: 6년

370 → 380: 5년

380 → 390: 5년

390 → 400: 5년

400 → 410: 4년

(단위: ppm)

이렇게 될 줄 몰랐다고 할 수 없다. 지구 온도가 점점 높아진다는 경고

** 1ppm은 100만 분의 1에 해당하는 농도를 나타낸다. 즉, 1퍼센트는 1만ppm과 같은 농도다.

를 우리는 그간 수도 없이 들어왔으니까. 19세기의 페미니스트 과학자였던 유니스 뉴턴 푸트Eunice Newton Foote는 일련의 실험을 통해 이산화탄소가 늘어나면 온실효과가 발생한다는 사실을 입증했다. 그런데 한 남자 교수가 그 결과를 1856년 미국과학진흥회AAAS 총회에 제출했고, 1912년 8월 14일에 뉴질랜드의 『더 로드니 앤드 오타마티 타임스The Rodney and Otamatea Times』는 다음과 같은 내용으로 기후변화의 위험성을 경고했다.

"전 세계의 용광로는 현재 해마다 약 20억 톤의 석탄을 태우며 이산화탄소를 만든다. 이렇게 대기로 퍼지는 이산화탄소는 매년 70억 톤에 이르는데 이는 마치 담요처럼 지구를 따뜻하게 덮어 지구의 온도를 높인다. 그리고 이러한 문제는 수백 년 뒤 심각한 수준으로 나타날 수 있다."

상황이 점점 심각해진다는 우려는 1960년대까지만 해도 꽤 분명했다. 이어지는 연구들은 이산화탄소와 기온 사이의 상관성을 꾸준히, 또 점점 더 분명하게 증명했다. 1968년 스탠퍼드 연구소Stanford Research Institute가 미국석유협회API의 의뢰를 받아 진행한 연구 논문은 꽤 구체적인 사실을 지적했다.

만일 지구의 기온이 상당 수준으로 상승하면 남극의 빙원이 녹거나 해수면이 상승하거나 해수 온도가 높아지거나 광합성이 증가하는 등 많은 사건이 일어날 것으로 전망된다. (…) 인간은 지금 자신들을 둘러싼 환경인 지구를 두고 거대한 지구물리학 실험을 하고 있는 셈이다. 2000년이 되면 기온변화가 상당 수준으로 일어날 것임이 거의 확실하고, 그로 인해 기후변화가 초래될 수 있다.[3]

상황은 그때 추정한 최악의 시나리오보다 더 빠르게 악화되고 있다. 1950년대 이후로 바다는 온실가스의 93퍼센트를 흡수했다.[4] 지금 우리는 대기만 측정할 뿐 물은 측정하지 않기 때문에 지구온난화 속도는 1960년대와 1970년대 당시의 추정보다 2배 빠른 속도로 진행된다고 볼 수 있다. 2019년 1월 과학자들은 미국이 5년 전에 추정한 속도보다 해수 온도가 40퍼센트 더 빠르게 상승한다고 계산했고,[5] 이런 추세를 확인한 논문만도 네 편이나 된다.

수온이 상승하면 어떤 일이 일어날까? 간단한 실험 하나를 해보자. 우선 버너에 불을 붙이고, 그 불꽃 위에 손을 살짝 대본다. 손을 대는 순간 아마도 당신은 너무 뜨겁다고 느낀 나머지 움찔하며 손을 뺄 것이다. 그럼 이제 불을 끄고 다시 버너 위에 손을 대보자. 아무렇지도 않을 것이다. 열은 공기 속에서 빠른 속도로 흩어지니 말이다.

이번에는 똑같은 실험을 불 대신 물을 놓고 해보자. 우선 커다란 통에 물을 받고 불 위에 올려둔다. 그리고 그 물에 손을 넣는다. 처음 얼마 동안은 아무렇지도 않겠지만 조금 뒤엔 따뜻해질 테고, 이어 뜨거워질 것이다. 그럼 불을 끄자. 하지만 그로부터 몇 분이 더 지나도 물은 여전히 뜨겁기 때문에 그 안에 손을 집어넣을 순 없을 것이다. 물은 공기보다 열기를 더 오래 붙잡고 있다. "지난 50년 동안 지구에서 발생한 온기의 90퍼센트 이상은 바다에서 발생했다. (…) 1971년부터 2010년까지 기후계* 안에 축적된 총 열 증가량 중 약 63퍼센트는 해수 상층부

● 기상이나 기후에 영향을 주는 전 지구적 열역학 체계. 5개 권역(대기권·수권·지권·생물권·빙권)의 상호작용으로 이루어진다.

의 수온 상승, 나머지 30여 퍼센트는 수심 700미터 이하부의 수온 상승 때문에 생겨났다."[6]

휴스턴, 우리에게 문제가 생겼다!*

해수 수온의 상승 결과는 어마어마하다. 미국과 멕시코를 합친 것과 비슷한 표면적의 남극 대륙, 그리고 텍사스의 약 3배 크기인 그린란드. 이 두 곳의 얼음이 지구 전체 담수성 얼음의 99퍼센트를 차지한다. 지구 해수면은 그린란드가 녹을 경우 약 6미터, 남극 대륙이 녹으면 약 60미터 상승한다.[7]

사정이 이런데 우리는 왜 지금까지 좀 더 윤리적으로 행동하지 않았을까? 기후변화는 지식의 문제가 아니라, 현재 들여야 하는 돈과 그 돈을 들이지 않을 때 미래에 발생하는 결과를 따지는 비용의 문제이자 동기부여의 문제다. 널리 퍼져 있는 새로운 윤리적 규범이 채택되는 티핑 포인트**는 언제나 그렇듯, 단지 문제를 파악하는 것뿐 아니라 기존 생활방식을 심각하게 훼손하지 않고서도 윤리적 행동을 가능하게 하는 저렴한, 또 적용 가능한 대안을 가지는 것에서 비롯된다.

대부분의 인류 역사에서 에너지는 얻기 어렵고 비쌌으며 깨끗하지도 않았다. 그러다가 석유, 특히 휘발유가 등장했다. 1BTU는 대기압에

---

* 1970년 NASA가 쏘아올린 아폴로 13호 우주선의 산소탱크가 폭발하자 탑승하고 있던 우주인이 NASA 통제센터에 보낸 메시지.
** 작은 변화가 시스템을 완전히 새로운 상태로 바꾸는 임계값.

서 물 1파운드를 화씨 1도 올리는 데 필요한 열량이다. 휘발유 1갤런은 약 11만 5,000BTU를 갖는데, 이를 시각적으로 느껴보고 싶다면 SUV 자동차를 평탄한 도로에서 움직이게 하는 상황을 떠올려보자. 평균적으로 휘발유 1갤런이면 이 자동차를 약 40킬로미터 움직이게 할 수 있다. 정말 엄청나게 유용하지 않은가? 그 덕에 생활의 질은 이전과 달리 엄청나게 개선되었고 말이다. 이렇게 해서 우리는 점점 더 많은 휘발유와 가스, 석탄을 소비해왔고 그 과정에서 엄청나게 많은 온기를 대기에 그대로 배출했다.

> 우리는 지금 시간당 500만 톤이나 되는 이산화탄소를
> 대기 중에 배출하고 있다.

그렇다. 기후변화는 점점 심각해지고 있다. 대부분 사람은 지구가 점점 뜨거워지고 있으며 계속 이렇게 가다간 재앙이 닥칠 것이라 확신하고 있다. 그럼에도 여행과 에너지 소비 패턴을 진정으로 바꾸려는 노력을 과연 우리는 얼마나 많이 해왔을까? 물론 에너지 문제를 각성하고 절약을 실천하는 사람도 많지만, 대다수는 여전히 많은 양의 탄화수소를 태우고 있다. 기존의 에너지 자원들이 너무나 싸고 편리하다 보니 대부분은 명확한 대안을 가지기 전까진 이런 행태를 '비윤리적'이라 생각하지 못한다.[8]

만약 대안 에너지의 가격이 떨어진다면 어떤 일들이 일어날까? 해풍을 이용한 풍력 발전 비용은 10년 만에 4분의 1이, 태양광 발전 비용은 4분의 3이 떨어졌다. 전통적인 화석 연료의 비용은 1킬로와트시^{kWh}

당 0.05달러에서 0.17달러 사이지만, 풍력 발전 비용과 태양광 발전 비용은 각각 0.06달러와 0.10달러다. 에너지 소비의 티핑 포인트 시점이 2020년대로 코앞까지 다가왔다. 태양 에너지가 조금만 더 저렴해져 화석 연료를 더 많이 대체한다면 우리의 윤리적 기준은 더 나은 수준으로 이동할 것이다.[9]

태양, 바람, 지열, 파도 및 그 외 청정 기술들로 에너지를 생산하는 비용이 전통적 연료들의 평균 비용곡선을 밑돌기 시작하면 당신은 이런 질문을 하고 싶어질지 모른다.

이제 우린 뭘 할 수 있을까? 이젠 무엇이 바뀔까? 그에 따른 결과로 우리는 무엇을 중단할 수 있을까?

만일 탄소발자국*을 줄이면서도 높은 수준의 생활을 계속 이어갈 수 있다면 우리는 안락함을 희생하지 않고서도 보다 윤리적으로 살아갈 수 있다. 비용곡선이 보다 빠르게 내려갈수록, 또 새로운 대안이 보다 명확하고 쉬워질수록 믿음과 윤리의 세대교체는 더 빨리 이루어질 것이다.

기후 비상사태climate emergency의 세상에서 청정 기술은 '하나의 대안'이 아닌, 유일하게 합리적이고 윤리적인 길이다. 그리고 그것에 드는 비용은 지금보다 더욱 낮아질 것이다. '청정한 석탄'을 계속 주장하는 사람들은 (그러나 사실 석탄 가격은 이미 많은 곳에서 대부분 대안 에너지보다 비싼 수준이다) 무책임하고 퇴행적이며 어리석고 파괴적이라는

● 사람의 활동 및 상품의 생산과 소비 전체 과정에서 직간접적으로 배출되는 온실가스양을 이산화탄소로 환산한 총량.

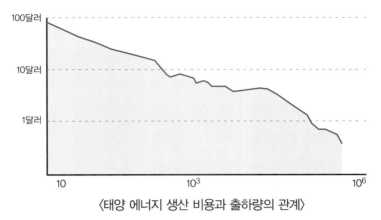

〈태양 에너지 생산 비용과 출하량의 관계〉
태양 에너지가 저렴해질수록 그 출하량은 점점 늘어날 것이다.

평가를 들을 테고, 석유와 가스 역시 궁극적으로는 석탄과 마찬가지의 길을 걸을 것이다. 또한 대안 에너지들이 저렴해짐에 따라 현재 에너지 산업에 종사하는 사람들은 지구 전체에 끼친 손상 때문에 과거 시대의 노예주만큼이나 호된 비판을 받게 될 것으로 보인다. 기술의 발전으로 과거부터 해왔던 일들이 다른 대안들로 한결 쉽게 대체되면 후손들은 우리가 했던 일들을 혹독하게 비판할 것이다. 과거에는 그 대안을 선택하기가 얼마나 어렵고 또 많은 비용이 드는지에 대해선 잊어버린 채 말이다.

아무리 신속하게 대안 에너지를 배치한다 해도 어쩌면 우린 이미 기후 비상사태 시점에 벌써 다다른 것일지 모른다. 우리 지구는 현재의 기후를 구하기 위한 전 지구적인 맨해튼 계획**을 필요로 하고 있을 수도 있다. 윤리적 차원의 전쟁터는 판단 기준의 변화와 함께 그 위치가

** 제2차 세계대전 중 이루어진 미국의 원자폭탄 제조 계획.

이동하고 있으며 상당히 복잡해지는 중이다. 기술적 차원에서 해결해야 할 문제들은 잠시 차치하더라도, 가장 낙관적인 해결책들조차 진퇴양난의 윤리적인 문제로 가득 차 있다.

지구와 태양 사이에 있는 인공위성의 궤도에 거대한 양산을 올려놓고 그것을 접었다 펼쳤다 할 수 있다고 상상해보자. 이론적으로만 보자면 이 장치는 태양광을 효과적으로 가리고 그림자를 드리워 지구의 육지와 바다를 서늘하게 식혀줄 수 있다. 그런데 그 그림자를 지구의 어느 위치에 드리우게 할지, 그 양산을 언제 펼칠지, 또 지구의 어느 지역이 짧은 빙하기를 맞이하도록 강제해야 할지는 과연 누가 결정해야 할까? 선주와 해군, 석유 시추업체 들을 제외한 대부분은 남극과 북극을 다시 꽁꽁 얼리는 이런 문제 해결 방식에 찬성할 것이다. 그러나 어류를 비롯해 해양 생물의 생태계를 전면적으로 바꾸면 어떤 결과가 나타날까? 또 캐나다와 시베리아에 있는 영구 동토층이 빠르게 녹아내리는 현상에 우리는 어떻게 대처해야 할까? 대기 중에 존재하는 이산화탄소 양의 약 2배이자 지구 숲이 붙잡고 있는 이산화탄소 양의 3배에 달하는 약 1조 5,000억 톤의 탄소가 이 지역들에 붙잡혀 있다는 점을 생각하면 이곳들은 특히나 환경적으로 매우 중요하다. 2019년 여름 시베리아의 광대한 지역에서 발생한 산불은 땅을 태우고 녹게 했으며, 그 결과 박테리아를 뿜어대는 거대한 메탄가스 호수를 만들어냈다.[10]

사실 거대한 양산이라는 이 해결 방식은 당신 마음에 들지 않을 듯하다. 하지만 지질학적으로 거대한 다른 프로젝트들이 연구되고 있으니 걱정하지 말자.[11] 이산화탄소를 먹어치울 뿐 아니라 자기복제까지 수행하는 박테리아를 만들면 어떨까? 적정량 설정에 주의를 기울여야 한다는 생각이 들 수도 있을 것이다. 하지만 사실 모든 온실가스가 나쁜 것은 아니고, 그저 적정 기준을 초과하는 양이 해로울 뿐이다. 만일 공기 중의 이산화탄소를 모두 제거해서 태양열을 붙잡아두는 요소가 하나도 남지 않는다면 지구는 섭씨 영하 25도의 차가운 얼음공이 되어버릴 것이다. 설령 박테리아가 살아남는다 해도 아주 적은 양에 불과할 테고 말이다.

그러니 이 방식도 우리가 선택할 것 같진 않다. 합의에 이르기가 너무 어렵고 또 한 국가의 정부가 단독으로 맡기에는 문제가 지나치게 복잡한 데다 기술적으로도 너무 위험한 일이다.[12] 그런데 만일 모든 나라와 모든 해안 도시가 사라지고, 기후 이주자들*이 대부분의 정치 제도를 파괴하며, 문명이 붕괴하고, 우리가 지구 상층부의 대기를 이산화탄소로 가득 채워 되돌릴 수 없을 정도로 만들어버린다면 어떨까? 우리의 지구는 어쩌면 미니 금성이 되어버릴지도 모른다. 참고로 금성 표면의 온도는 대기의 이산화탄소 담요 때문에 섭씨 400도로 '아늑하게' 따끈따끈한 수준이다.[13]

그러나 금성에는 액체로 이뤄진 여러 개의 바다가
무려 30억 년 동안이나 존재해 있었다.

기후변화는 우리 시대의 존재론적─윤리적 쟁점이다. 이 문제가 왜 촉발되었는지, 또 앞으로 어떻게 처리될지는 우리가 미래 세대의 평가를

● 심각한 기후 문제로 원래의 거주지를 떠나야 하는 사람들.

받을 때 기본적인 평가 항목이 될 것이다. 이런 사실은 현재 우리에게 닥친 기후 비상사태에 대처해야 하는 이유인 동시에, 과거를 평가하는 일에 우리가 한층 더 겸손해져야 하는 이유이기도 하다.

기술은 부자의 편?

토머스 홉스Thomas Hobbes는 적어도 당대엔 옳았다. 지구에서 살아온 대부분 시간 동안 인간의 삶은 끔찍하게 비참했고 또 그런 삶조차도 짧았다. 희소성은 당연한 요소였다. 약, 식품, 쉼터, 평화 등 모든 것이 부족했으니까. 그러다가 전 세계의 인구가 폭발했다. 다음 쪽에 있는 그래프는 지난 2,000년 동안의 인구 추이를 보여준다.[14]

그런데 지난 200년 사이에 정말 특이한 일이 일어났다. 토머스 맬서스Thomas Malthus*가 제시했던 이론, 그리고 로마클럽Club of Rome**이 했던 끔찍한 경고를 기술 발전이 부숴버린 것이다. 이제 대규모 기근보다 비만과 같은 영양 불균형이 인류의 과제가 되었다. 멕시코 같은 곳에서는 비만이 굶주림보다 더 큰 사회적 문제가 되었고, 모든 사람이 먹어도 남아돌 정도로 식량이 넘치는 현상이 갑자기 나타났다.[15] 이것이 의미하는 바는 이제 굶주리는 이가 없다거나 이 세상 모든 것이 다 괜찮

- 영국의 경제학자이자 『인구론(*An Essay on the Principle of Population*)』의 저자.
- 1968년에 창설된 경영인·경제학자·과학자의 국제연구단체로, 인류의 미래와 지구가 안고 있는 문제에 대해 연구한다.

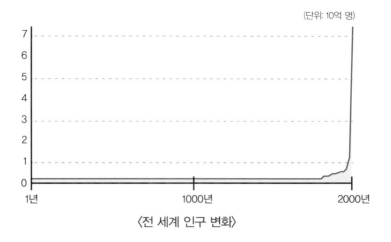

(단위: 10억 명)

〈전 세계 인구 변화〉

아졌다는 게 아니라, 칼로리의 희소성이 더 이상 쟁점이 아니라는 것이다. 살아가는 데 필요한 것보다 더 많은 칼로리가 남아도는 지금은 심지어 모든 사람을 비만으로 만들 수도 있으니까. 식량 문제에서의 쟁점은 이제 생산이 아닌 분배가 되었고 이와 동일한 논리를 의약품, 백신, 비타민, 방부제, 항생제 등의 사안에도 적용할 수 있다.

산업화 및 디지털화가 진행되면서 지구 전체의 부는 폭발적으로 증가했다.[16] 언론 매체들은 끊임없이 우울한 예측을 하지만 전 세계 대부분 지역의 살림살이는 수백 년 전보다 훨씬 좋아졌다. UN에서 정한 새천년개발목표Millennium Development Goals *** 하나하나는 이미 모두 상당 수준 달성되었고,[17] 기술은 이 과정에서 핵심 역할을 담당했다. 나는 『와이어드Wired』의 전 편집장이었던 케빈 켈리Kevin Kelly와 대화를 나누면서 지금 우리가 희소성의 시대에서 풍요의 시대로 이행하고 있음을 파악하기

*** 2000년에 채택된 의제로, 2015년까지 8개의 목표를 실현하는 것으로 구성되어 있었다.

시작했다. 그때 그가 내게 한 말의 요지는 이랬다. 예전에 만일 내가 가진 무언가(가령 렘브란트의 그림이나 금광 등)가 당신에겐 없다면 그 사실은 곧 나는 부자, 당신은 빈자임을 의미했다. 그러나 인터넷으로 연결된 디지털 중심으로 세상이 바뀌면서 이상한 일이 일어나기 시작했다. 만약 당신이 '내겐 세계에서 단 하나밖에 없는 팩스가 있다'고 뻐기며 그걸 금고에 보관해두고 가끔씩 꺼내서 흐뭇하게 바라본다면 당신은 바보 멍청이다. 당신과 몇몇 친구 무리의 취미가 팩스 수집이라 저마다 세상에 하나뿐인 팩스를 갖고 있다면, 그건 비싼 데다 거의 잘 사용하지 않는 종이누르개(서진)를 갖고 있는 셈이나 마찬가지다. 그러나 지금 우린 최소한 팩스에 관해서만큼은 예전에 비해 풍요로워졌다. 가격이 점점 저렴해지면서 누구나 쉽게 구매할 수 있게 되었기 때문이다. 다른 사람들이 팩스를 더 많이 가지게 되었다 해서 내가 가난해지는 경우는 없어진 것이다.

풍요는 잠재적으로 우리가 지금보다 훨씬 더 타인에게 관대해지고 윤리적으로 행동하게 할 뿐 아니라 공중도덕의식을 갖게 만들어준다. 우리는 배를 곯거나 많은 것을 포기하지 않고서도 얼마든지 관대해질 수 있다. 이미 갖고 있는 것들의 총량이 많은 덕분이다. 우리는 이제 다른 나라의 문제에도 관심을 갖기 시작했다. 지난 수십 년 동안 우리는 나이지리아, 방글라데시, 아이티 등의 국민들이 재앙을 당했을 때 그들을 도왔다. 과거엔 너무나 멀리 떨어져 있어서 감히 돕겠다는 생각조차할 수 없었는데 말이다. 비록 전쟁이 곳곳에서 끊이지 않고 있지만 우리가 사는 세상은 예전보다 훨씬 평화롭고, 번영한 상태이며, 인구도 많이 늘었다.

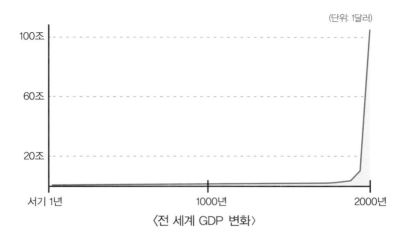

(단위: 1달러)

100조

60조

20조

서기 1년   1000년   2000년

〈전 세계 GDP 변화〉

문제는 충분한 생산 혹은 재화의 효용성이 아닌 '분배'다. 그리고 바로 그것이 자본주의가 넘어서야 할 근본적인 과제다. 과거의 자본주의는 일차원적이었기에 희소한 자원을 할당하기만 하면 될 정도로 쉬웠다. 자본주의의 대성당과도 같은 하버드 경영대학원은 밀턴 프리드먼Milton Friedman이라는 선지자가 쓴 말을 인용해 다음과 같은 신조를 가르쳤다.*

"기업에게 주어진 사회적 책임은 딱 하나다. 여러 자원을 사용하여 기업의 이익을 높이는 활동을 하되 규칙에서 벗어나지는 않아야 한다. 말하자면 속임수나 사기를 동원하지 않은 상태에서 공개적이고 자유로운 경쟁을 해야 한다는 뜻이다."[18]

2017년엔 전 세계에서 50명도 안 되는 사람이

---

* 프리드먼은 자유방임주의를 통한 자유 경제 활동을 주장했다.

세계 인구 절반이 가진 것보다 더 많은 돈을 갖게 되었다.

그러나 프리드먼은 기업의 목적을 설명할 때, 빈부 격차, 공동체에 끼치는 영향, 환경, 삶의 질, 사회적 안전 등과 같은 사회적 책임은 고려하지 않았다. 그래서 『기업의 미래The Future of the Corporation』의 저자 콜린 메이어Colin Mayer를 비롯한 보다 최근의 경제철학자들은 대안적인 목표를 마련했다.

"기업의 목적은 이익 창출이 아닌, 인류가 직면한 여러 문제에 대해 수익성 있는 해결책들을 만드는 것이다."

유니레버Unilever의 전 CEO 파울 폴먼Paul Polman은 더 강하게 주장했다.

"소수의 몇몇만 부자로 만드는 것이 기업의 목적이라면 이 세상 사람들이 굳이 그 기업을 이용할 이유가 뭐란 말인가?"[19]

자본주의가 민주주의 사회에서 살아남으려면 다음의 2가지가 전제되어야 한다. 첫째, 사람들은 자신이 지금 열심히 공부하고 또 성실하게 일하면 나중에 잘살게 될 거라 믿을 수 있어야 한다. 둘째, 부모는 자녀 및 손자 손녀가 자신들보다 더 여유롭게 잘살 것이라 믿을 수 있어야 한다.

만일 첫 번째 전제가 성립하지 않는다면 당신은 아마도 사회 체계가 잘못된 방향에 놓여 있고, 그러므로 복권에 당첨되는 것 외에는 방법이 없을 거라 믿을 것이다. 또한 두 번째 전제가 성립하지 않는다면 굳이 미래에 투자할 이유도 없을 것이다.

미국 가구 상위 1퍼센트의 재산은

하위 90퍼센트가 가진 재산의 총합보다 많다.[20]

게다가 이 양극화의 격차는 점점 더 벌어지고 있다.

승자독식이라는 자본주의의 대표적 특징은 대부분 사람에게 별 도움이 되지 않는다는 것이다. 아메리칸드림을 떠받치던 근본적 약속, 즉 열심히 노력하기만 하면 중산층으로 올라설 수 있다는 약속은 1940년에 무너졌다. 오퍼튜니티 인사이트Opportunity Insights*에 따르면 1940년에 태어난 이들 중 90퍼센트는 자신의 부모보다 더 많은 돈을 벌었다. 그런데 이 비율이 1955년에는 70퍼센트, 1975년에는 55퍼센트로 떨어진 데 이어 지금은 50퍼센트도 되지 않는다.[21]

중산층 자체가 쪼그라든 탓에 "1979년부터 2013년까지 34년간 중산층 노동자의 시급은 겨우 6퍼센트 올랐는데, 이를 연평균으로 환산하면 0.2퍼센트에 불과하다." 현실적 측면에서 이것을 다시 말해보자면 미국인의 절반은 유사시에 긴급자금 400달러를 마련하지 못한다는 뜻이다. 계층 사다리의 아랫부분에 있는 사람의 처지는 이보다 더 어렵다. 1979년부터 2018년까지 40년 동안 뼈 빠지게 일한 사람의 실질임금 상승률은 고작 1.6퍼센트에 그친다.[22] 이에 비해 부유하고 고등교육을 받은 상위 10퍼센트의 실질임금 상승률은 훨씬 더 높다. 얼마나 좋으실까들……

● 하버드 대학교에 본사를 둔 연구 그룹.

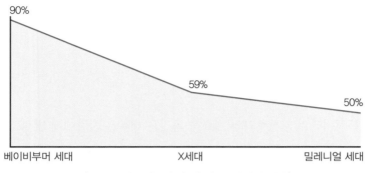

90%

59%

50%

베이비부머 세대   X세대   밀레니얼 세대

〈부모보다 돈을 많이 번 자녀 세대의 비율〉

인플레이션을 감안해 생각해보면 미국 가구 절반의 재산은 2003년보다 32퍼센트 줄어들었지만 상위 1퍼센트의 재산은 2배로 늘어났다.[23] 2008년 글로벌 금융위기에 따른 불황의 여파는 특히 심각했다. 예산에 쪼들린 주 정부들은 안정을 추구하기 위해 지방세를 올렸는데, 이런 지방세 상승은 저축보다 소비의 비율이 더 높은 이들에게 큰 타격을 줬다 (생필품 구입 시 빈곤층과 중산층이 갖는 선택지는 그리 다양하지 않다). 그럼에도 당시 이뤄진 대규모 긴급구제 조치는 부자를 보호했다. 내로라 하는 은행가들 가운데 처벌받은 이는 아무도 없었고, 설상가상으로 상위 1퍼센트를 위한 감세 조치는 터무니없는 상황까지 빚어냈다. 가장 부유한 400가구가 전체 미국 가구의 하위 50퍼센트보다 세금을 적게 내는 일이 미국 역사상 처음 일어났던 것이다.[24]

2010년에는 자본주의를 긍정적으로 바라본 사람의 비율은 68퍼센트였지만 2018년에는 45퍼센트로 줄어들었다.[25] 사실 놀랍지도 않은 일이다. 민주당 지지자 가운데 57퍼센트가 자본주의보단 사회주의를 선호하는 것으로 드러났으니까. 18세에서 29세 사이의 사람들은 특

히나 기존 체제를 무너뜨리고 싶어 한다. 기술 혹은 그 관련 분야에 종사하거나 기술산업이 발달한 지역에 거주하는 게 아니라면 생활비조차 벌기 어렵다. 스탠퍼드 경영대학원에 따르면 1979년 이후 벤처캐피털Venture capital 지원을 받는 기업들은 기업공개를 한 전체 기업의 절반가량에 해당하고, 미국의 총 시가총액에서 57퍼센트를 차지하며, 전체 종업원의 38퍼센트를 고용 중이고, 미국 전체 연구개발R&D 가운데 82퍼센트를 차지한다. 트위터라는 단일 기업은 단 하루 만에 수십억 달러의 재산을 가진 부자들과 1,600명의 백만장자를 만들어내기도 했다. 캘리포니아의 지방세무청은 트위터의 기업공개로 당시 5억 달러에 가까운 세금을 거두어들였다. 그리고 이런 변화 속에서 많은 곳이 이득을 보았다. 박물관, 식당, 극장, 학교 들……. 캘리포니아 공과대학은 인텔Intel의 공동창업자 고든 무어Gordon Moore로부터 6억 달러를, 스탠퍼드 대학교는 휴렛Hewlett 가족들*로부터 4억 달러를 각각 기부받았다.[26]

　그러나 고성장 기술 도시에 거주하는 이들 사이에도 소득 격차는 존재한다. 일류 교수, 변호사, 의사 등의 고소득자들도 주택을 구입할 때 기술 분야의 백만장자들과는 경쟁조차 할 수 없다. 그 백만장자들은 현금을 싸들고 나타나는 데다 이런저런 조건을 붙이지도 않으니까. 샌프란시스코의 단위면적당 부동산 가격은 단 1년 만에 23퍼센트나 뛰어올랐다. 비교적 높은 연봉을 받는 중산층 사람들이 현재 샌프란시스코에서 입주해 살 수 있는 주택은 14퍼센트에 불과하다.

　중산층에 속하는 이들 중 다수는 비싼 주거비 때문에 과거 어느 때

---

* 휴렛 패커드(Hewlett-Packard)의 공동설립자 윌리엄 휴렛(William Hewlett) 가문 사람들을 뜻한다.

보다 많은 돈을 소비하고, 바로 그 이유로 다른 어떤 계층보다 경기 침체에 취약하다(2007년부터 2010년 사이에 미국의 중간순자산˙은 11만 8,600달러에서 6만 6,500달러로 줄어들었다).[27] 로스앤젤레스에 있는 원룸 아파트의 임대비는 6년 사이 무려 92퍼센트나 상승했다. 미국에서 가장 부유한 곳인 팰로앨토나 마운틴뷰에 가보면 좋은 회사에서 일할진 몰라도 주택을 임대할 여유는 도저히 없는 사람들이 '거주'하는 레저용 밴[RV]이 도로에 줄지어 늘어서 있다. 그런 이들 중 몇몇은 스스로를 이 이동용 주택 마을의 비공식적인 촌장이라 소개하며 이동용 주택 거주자들이 발생시키는 쓰레기와 소음, 활동을 놓고 인근 주민 및 관계 당국과 미묘한 협상을 벌이기도 한다.[28]

당연한 이야기지만, 기술 도시들 내에서 가장 빠르게 늘어나는 '주거' 지역에는 빈민가의 인도(人道)도 있다. 시애틀, 샌프란시스코, 샌디에이고, 파리 등의 공항에서 자동차를 타고 나오다 보면 예전엔 없었던 새로운 유형의 노숙자 집단을 볼 수 있다. 이들은 길가의 잔디 위나 다리 아래에 멋진 텐트를 치고 그 안에서 생활한다. 크리스마스가 되면 그들 중 어떤 이들은 예쁘게 장식된 작은 트리를 야영지 주변에 설치하기도 한다. 2019년 미국 인구총조사에선 하룻밤에 평균 56만 7,715명이 노숙을 한다는 사실이 드러났다. 기술 산업 덕에 가장 부유한 주(州)가 된 캘리포니아의 경우 인도나 공원 혹은 지하 배수로에서 잠을 청하는 사람이 15만 1,278명이나 되는데, 그중 2만 1,306명은 불과 1년 전만 해도 자신만의 보금자리가 있었던 사람이었다.[29]

● 전체 순자산의 중간값.

가장 가난한 계층, 그 가운데서도 사람들의 관심에서 가장 먼 곳에 정신질환자들이 있다. 늘 그렇듯 겨울이 되면 우리는 추위를 피하기 위해 두꺼운 옷을 입고 다닌다. 그러나 누군가는 그렇지 못하다. 작가 피트 얼리Pete Earley는 이런 현실에 다음과 같이 문제를 제기했다.

"모든 게 꽁꽁 얼어붙는 추운 날씨인데 신발이나 양말도 신지 않은 채 공원 벤치에 앉아 있는 심각한 정신질환자 여성을 보고도 '뭐 어때, 어차피 내 일도 아닌데'라 생각하며 아무렇지도 않게 그냥 지나치는 이런 사회를 우리는 언제부터 용인했을까? (…) 정신질환을 앓는 이들을 길거리에서 얼어죽도록 내버려두는 것이 미국에선 언제부터 당연한 일이 되었을까?"[30]

펜실베이니아의 벅스 카운티에선
기온이 이틀간 영하 6.7도 이하로 내려가야만
노숙자 돌봄 비상계획이 가동된다.

새로운 기술 하나가 '예전의 관행'을 대체할 때마다 스스로를 자랑스럽게 '러다이트Luddites', 즉 신기술 반대자라 칭하는 이들이 생겨난다[전통적 수작업으로 직물을 짜던 사람들을 직조기가 대체하면서 산업은 기계 중심으로 빠르게 변했다. 이후 수만 명에 이르는 어린이들은 예전보다 훨씬 크고 위험한 기계 주변에서 허리가 부러지도록 일을 하며 성장했다. 그중 특히나 환영받은 건 체구가 작은 고아원 아이들이었다. 작동 중인 기계를 멈춰 세우지 않은 상태에서도 끊어진 실을 잇기 위해 거대한 기계 아래로 기어다닐 수 있었기 때문이다. 물론 자칫 잘못하면 기계에 몸이 끼어 다칠 수도 있었지만 말이다. (…) 얼마 지나지 않아 러다이트들은 노동자의 권리에 대한 존중과 교육과 고용안정을 요구하며 기계 파괴 운동을 벌였다].[31]

　소득이 점점 낮아지는 것만으로 이미 충분히 안 좋은 상황인데 그에 더해 존중받지 못하고 무시당하는 것은 불길에 기름이 끼얹는 일이었다. 레즈비언, 게이, 양성애자, 트랜스젠더, 퀴어, 여성, 흑인, 소수민족, 장애인, 이민자, 밀입국자 등 다양한 유형의 많은 사람이 들고일어나 인권 존중을 요구했다. 모두 맞는 말이고 정당한 말이었다. 그러나 백인 남성, 특히 늙은 백인 남성에 대해서만큼은 예외가 적용된다. 설령 "알았다고요, 꼰대님!OK, Boomer!"*이라며 노골적으로 폄하하진 않는다 해도 어쨌든 이런 사람을 한 단계 낮춰 바라보는 태도는 많은 사람에게 당연한 것으로 여겨진다. 안타깝게도 여러 차례 전쟁에 나가서 싸우고 미국의 제조업을 일으키고 가족을 부양하며 살았던 그들에겐 연민과 위로의 감정이 들지 않는다. 그들은 모두 완벽했을까? 아니다. 그들은 자기 조상들 혹은 동료들로부터 배운 규범을 따르며 약한 집단을 희생시키기도 했을까? 그렇다. 그들은 소수자들, 그리고 대안적 생활방식을 보다 잘 의식하고 그에 따라 행동할 수 있었을까? 그렇다. 급진적 좌파 사이에선 늙은 백인 남성을, 또는 자신들이 절대적이라 여기는 의견과 조금이라도 어긋나는 사람을 낮춰 바라보는 행태가 점점 유혈 스포츠로 굳어지고 있다. 한편 급진적 우파에게 있어 '자유주의자들'을 도발하는 것은 다른 이들의 관심을 끌어 자신을 조금은 중요한 사람

● 　서구에서 베이비부머 세대의 행동이나 말을 비꼴 때 젊은 세대가 쓰는 표현.

으로 비춰지게 하고, 같은 의견을 가진 '종족'에 소속되게 하며,•• 권력과 비슷한 무언가를 갖게 한다. 나와 다른 계층과 세대를 소외시키고 폄하하며 업신여기는 행위는 갈등을 일으킬 뿐 그 누구에게도 도움이 되지 않는다.

자신의 일과 지위 또는 소득을 잃을지 모른다는 두려움, 중산층에서 빈민층으로 떨어질 수도 있다는 공포는 분노와 적개심을 쌓는다. 다른 사람이 갖고 있는 오래된 사회적 지위나 평생 연마한 업무 능력에 대한 존중은 점점 사라진다. 오늘날 더 빨라지고 더 좋아지고 값도 더 싸진 자동화 기술 덕에 승자독식이란 규칙을 따른다는 것은 곧 전체 노동자 중 거의 절반이 하나의 일자리만으론 생활임금•••을 벌 수 없다는 뜻이기 때문이다. 기술은 많은 사람을 불필요한 존재로 만들었고, 그들의 시간과 업무적 가치는 더 이상 예전만 못하다. 특히 남성들의 경우 공포보다는 분노를 표출하기 쉬운데, 소수의 위험한 이데올로기와 정치적으로 편향된 호전적 MAGA 부대가 점점 위세를 떨치는 것도 그 때문이다.

남자다움을 과시하고 독단적 성향이 큰 사람들일수록 새로운 기술에 적응하지 못하고 뒤처지는 것에 대해 불안을 크게 느낀다. "45세에서 60세 사이 미국 남성의 자살률은 1999년부터 2017년 사이에 45퍼센트나 늘어났다. (…) 호전적이고 거칠기로 유명한 몬태나와 알래스카 그리고 와이오밍과 같은 주에서의 자살률이 가장 높았다."[32]

•• 이럴 때 이른바 '종족주의'가 발생한다.
••• 물가상승률과 가계소득, 지출을 고려할 때 실제 생활이 가능한 최소 수준의 임금.

과학에 반대하고 기후변화에 반대하며 지구가 평평하다고 주장하는 것이야말로 어리석은 사람들을 위한 도피처다. 뿐만 아니라 이는 컴퓨터만 아는 괴짜들과 척척박사 세력이 만든 급속한 변화에 분노하는 많은 사람의 저항 방식이기도 하다. 그 어느 때보다 기술이 빠르게 사회를 휩쓸면서, 이 파도에 밀려난 이들은 기술을 반대하는 활동가들과 연합하여 정치 스펙트럼의 전 영역에서 위세를 키워가고 있다. 좋았던 과거 그 시절 '메리카Murica'*로 되돌아가길 원하는 트럼프의 MAGA 종족부터 좌파 진영의 백신 거부자와 우익과 좌익의 브렉시트 지지자, 과학에 반대하는 활동가, 세계화에 반대하는 사람, 현대화에 반대하는 사람 들에 이르기까지, 온갖 영역에는 허위의 공동 목적이 존재한다. 그들 모두는 자신이 지금보다 많은 통제권과 자율성을 가졌던 시절, 그래서 지금보다 '더 나았던 시절'이라고 스스로 평가하는 과거로 돌아가길 원한다.

"그들을 돌려보내라!"와 같은 구호들이 표적으로 삼는 것은 그저 가난한 이민자들만이 아니다. 세상을 예전과 완전히 다른, 지금과 같은 모양으로 만든 이들도 모두 '그들'에 포함된다. 이런 증오는 정당화될 수 있을까? 아니다. 그러나 '규범의 변화에 따른 극단적 떠밀려남'에 대한 진정한 분노는 이해될 수 없는 것일까? 또 우리가 맞닥뜨린 문화적 불균형의 간극은 기술이 빠르게 발전할수록 더 나빠질까? 분열과 파벌주의와 근본주의, 또 세계무역과 기술 체제의 전반적 붕괴 등을 피할 수 있을 만큼 지금의 우리는 충분히 현명하고 공감 능력도 높을까? 현 자본주의 체제가 맞닥뜨린 주요 극복 과제는 다음과 같다.

- 소득이 소수에게 집중되고 있다.
- 중산층이 사라지고 있다.
- 노동의 미래가 불확실하다.

소득불평등을 이야기할 때 사람들은 세금에 초점을 맞추는데 사실 이런 접근법은 충분히 일리가 있다. 주식을 사놓고 2~3년 묵히면서 해변으로 놀러 다니다가 그걸 팔아 수익을 챙기는 사람에 비해 날마다 장시간 노동을 하는 사람이 세금을 더 많이 내기도 한다. 투자의 귀재로 일컬어지는 워런 버핏Warren Buffett의 비서가 버핏보다 높은 세율을 적용받을 수도 있다. 그렇기에 부분적으로만 보자면 오늘날의 불평등은 세금정책의 타당성, 교육과 기회에 대한 접근성 그리고 노동력과 환경에 대한 기준도 없는 자유무역을 쟁점으로 하는 해묵은 논란인 것이 맞다.

그러나 우리 눈에 보이지 않는 곳에선 이보다 훨씬 더 강력하고 질적으로도 완전히 다른 추세가 나타난다. 기술이 이끌어가는 세상에서는 글로벌 제품을 만들어 빠르게 배송할 수 있고, 많은 투자자와 경영자 및 엔지니어는 이 과정에서 엄청난 부자가 된다. 만약 당신이 1950년대에 매사추세츠 공과대학교MIT를 야심차게 졸업한 사람이었다면, 자산가치가 수십억 달러에 달하는 기업을 일구기 위해 대량의 자원을 동원하고 엄청난 노력을 기울여야 했을 것이다. 만약 아무것도 없는 빈손에서 포드Ford 같은 회사를 만들려면 수많은 공장과 직원, 글로벌 배송망과 영업망, 높은 브랜드 가치와 기술 수준, 다수의 부품 제공 협력업체 등을 아울러야 할 텐데, 아무리 엄청난 재능을 가졌다 해도 그런 수준에까지 도달하려면 상당 시간이 걸리기 마련이다. 그렇지만 왓츠

앱Whatsapp의 경우도 그럴까? 50명으로 구성된 왓츠앱은 만들어진 지 불과 몇 년밖에 되지 않았지만 시가총액은 포드의 절반가량에 이른다.

이번엔 조금 다르게 접근해서 살펴보자. 카리브해나 중앙아메리카의 12개국에서는 모든 사람이 1년 내내 하루도 쉬지 않고 일했다. 그러나 이 나라들 중 그 어떤 곳에서든 변호사, 운전사, 관료, 요리사, 교사, 회사원, 농부, 기계공 등이 창출해낸 부의 총합이 왓츠앱 직원 수십 명이 창출한 부에 미치지 못했다. 기술은 소득불평등과 관련된 규칙을 바꾸어놓았고, 그 어떤 폭군이 꿈꾸었던 것보다 효과적인 방법으로 부를 창출한다. 폭군이 자기 마음대로 할 수 있는 대상은 국민뿐이지만 기술은 전 세계를 향해 열려 있기 때문이다.

2017년 한 해 동안 세계 경제는 3퍼센트 성장한 데 반해 500대 억만장자들의 소득은 24퍼센트 늘어났다. 이들 소유의 기업은 다른 기업들보다 월등히 높은 성과를 냈다. 이들은 서로의 프로젝트와 아이디어에 투자하고, 그럴수록 훨씬 더 많은 자원이 부의 순위가 높은 쪽으로 흘러간다. 그리고 이런 과정을 통해 부의 격차는 점점 더 벌어지고 부의 집중은 한층 견고해진다.[33] 부익부 빈익빈이라는 복리(複利)의 원리는 끔찍할 정도로 무섭다. 캘리포니아 대학교 버클리캠퍼스UC Berkeley의 경제학자 가브리엘 주크만Gabriel Zucman에 따르면, 미국인 전체의 재산에서 미국 400대 부자(인구 비율로만 보자면 이들은 미국 인구 전체의 0.00025퍼센트에 불과하다)가 차지하는 비율은 1980년 이후 3배 늘었는데, 지금 이들의 재산은 1억 5,000만 미국인의 재산 모두를 합친 것보다 많다.[34] 이 모든 현실은 윤리라는 그 끔찍한 주제 앞으로 다시 우리를 데려다놓는다.

'너무 많다'는 것은 도대체 얼마나 많은 걸까? 미래 세대들은 분명 이렇게 물을 것이다.

26명의 재산을 합친 금액이 세계 인구 절반의 재산을 합친 것과 같다는 게 대체 말이 되는 소리인가?

혹은 현재의 추세를 받아들여 절반이 아닌 60퍼센트와 같다면 어떨까?
70퍼센트나 80퍼센트, 90퍼센트는?

역사의 다른 시기들과 달리 지금은 사람들에게 돌아갈 자원이 충분히 많다. 음식, 의료 서비스, 쉼터 등 기본적 자원들은 모든 이에게 돌아갈 만큼 넉넉하다. 미래의 윤리학자들은 너무도 당연하게 다음과 같이 물을 것이다.

억만장자 2,047명은 전 세계 극빈층의 가난을 한 번도 아니고 일곱 번이나 끝낼 수 있었을 텐데 무슨 이유로 그렇게 하지 않은 걸까?[35] 어린이를 위한 학교 무료 급식과 가난한 어린이를 위한 기초 의료 서비스는 중단하면서도 0.1퍼센트의 부자들에겐 엄청난 세금을 감면해주고 미국 정부의 재정 적자 규모를 높이는 것이 정말 좋은 발상이었을까?

생산성을 높이면 높일수록 우리는 이전 세대보다 더 많은 것을 누릴 수 있다. 가장 힘없는 시민에게 최소한의 자원도 제공하지 않는 지금의 우리 사회를 미래 세대는 윤리적으로 문제 있는 사회라 평가하지 않을까? 『정의론A Theory of Justice』의 저자 존 롤스John Rawls의 표현을 빌려 말하자면, 당신의 아들이나 딸이 모든 것을 잃고 노숙자 신세가 된다면 당신은 그 아이들이 어떤 대접을 받길 원하는가? 결국엔 사회의 다수

구성원이 기존 체제를 무너뜨리든가, 그게 아니면 사회 속에서 기본적인 보호를 받든가 하는 2가지 방향 중 하나로 나아갈 수밖에 없다. 하지만 어떤 경우에든 사회의 다수에게 최소한의 안전 장치가 마련되어야 한다는 점만큼은 명백하지 않을까?[36]

우리가 취한 행동들을 보고 나면 미래 세대는 우리를 어떻게 평가할까? 미성년자에게 노동을 시켰던 과거 사람들에 대해 지금 우리가 내리는 평가와 똑같지 않을까?

> "낙수 이론: 부자가 떨어뜨린 부스러기를
> 주워 먹어야 하는 가난한 사람들은
> 부자에게 보다 더 많은 음식을 제공함으로써
> 더 많은 부스러기를 주워 먹을 수 있다"[37]

어떤 나라의 지배적인 제도가 합법적이지 않을 때, 즉 오로지 소수에게만 이득을 안겨줄 때 그 나라의 경쟁우위 요소는 증발할 수 있다. 중국, 이란, 이라크, 이집트, 그리스, 마야, 잉카, 오스만제국, 일본, 영국……. 이런 과거의 강자들은 모두 1등의 자리를 빼앗겼다. 오늘날도 부는 소수에게만 집중되어 있어서 많은 나라에서 많은 사람이 체제 자체를 뒤엎고 싶어한다. 그러나 이러한 현실을 극복하는 가장 좋은 방법은 기술의 발전이 아닐까 싶다. 지식과 기술은 얼마든지 사라질 수 있고 또 실제로 사라진다. 유럽은 수백 년간 수학과 천문학 그리고 의학 기술을 잃어버렸다. 기원전 200년 로마의 관개(灌漑), 배수(排水), 화장실 및 위생 관련 시설은 그로부터 1,000년 뒤 유럽보다 더 나을 정도로 매우 훌륭한 수준이었다. 일본은 세계에서 가장 정교한 총기류를 만든 국가다. 그러나 오랜 세월 축적해온 자기들의 전통 기술을 대포가 밀어낸다고 느낀 사무라이 계급의 압력 탓에 새로운 모든 무기의 도입을 포기했고, 결국 많지도 않은 외국 전함의 공격에 맥을 추지 못하고 말았다.

기술은 우리에게 엄청난 부를 형성할 기회를 많이 준다. 그러나 결국 사회적 차원의 어떤 폭넓은 거부권이 기술로 발생한 이득의 분배 방식을 좌우할 것이다. 이는 윤리적 공유에 관한 질문이다. 인공지능, 자동화, 로봇, 세계화 등이 노동 시장을 새롭게 구축하고, 일-정체성work-identity의 연관성이 중요해짐에 따라 윤리적 공유에 대한 질문은 더 긴급한 것이 되었다. 내일 자세히 들여다보면 오늘의 자본주의는 매우 냉혹하게 보일 수 있다.

식탁 위 가짜 고기

2013년 8월 5일, 네덜란드의 생체조직공학자가 한 무리의 사람들 앞에서 햄버거를 먹었다. 이 장면에는 특이한 점이 2가지 있다. 하나는 햄버거의 고기 패티가 실험실에서 생장된 것이란 점이었고, 다른 하나는 그 햄버거 하나의 가격이 무려 38만 달러(원화 4억 원)라는 점*이었다.[38]

• 그때까지 그 연구에 투자한 비용이 38만 달러였다는 뜻이다.

놀랍지 않은 사실이긴 하나, 좋은 의사가 있는 병원의 문턱을
전 세계 사람들이 곧바로 한꺼번에 드나들 수는 없다.

그로부터 2년 뒤, 과학기술 잡지인 『파퓰러 메카닉스Popular Mechanics』에
는 '실험실에서 생장시켜 누구나 먹을 수 있을 정도로 저렴한 소고기'라
는 제목의 머리기사가 실렸다. 이 고기는 1파운드°당 30달러였으니 여
전히 높은 가격이긴 했으나 부유한 사람에게까지 터무니없이 비싼 것은
아니었다.

몇몇 사람들은 2020년대 말에 이르면 합성 버거의 가격이 일반 버
거보다 낮아질 것이라 추정한다. 버거킹Burger King은 '임파서블Impossible
버거'를 이미 판매 중이다. 실험실에서 생장시킨 고기의 맛이 기존 고
기의 맛과 같거나 더 낫고, 또 동물을 여러 해 동안 키워서 도살하는 것
보다 비용이 적게 들기 때문이다. 이쯤 되면 우리의 윤리 기준이 빠르게
이동하기 시작했다고 볼 수 있지 않을까? 이러한 추세는 채식주의에만
해당하는 것이 아니다. 앞으로 '잔인한 과정이 수반되지 않은' 스테이크
와 햄버거를 누구나 쉽고 싸고 편리하게 소비하게 되면 미래세대는 미
국에서 한 해에 90억 마리나 되는 동물을 죽인 우리를 '야만인'으로 여길
것이다. 동물보호단체 PETA는 이미 그렇게 여기고 있다. 당신은 미래
세대가 다음 사진을 보고서 우리를 어떻게 평가할 것 같은가?

몇몇 전문가들은 2040년이 되면 육류의 60퍼센트 이상은 동물을 도
축해서 만드는 것이 아닐 거라 추정한다.[39] 미래세대 대부분은 동물을

● 약 0.45킬로그램.

먹지 않을 테고, 고기를 삼키는 행위를 생각하는 것만으로 끔찍한 혐오감을 느낄 것이다. 이런 맥락에서 보자면 돼지 10억 마리와 소 14억 마리 그리고 닭 200억 마리를 키우고 도살하기 위해 전 세계의 1년치 농업 수확물 중 절반을 동물 먹이로 소비한다는 발상은 그리 똑똑해 보이지 않는다. 기술이 대안적 육류를 싸게, 또 손쉽게 제공함에 따라 윤리의 모닥불은 밝게 타오를 것이다. 정육점 주인이거나 도살업자 혹은 축산업자였던 할아버지를 둔 가여운 아이는 신 앞에서 이렇게 고백할지도 모른다.

"잔인했던 제 할아버지는……."

한편 그 어떤 곳보다 일찍 깨어 있었던 미시시피 주 의회는 '베지 버거veggie burger'니 '비건 핫도그vegan hotdog'니 하는 상표명을 붙이는 사람에게 징역형을 선고할 수 있는 법안을 통과시켰다. 그럼 '버거' 혹은 '핫도그' 상표는 오로지 도축된 가축의 고기를 사용했을 때만 붙일 수 있다는

뜻일까? '소비자에게 혼란을 주지 않기 위해'라곤 했으나[40] 트위터 사용자들은 그렇다면 지금부턴 핫도그hotdog에 반드시 개고기가 들어가야 하는 거냐며 여기저기에서 시끄럽게 물어댄다.

'도축된 고기'를 둘러싼 논쟁을 넘어, 기술은 동물을 대하는 방식에 대한 우리의 생각 또한 바꿀 수 있다. 인간은 생쥐의 몸에 온갖 종류의 끔찍한 암세포를 의도적으로 주입하여 여러 형태의 질병을 발현하는 다양한 '동물 모델'을 만들어낸다. '살아 있는 생명을 돕는 것'이라는 오늘날의 합리화는 장기 칩(생체 모방 칩, organ-on-a-chip)*과 같은 대안이 풍부해질 세상에선 공허하게만 울릴 것이다.

장기 칩 개발은 세포-생쥐-돼지-유인원을 거쳐 인간에 이르는 길고 긴 테스트 과정을 단축해줄 것이다. 특정 합성물의 효과를 간단히 테스트할 수 있는가 하면 약을 칩 위에 배양된 인체 조직에 바로 투입해 신장, 뇌, 간 및 그 밖의 다른 장기에 독성 효과가 발생하는지 살피기만 하면 될 테니 말이다. 실리콘 모델링 기술과 예측생물학predictive biology은 살아 있는 동물을 대상으로 하는 실험을 줄이도록 압박하는 요소로 작용할 것이다. 더 빠르고 더 효과적이고 더 저렴한 기술이 의약품 개발 과정에 투입됨에 따라 대안이 마련된 미래 세대의 눈엔 수백만 마리의 동물을 온갖 끔찍한 방식으로 희생시키는 지금의 모습이 터무니없이 야만스러워 보일 것이다.

혹시 러시아의 과학연구 도시인 아카뎀고로도크Akademgorodok에 갔다면,

• 미세 칩 위에 인간 장기를 구성하는 세포를 3차원으로 배양해 장기 구조와 기능을 모사하는 기술.

무슨 수를 써서든 꼭 '세포학 및 유전학 연구소'를 방문해라.

그곳 마당에는 DNA 나선을 짜고 있는 귀여운 생쥐 조각상이

과학이라는 미명하에 희생된 수백만 마리의 동료를 기리고 있다. [41]

"자연은 이빨과 발톱으로 붉게 물들어 있다"[42]라고 했던 영국 시인 앨프리드 로드 테니슨Alfred, Lord Tennyson의 묘사는 내셔널 지오그래픽National Geographic의 많은 에피소드를 통해 생생하게 재현되고 있다. TV나 영화는 시청자와 관객의 눈을 붙들기 위해 어쩔 수 없이 극적인 전개와 행동을 필요로 하긴 하지만, 그럼에도 고도로 편집된 그 이야기들이 동물에 대한 인식을 심각하게 왜곡한다는 것만큼은 분명한 사실이다. 동물들이 이타적으로 행동하고 동정, 용서, 신뢰, 상부상조의 모습을 보인다는 증거는 매우 많다. 멕시코 남부 지역과 중남미 지역에 서식하는 신세계원숭이New World monkey들의 행동을 관찰하면, 이들이 보이는 상호작용 가운데 86퍼센트는 싸우는 행동이 아니라 협조적인 그루밍 혹은 놀이다.[43] 고릴라의 세계에서 싸움은 치명적이지만, 이들이 갖는 사회적 상호작용의 96퍼센트는 이타적이고 친밀한 행동이다.

고릴라를 무서운 존재로 묘사하는 할리우드적 관점은 1986년 8월 한 사건을 통해 깨지기 시작했다. 그날 동물원에선 이런 일이 일어났다. 여섯 살짜리 소년 레반 메릿이 고릴라 우리 안으로 떨어졌다. 관람객들은 깜짝 놀랐고, 소년을 보고 움직이는 우두머리 고릴라 잠보를 긴장한 눈으로 지켜보았다. 그런데 잠보는 다른 고릴라들이 다가오지 못하게 한 다음 다친 아이를 보호했고, 아이의 등을 토닥토닥 두드려주기까지 했다. 그 덕에 구급요원들과 동물원 직원들은 아이를 무사히 구

조할 수 있었다. 동물 한 마리가 자기 종족 전체에 대한 인간들의 인식을 영원히 바꾸어놓은 그 자리에는 그 일을 기념하는 청동 기념비가 세워져 있다.[44]

공정함, 이타주의적 공유, 엄격한 규범 등의 예는 다른 동물 개체에서도 찾아볼 수 있다. 규범에 벗어나는 존재나 악당은 그들 세계에서도 처벌받고 배척당하며, 드라큘라 백작을 떠올리는 데 영감이 되었던 흡혈박쥐조차도 먹이를 구하지 못한 동료에겐 자기가 빨아먹은 피를 나누어준다. 하지만 이 모든 증거에도 불구하고 우리는 여전히, 마치 인간만 도덕심을 갖고 있으며 동물은 그렇지 않은 것처럼 생각하고 또 행동한다.

많은 동물이 우리의 '보살핌' 속에서 크게 고통당하고 있다는 것은 이미 많은 사람이 직감하고 있다(이 사실은 머지않아 우리도 확실히 알게 될 것이다). 저렴하고 휴대가 간편한 뇌영상 장치 덕에 우리는 동물의 뇌와 사람의 뇌가 사고과정에서 어떤 공통점과 차이점을 보이는지 비교할 수 있게 되었다. 우리는 공포, 고통, 고뇌, 공감, 사랑을 볼 수 있겠지만 아마 그 결과가 그리 썩 대단하진 않을 것이다. 이런 감정들은 워낙 본질적인 특성이어서 고등동물의 세계에서는 공통적으로 보존되어 있을 가능성이 크기 때문이다. 인간이나 동물이나 별 차이가 없을 거란 뜻이다.

·

이어서 비교와 대조에 대해 이야기해보자.

새롭게 떠오르는 또 하나의 '제법 복잡한' 윤리적 과제는 종 교량

species bridge이다. 2006년에 완성된 침팬지 게놈 초안은 유전자의 비밀을 푸는 핵심적 사건이었다. 유전학자들이 침팬지와 인간을 비교해 '인간 게놈의 보석들'을 특정하는 것이 가능해졌고, 어떤 유전자가 인간에게만 존재하는지를 알게 되면 비로소 인간과 동물 사이에서 일련의 기능들을 유전자별로 하나씩 연결할 수 있기 때문이다.[45] 원숭이의 유전자는 인간과 98퍼센트 동일하므로 이론적으로만 보자면 인간의 유전자를 원숭이에게 보내 인간과 더 가깝게 만들 수 있다. 실제로 중국 과학자들은 이미 인간 두뇌 발전의 핵심 유전자 하나를 레서스원숭이와 그들의 후손에게 이식해 그들의 단기기억력을 개선했고,[46] 오스트랄로피테쿠스와 우리 인간 사이에 핵심적 차이를 부여해준 유전자 SRGAP2C를 레서스원숭이에게 이식했다. 언젠가는 말하는 것도 가능하게 해줄 FOX2와 같은 유전자도 있다. 만일 우리가 몇몇 영장류 동물에게 말하는 능력을 주고, 또 그래서 그들이 우리 인간에 대해 이런저런 얘기를 한다면 그런 대화들의 내용은 엄청나게 끔찍할 것이다. 우리가 우리와 가장 가까운 포유류 동물들에게 행한 짓들은 우리가 노예를 부리면서 고문을 가하고 그것도 모자라 살해하는 것만큼이나 악하기 때문이다.

우리와 비슷한 인간 조상들의 게놈 지도를 통해 현대의 인간과 우리 이전에 존재했던 다른 여러 인간 종들 사이의 차이가 매우 작다는 사실이 드러남에 따라, 이제는 네안데르탈인 태아를 생명공학적으로 만들어 이식하자는 얘기까지 나오고 있다. 우리의 조상이 네안데르탈인과 짝짓기를 해서 아이를 낳았고, 그래서 우리 대부분의 몸에 네안데르탈인의 유전자가 남아 있을 것임을 감안하면 이런 발상이 완전히 터무니없다고만은 할 수 없다. 그렇다면 우리는 이렇게 해서 생겨날 한층 강하고 또 한층 큰 뇌를 가진 이 새로운 존재를 어떻게 대하게 될까? 동료로 대할까, 아니면 포로로 대할까? 종 다양성 확보를 위한 지속적 노력의 일부분으로 대할까? 아니 뭐 굳이 네안데르탈인에서 멈춰야 할 이유가 있을까? 데니소바인 혹은 그 외 우리 인간 조상과 함께 살면서 짝짓기를 했던 일련의 다른 종들도 포함할 수 있지 않을까? '현대의 인간종보다 먼저 멸종했기 때문에 우리보다 열등한' 이 종들이 어떤 측면에서는 우리보다 낫고 또 몇몇 종은 우리보다 똑똑하다는 사실을 발견할 수도 있다. 우리가 이런 종들을 대하는 태도는 결국 빠르고 자연스럽게 진행되고 있는 종 분화를 우리가 대하는 방식에 영향을 줄 것이다. 인류가 시·공간적으로 먼 우주를 여행할 때, 혹은 지구에서 우리 자신의 진화를 생명공학적으로 설계하는 과정에서 말이다.[47]

아무튼 한 가지 사실만큼은 분명하다. 기술 발전에 따라 동물과 인간이 신체적·정신적으로 모두 더 가까워질 때 동물 권리와 관련된 우리의 윤리는 한층 더 빠르게 진화할 것이란 사실이다.

멸종 버튼을 누르다

생명의 암호를 이해하기 시작하면 생물을 대상으로 우리가 해야 할 것과 하지 말아야 할 것에 대한 윤리적 선택은 한층 어려워진다.

최초의 유전자 지도를 떠올려보자. 완두콩이 초록색일지 노란색일지 매끈한지 쭈글쭈글할지 통계적으로 예측할 수 있다는 사실을 멘델이 발견한 이후 우리는 유전자가 어떻게 재결합하고 또 그 결과가 어떻게 다양하게 달라지는지 이해하기 시작했다. 부부 모두 푸른색 눈동자를 가진 경우 그들 사이에서 태어난 아이는 푸른 눈동자를 유전적으로 물려받지만, 때로 이 유전자는 한 세대를 건너뛰어 손자 세대에서 나타나기도 한다. 이런 예는 그 밖에도 많은데, 유전자 드라이브gene drive*라는 강제적 방식을 동원하지 않는 한 치명적인 유전자 특성이 여러 세대에 걸쳐 유전되는 경우는 극히 드물다. 그러나 짝짓기로 번식되는 모든 후손을 죽일 수 있는 어떤 유전자를 특정 개체에 이식한다면 그 유전자는 그 종의 모든 개체가 죽을 때까지 계속 후대로 이어질 것이다.

그런데 이런 일을 하고 싶어 하는 사람이 세상에 있을까?

있다. 지카 바이러스가 확산될 무렵 바이러스 차단에 필사적이었던 몇몇 나라의 정부에서는 젊은 부부에게 당분간 아이를 낳지 말라고 당부했다. 미국 질병통제예방센터CDC의 권고는 단순했다. '임신하면 밖으로 돌아다니지 말 것. 임신 계획이 있을 경우에도 마찬가지임. 만일 배우자가 바이러스 확산 지역에 다녀왔다면 그 뒤 여러 달 동안은 성관계를 하지 말고, 만약 하더라도 콘돔을 사용할 것.'
지카가 멕시코에서 남아메리카의 일부 지역으로, 또 중앙아프리카나 인도 및 동남아시아로 확산되었을 때 CDC의 이런 권고는 과연 얼마나 효과적이었을까?

---

* 유전자 편집 기술을 이용해 유성(有性) 생식을 하는 특정 유전자를 바꿈으로써 집단 전체의 유전 구성을 바꾸는 것.

사태에 필사적인 태도로 임했던 공중보건 전문가들은 보다 근본적인 해결책을 시도해야 한다는 생각에 유전자 연구 분야의 슈퍼스타였던 케빈 에스벨트Kevin Esvelt의 연구 작업으로 눈을 돌렸다. 에스펠트는 이른바 '조각하는 진화sculpting evolution'*라는 접근법을 도입한 MIT의 진화생물학자이다. 공중보건 전문가들은 에스펠트의 핵심 도구들 중 하나인 '유전자 드라이브'를 활용해 이집트숲모기Aedes aegypti** 개체군에 자기 종을 스스로 파괴하는 유전자 지시를 심은 뒤, 유전자를 조작한 모기를 야생으로 돌려보내 지카 바이러스를 옮기는 모기를 멸종시킬 계획이었다.

이렇게 하면 어떤 부작용이 나타날까?

전염병과 관련된 전례는 이미 여럿 있다. 우리는 천연두를 지구에서 완전히 없앴고 소아마비도 거의 끝냈다. 그런데 이런 병을 옮기는 매개체들은 바이러스였던 데 반해 지카의 경우는 모기라는 점, 그래서 그 현상을 끝내려면 모기의 종 하나를 지구에서 완전히 멸종시켜야 한다는 점에서 달랐다. 물론 그래야만 하는 이유가 없는 건 아니었지만 말이다. 상어가 100년 동안 죽이는 사람 수보다 모기가 하루에 죽이는 사람의 수가 더 많을 정도로 모기는 인간에게 가장 치명적인 동물이다. 말라리아 하나의 경우만 봐도 매년 2억 명이 감염되고 40만 명 넘게 죽

- 마치 조각 작품을 만들듯 유전자 편집 기술을 이용해 어떤 종의 진화를 유도하는 접근법.
-- 황열병과 지카 등을 옮긴다.

으니 말이다.

유전자 조작 방식으로 이집트숲모기를 멸종시키려 애쓴 연구자는 에스벨트만이 아니었다. 눅눅하고 따뜻하며 모기 날갯짓 소리가 윙윙거리는 실험실에서 쥐의 피와 설탕물을 돌연변이 모기들에게 먹여가며 연구에 몰두하고 있는 이는 많다. 유니버시티 컬리지 런던University College London의 한 연구 집단은 말라리아 원충의 주요 매개체인 암컷 아프리카얼룩날개모기를 영원히 불임으로 만드는 질병 매개체를 설계했고,[48] 또 어떤 집단은 색정광 불임 수컷 변종을 만드는 데 몰두하고 있다. 이탈리아 테르니Terni에 있는 한 실험실에서는 모기가 알을 낳지 못하거나 사람을 물지 못하도록 암컷을 자웅동체로 번식시키고 있다(테르니라는 도시가 기독교의 성인 발렌타인을 기리는 성지라는 사실은 아이러니다). 2019년 말 영국의 생명공학 기업 옥시텍Oxitec은 오로지 수컷만 낳는 모기를 모기 개체군에 확산시키고자 했다.[49]

그런데 이런 생물무기는 누가 설계하고 배치할까? 수백만 명이 잠재적 위험에 처하게 될 브라질의 누군가가? 플로리다의 민간 기업이? 세계적 차원의 보건 당국이? 어차피 이런 노력을 할 거라면 멸종시킬 대상을 군이 지카 바이러스로 제한할 이유가 있을까? 전염병을 옮기는 모든 모기를 깡그리 멸종시키면 될 텐데? 아니, 거기에서 한 걸음 더 나아가 군이 모기만 대상으로 할 필요가 있을까? 쥐 혹은 그 밖의 다른 해로운 벌레나 동물도 모두 멸종시키면 어때서? 사실 에스벨트는 이미 낸터킷섬과 마서스 비니어드섬에 서식하는 흰발생쥐가 라임병•••에 면

••• 진드기가 사람을 무는 과정에서 보렐리아균이 신체에 침범해 여러 기관에 병을 일으키는 감염성 질환.

역력을 가지도록 유전자 조작을 시도하고 있다. 이런 기반 기술enabling technology*들은 현재 빠르게 전개되고 있다.[50]

역사적으로 인간이 대규모의 환경 조각environmental sculpting을 성공적으로 실행하면서, 다른 많은 종을 한때 번성시켰던 곡물과 옥수수, 콩의 대량 재배할 수 있었다. 전 세계 사람들은 자기 마음대로 자연을 편집해도 괜찮다고 느낀다. 아프리카에서는 가뭄이 들 때 하마와 물소를 죽여 개체수를 조절했고, 오스트레일리아에서는 야생고양이 200만 마리와 낙타 대부분을 죽이려 했다. 노르웨이는 늑대 개체수를 3분의 1로 줄이려 했고, 러시아는 순록 25만 마리를 없애려 했다. 유전자 드라이브는 이미 이렇게 진행되어온 일들을 '보다 더 효과적으로' 만들고자 할 뿐이다. 다만 작은 문제가 하나 있다면, 원치 않는 종의 개체수가 급격하게 늘어나는 등 의도하지 않았던 결과가 흔히 나타난다는 점이다.[51] 가령 지카 모기를 멸종시킨다면 웨스트나일 바이러스**의 원인이 되는 빨간집모기가 왕성하게 번식하는 생태계가 조성된다. 또 모든 모기를 멸종시키면 먹이사슬에서 모기보다 높은 단계에 있는 어떤 종들이 굶어죽게 될 수 있다. 기술은 윤리를 훨씬 앞지른다. 이와 관련해서 에스벨트는 다음과 같이 말했다.

"만일 유전자 조작 기술을 활용해야 한다면, 모든 사람이 그에 동의하지 않더라도 우린 그걸 실행해야 한다고 나는 확신한다."[52]

나중에 후회하기보다는 미리 조심하는 편이 낫지 않겠는가. 그러나

- 독립적으로 사용되기보다는 다른 기술이나 기존 시스템과 함께 사용되어 시너지 효과를 내는 기술.
- 뇌에 치명적 손상을 입히는 뇌염의 일종.

말라리아나 그 외 여러 질병이 해마다 끼치는 피해 때문에 사람들은 지금까지 만들어진 모든 현실적 생태재앙 시나리오를 높이 찬양하고 나선다. 우리가 심사숙고하며 추가 실험을 진행하는 동안에도 해마다 수십만 명이 죽어나간다. 때문에 정부 관료들이 끝없이 논의를 이어가는 중에도 다음 세대들은 참거나 통제된 채로 그저 가만히 앉아 있지만은 않을 것이다. 더군다나 대규모 유전자 조작 역량이 계속 확산된다면 말이다. 국제 합성생물학 경진대회iGEM, International Genetically Engineered Machine라는 행사가 생긴 것도 이 때문이다.

2003년 MIT의 교수 2명과 학생들은 세포들이 불빛을 깜박거리게 만드는 프로그램을 만들면 재미있겠다고 생각했다. 그래서 이듬해인 2004년에는 이 발상을 멋지다고 여긴 5팀이 가장 흥미로운 세포를 만드는 경연을 벌였고, 그것이 iGEM의 시작이었다. 그로부터 15년이라는 세월이 흘렀고, iGEM은 이제 MIT에서 가장 큰 행사가 되어 보스턴 시내 컨벤션센터에서 꽤 크게 열린다. 2019년 경진대회에서는 무려 45개국에서 353개 팀이나 경쟁에 참가했을 정도였다.

iGEM 참가자들은 당신이 평소에 마주칠 이들 가운데서도 가장 똑똑하고, 또 세상 사람들의 고통에 가장 따뜻하게 공감하는 사람들이다. 2018년 대회에 참가한 팀들의 연구 주제로는 어떤 것들이 있었을까. 유전자 조작 질 세균vaginal bacteria을 이용한 저렴한 피임법(프랑스 몽펠리에 대학교), 3학년부터 6학년까지의 학생을 위한 바이오디자인 커리큘럼(미국 캘리포니아 대학교 샌디에이고 캠퍼스), 교사를 위한 바이오디자인 커리큘럼(중국 상하이 대학교), 콜레라 바이러스 탐지(미국 조지아의 램버트 고등학교), 바퀴벌레 박멸(중국 심천대학교), 암을 탐지하는 플랫폼 기술

(미국 캘리포니아 대학교 샌디에이고 캠퍼스), 공기 속 분자의 냄새를 맡는 로봇(오스트리아 취리히 공과대학교), 비저항 항감염제(독일 뮌헨 대학교), 박테리아 성장을 활성화하는 도구상자들(독일 마르부르크 대학교) 등이 그것이었다.

이 학생들은 파괴적인 해커 윤리에 빠져들지 않기 위해 안간힘을 쓰고, 평가자들과 멘토들은 안전에 최대한 초점을 맞춘다. 그러나 4만 명 이상의 합성생물학자들이 세상에 쏟아져 나온 데다 오픈소스 기술과 키트 그리고 플랫폼 기술까지 이미 마련되어 있는 터라 '생명체 조작 분야의 문을 걸어 닫기엔 이미 때늦었다'라는 주장은 매우 타당하다.

그동안은 크리스퍼CRISPR와 같은 유전자 편집 기술이 많은 주목을 받았으나, 깁슨 어셈블리Gibson Assembly처럼 한층 발전한 유전자 합성 기술도 등장했다. 보다 단순해진 도구들 덕분에 유전자 암호를 잘라내고 다양한 생명체에 붙이는 일이 한결 쉬워졌다. 또 댄 깁슨Dan Gibson은 우리가 만날 수 있는 사람들 중 가장 멋지고 친절하고 똑똑하고 겸손한 인물이다. 누구라도 깁슨에게는 자기 손자 손녀를 아무 망설임 없이 오후 한나절 동안 맡길 수 있을 정도로 말이다. 그러나 그 부드러운 외모의 내면에는 어떤 생명체가 됐든 그것을 지구 어디로나 전송할 수 있는 기계를 만들겠다는 야망이 깃들어 있다. 『월스트리트 저널Wall Street Journal』과의 인터뷰에서 그는 이렇게 주장했다.

"살아 있는 모든 것의 기능과 특성은 DNA 암호 안에 기록되어 있다. 그러니 그 생명체의 암호를 읽고 쓸 수만 있다면 적어도 이론적으론 이 세상 어디에서든 그것을 새로 만들어내는 일이 가능하다."[53]

말하자면 단기적으로는 새로운 인플루엔자 백신을 설계하여 그것을 배송하는 일이 하룻밤 사이에 가능하다는 뜻이고, 장기적으로는 다른 행성으로 생명체를 미리 보내서 우주인이 도착하기 전까지 음식, 연료, 순수한 물 그리고 그 밖의 필요한 것들을 준비하게 할 수 있다는 뜻이다.

지금 당장이야 효과적인 유전자 드라이브를 설계하고 구축하고 배치할 수 있는 사람이 거의 없다시피 하지만 머지않아선 이런 일이 대학교 실험실에서, 그다음엔 고등학교 과학실에서 일상적으로 실행될지도 모른다. 생명체 재설계에 대한 윤리는 이내 당신을 곤란하게 할 가장 중요한 논쟁 주제가 될 것이다.

SNS, 거짓말 그리고 가짜뉴스

그야 'is'의 의미가 무엇이냐에 따라 달라지겠죠.
— 빌 클린턴[Bill Clinton]•

진실은 진실이 아니다.
— 루돌프 줄리아니[Rudolf Giuliani]

나는 내가 말한 대부분을 절대로 말하지 않았다.
— 요기 베라[Yogi Berra]

• 르윈스키 성추문 청문회에서 검사가 '클린턴 대통령과 어떤 형태의 성행위도 없었다'는 르윈스키의 증언은 위증이라며 "그게 맞습니까(Is that correct?)"라 묻자 클린턴이 했던 대답.

진실은 언제나 변한다. 과학을 가르치는 일은 끊임없이 사과를 해야 하는 일이다. 예를 들어 이런 식으로 말이다.

"예전에는 우리가 △△하다고 생각했다. 그렇지만 우리는 ○○라는 사실을 발견했다. 그러다가 다시 ㅁㅁ라는 사실을 새롭게 발견했다."

오늘의 진리가 내일은 죽은 이론이 된다. 과거에는 원자보다 더 작은 건 없다고 믿었다. 과학은 지금 우리가 알고 있는 혹은 이론화된 것이 'X'라고 말한다. 그러나 내일이 되면 이 내용은 편집되거나 보완되거나 심지어 아예 부정될 수 있다.

과학이란 분야엔 'X'가 진실임을 뒷받침하는 논리적 근거와 증명 자료가 있다. 이는 의도적으로 사물을 왜곡하고, 사회를 혼란스럽게 만들며, 노골적인 거짓말을 해대는 온갖 이론가 및 근본주의자 들의 주장과는 비교할 수 없을 정도로 엄청나게 큰 차이다. 트럼프와 그의 무리가 트위터, TV, 라디오, 집회 등에서 하는 것들은 그저 '트루시니스 truthiness'*일 뿐 과학과는 완전히 다르다. 퓰리처상을 여러 번 받은 단체인 폴리티팩트Politifact**는 인터넷과 공개담론에 떠도는 온갖 소문과 사실 왜곡, 가짜뉴스, 거짓말 등을 평가해 등급을 매긴다. 폴리티팩트의 경연 무대에는 각양각색의 음모 이론가들과 극우와 극좌의 미치광이, 기업계와 금융계의 허풍선이, 온갖 허위 정보를 동원해서 러시아와 중국이 펼치는 캠페인, 텔레마케터 들이 등장하는데, 도널드 트럼프는 그

● 　사실 여부와 상관없이 자기가 믿고 싶은 것을 진실로 인식하려는 성향.
●● 　정치 분야의 가짜뉴스를 팩트체크하는 미국 사이트. 대상이 되는 진술을 '진실'부터 '새빨간 거짓말'까지 6개 등급으로 나누어 평가한다.

중 최고 수준의 선수로 떠올랐다. 그가 직접 했던 발언은 4퍼센트가 '진실', 11퍼센트가 '대부분 진실', 14퍼센트는 '반만 진실', 21퍼센트는 '대부분 거짓', 33퍼센트는 '거짓' 그리고 15퍼센트는 그 누구도 쉽게 달성할 수 없을 정도로 높은 수준인 '새빨간 거짓말'이라는 평가를 받았다.[54]

사람들은 대부분 자기 친구나 이웃, 혹은 동료가 끊임없이 그리고 상습적으로 거짓말하는 사람이 아니라는 데 동의한다. 전적으로 신뢰할 수 없는 사람이 자기 생활권과 자기 아이의 주변에 얼쩡거리는 일은 그 누구도 용인하지 않을 것이다. 그런데 어쩌다 우리는 이런 사람을 미국 대통령으로 뽑았으며 그의 거짓말을 관대하게 넘기는지 놀라울 뿐이다. 이건 그저 그 한 사람만이 문제인 상황인 걸까? 아니면 훨씬 더 심각한 어떤 문제의 일각인 걸까?

이렇게 되어버린 이유 중 하나는 '모든 정치인은 거짓말을 한다'라는 오래된 믿음, 즉 세상일이 다 그런 거라고 체념하는 상태를 꼽을 수 있다. 그래서 우리는 윤리적으로 잘못된 행동임을 알면서도 그런 것을 관대하게 받아들인다. 어느 정도까지는 그런 일이 일어날 수 있다고 여기는 것이다. 그러나 문제는 빈도뿐 아니라 그 심각성이다. '새빨간 거짓말' 등급에서 어떻게 트럼프는 오바마보다도 15배나 높은 점수를 기록할 수 있었던 걸까? 『워싱턴 포스트Washington Post』에 따르면 1,000일도 안 되는 기간 동안 트럼프는 무려 1만 3,435건의 거짓말을 했다. 특이한 점은 그의 말이 거짓임이 발각될수록 그는 더 많은 팩트체크를 받고, 그럴수록 상황은 더욱 나빠진다는 것이다.

"재임 첫 9개월 동안 트럼프는 1,318건에 이르는 거짓 주장 혹은 오해를 불러일으키는 주장을 했다. 하루 평균 5번꼴이었다. 중간선거가

치러지기까지 7주 동안 그 수치는 1,419건이었고, 이는 하루 평균 30번
꼴이었다."[55]

> 캐나다의 어느 냉소적인 트위터 사용자는
>
> 미국이라는 나라와 이웃해서 사는 것을 다음과 같이 묘사했다.
>
> "3년 내내 자동차 경적을 시끄럽게 울려대는 사람의
>
> 옆집에서 이웃으로 사는 것."
>
> 그러자 누군가가 이렇게 댓글을 달았다.
>
> "그 자동차 안에 꼼짝없이 갇혀 있는 사람은 어떤 느낌일지 상상해보시길."[56]

뻔뻔스러운 거짓말이 들통나도 트럼프는 마치 아무 일도 없었다는 듯
행동하거나 혹은 (카드 도박에서처럼) "받고 더블로!"를 외친다. 어조가
아닌 팩트로는 그를 설득할 수 없다. 다음과 같은 행동이 트럼프가 권력
을 행사하는 방식 중 하나다.

> "나는 강력한 권력이 있고 그렇기에 얼마든지 이렇게 말할 수 있다.
>
> 당신은 나를 멈출 수 없고, 사람들은 결국 나를 따를 것이다."[57]

> 그가 끊임없이 해대는 거짓말이 너무도 일상적이고 지독해서
>
> 모든 매체는 단 하나의 질문에만 초점을 맞춘다.
>
> "트럼프가 오늘 한 거짓말 중 최악은 뭘까?"

사회학자이자 저술가인 제이넵 투펙치Zeynep Tufekci는 허위정보, 온라인
괴롭힘, 주의 분산 등이 판치는 세상에선 진짜와 가짜를 구분하기가 점

점 더 어려워진다고 설명한다. 트럼프는 자신이 싫어하는 진실에 대해 그것이 가짜뉴스라며 온갖 주장과 거짓말을 쏟아내고 대중이 그 말에 조건반응 하게끔 만들어 그들을 사로잡는다. 어떤 점에서 보자면 그는 새로운 전체주의적 종교의 선지자 같다.

네가 눈으로 바라보는 것을 무시하라. 네가 진실이라 알고 있는 것을 무시하라. 그것은 거짓이다. 나는 그 모든 것을 전부 알고 있다. 나를 바라보아라! 나는 특별하다! 나는 다른 누구보다 무엇이든 더 잘할 수 있다! 나는 선택받은 사람이다! 나는 기업 문제, 세금 문제, 전쟁 종식, 일자리 창출, 환경 개선, 이민자 유입 차단, 또 당신들을 가르치는 일에 있어 최고의 적임자다.

이러한 '가짜뉴스'의 소비과정에서 메시지의 사실관계는 중요하지 않다. 이는 모든 정보의 신뢰성을 갉아먹는다.[58]

만일 도널드 트럼프가 "나는 그 누구보다 나은 거짓말쟁이다"라 한다면……
과연 이 말은 진실일까?

결국 문제는 그것이 1명의 혹은 전체 정치인의 문제만이 아니라 사회 전반의 신뢰 체계를 무너뜨렸다는 데 있다. 갤럽 조사에 따르면 미국인 중 자신을 둘러싼 주요 제도들을 신뢰하는 사람의 비율은 3분의 1도 채 되지 않는다. 기술 및 글로벌 자본주의 때문에 시작된 극단적 불평등과 실직은 양극화를 더욱 극대화한다. 정부가 더 많은 신뢰를 받을 자격이 있다고 생각하는 사람은 4명 중 1명뿐이다.[59] 누가 정부에게 보다 많은 신뢰를 보내고 있을까? 컨설팅업체인 에델만Edelman이 수행한 신뢰도 지표조사는 백인일수록, 교육을 많이 받은 사람일수록, 그리고 부자일수록 그 '1명'에 속하는 대답을 했다. 다른 말로 하자면 기존 체제에서 가장 많은 이득을 보고 또 가장 편안함을 느끼는 사람들이 그들이란 뜻이다. 그렇다면 그 외의 나머지는 어떨까? 전 세계적으로 보자면 "5명 중 1명꼴로만 현 체제가 자신에게 유리하다고 느끼고, 전체 대중의 절반에 가까운 이들은 현 체제 때문에 자신이 실패의 구덩이에 빠졌다고 믿는다."[60] 거짓말이 용인되고 널리 퍼져나가며 점점 보태지는 데다 '현 체제'에 저항하는 무기로 사용되는 것은 이 때문이다. 그 결과 사회는 양극화를 향해서 치달을 수밖에 없다.

혹시 이런 사실을 당신도 알고 있었는가?

진실은 지금까지 오랜 과정을 거쳐 침식되어왔다. 베트남과 닉슨의 시대는 강력한 거짓말과 억압이 사회에 통한다는 어떤 확신을 보여주었고, 전통적인 예술과 문학, 문화는 포스트모던주의자들에 의해 갈가리 찢어졌다. 어떤 이들은 죽은 백인 남성이 쓰거나 조각했거나 만든 거라면 무엇이든 해로운 것으로 취급했다. 우리를 구원할 거라 여겨졌던 기술혁명은 부의 불평등을 강력하게 밀어붙였다.

진실이 사라지고 분열된 세상에서 상식은 땅에 묻혀 보이지 않는다. 낄낄거리며 치고 들어오는 뱀파이어 같은 조직들은 합법성과 시민성이 불안정한 상황에서 이득을 본다. 미국총기협회[NRA]가 그 좋은 예다. 어린이를 우선적으로 보호하는 게 마땅하다는 것은 우리 모두가 잘 안다. 이것은 문명사회의 기본적인 지표이므로 양보할 수 없는 원칙이다. 그런데 론다트*로 1명이 사망한 뒤, 또 전자담배로 여러 명이 목숨을 잃은 뒤 이것들을 금지하는 결정이 내려진 것과 달리 총기 소유에 대해선 아무 제한도 가해지지 않고 있다. 2018년 상반기만 보더라도 아프가니스탄, 이라크, 한국과 같은 주둔지에서 사망한 미군의 수보다 학교에서 벌어진 총기난사 사건으로 죽은 미국인의 수가 더 많았다. 이런 일이 있을 수 없는 일, 용인할 수 없는 일이라는 데는 모두가 동의한다. 현재 미국 유권자 10명 중 4명은 자신이 총기 사건의 희생자가 될지 모른다고 우려하며, 거의 모든 사람은 지금 당장 무슨 조치든 취해지길 바란다. 한 설문조사에서 93퍼센트의 사람이 모든 총기 구입자를 대상으로 신원조회가 이뤄져야 한다고 응답했으며, 총기 구입 허가증 제도의 도입에 응답자 82퍼센트가 찬성했다. 자신 혹은 타인에게 위협의 징후를 보이는 사람의 총기 구입 또는 소유를 금지하는 '레드 플래그 법안 Red Flag Bill'에도 80퍼센트가 찬성했으며, 공격용 총기의 소유에 대해서는 과반수가 넘는 60퍼센트의 응답자가 금지안을 지지했다.[61]

영화감독 마이클 스콜닉Michael Skolnik의 트윗MichaelSkolink은 이런 사회적 분위기를 다음과 같이 명쾌하게 보여준다.

집
사무실
공항
교회

---

* 넓은 곳에서 사용하는 놀이용 대형 다트.

콘서트장

주간보호시설(탁아소)

병원

나이트클럽

방송사 보도국

우체국

식당

유치원

시나고그(유대교 회당)

고등학교

군 기지

길모퉁이

영화관

정치 집회장

중학교

대학교 교정

초등학교

비디오게임 경기

이거면 충분하지 않을까?⁶² *

그런데 여론에 가장 민감해야 마땅한 정치인들은 이렇게 넘쳐나는

---

* 총기 반입을 금지해야 할 장소를 예로 든 것이다.

민심을 여전히 무시해도 괜찮다고 느낀다. 총기 규제에 대한 목소리가 높아지는데도 미국총기협회나 그 밖의 극우 단체들은 총기 소유를 강경하게 주장할 뿐 아니라 공화당 의원 대부분을 자신들 마음대로 쥐락펴락한다.

> 미국 텍사스주 산타페 고등학교에서 총기난사 사건이 발생한 뒤
> 주지사였던 댄 패트릭은 장황한 설명을 늘어놓았다.
> "문제는 총기 규제가 아니라 문이 너무 많이 설치되어 있었기 때문이다."
> 그러자 트위터 사용자들은 이렇게 댓글을 달았다.
> "세상에나! 저들은 총기보다 문부터 먼저 금지하려는 거구나." **

총기 소유를 강하게 지지하는 이들은 아마도, 언젠가, 아이들을 위한 반성과 기도 이상을 제공하게 될 것이다. 자신의 아이를 총기로부터 보호하기 위해 적극적으로 노력하지 않는 그들은 근본적으로 훌륭한 아버지, 어머니, 친구, 이웃이 될 자격이 없는 이들이다. '헌법상의 자격'이야 있을지 모르겠지만 말이다.

> 역사는 그들에게 친절하지 않을 것이다.

그토록 비윤리적인 거짓말 체계는 대체 어떻게 지금까지 살아남을 수 있었던 걸까? 이 역시 기하급수적으로 빠르게 발전하는 기술들과 많은

** 2018년 5월 18일에 일어난 이 사건으로 사망자 10명, 부상자 13명이 발생했다.

연관이 있다. "우리 모두는 월터 크롱카이트Walter Cronkite*의 뉴스 보도를 지켜본다"라고 했던 시대에서 틈새 시장을 공략하는 마이크로 타깃팅micro targeting의 시대로 이전했다. 더 빠르고 더 새롭고 더 저렴해진 방송과 내로캐스팅narrowcasting ** 방식은 오랜 세월 자리를 지켜온 규범과 제약을 파괴했다. 광케이블과 시청자 세분화 덕에 케이블 방송국들은 호황기를 맞았으며 소셜미디어는 트위터, 페이스북, 레딧Reddit, 인스타그램 및 그 밖의 여러 가지로 나뉘었다. 우리는 지금 자신이 듣고 싶은 것, 그리고 다른 이들이 우리를 표적으로 삼아 들려주는 것을 듣는다. 이렇게 해서 우리의 공동체 의식과 공동의 믿음 그리고 규범이 침식된다. 편견은 편견을 한층 더 강화하고, 공동체는 제각기 다른 '종족'들로 갈가리 찢어진다. 그리고 서로 모순되는 여러 개의 '진실들'이 등장한다.

신뢰 수준이 낮은 환경에서는 기본적 진실들이 모든 정파로부터 공격을 받는다. 좌파든 우파든 할 것 없이 많은 이는 탈진실post-truth의 세상에 살고 있다. 이런 세상에서 팩트와 증거, 과학은 사람들이 마음 깊이 갖고 있는 믿음, 그러나 어쩌면 잘못된 것일 수도 있는 믿음에 도전장을 내밀지 않을 때에만 살아남는다. 그러다 보니 결국 '느낌'을 기반으로 하는 거짓말들이 퍼져나간다. 백신이 자폐증을 유발한다거나 유전자 변형 농산물GMO을 먹으면 프랑켄베이비***를 낳는다거나 모든 죽

• 미국에서 가장 신뢰받는 공인이라 불린 미국 언론인.

•• 일반적인 의미의 '방송'을 뜻하는 브로드캐스팅의 상대적 개념으로, 지역적·계층적으로 한정된 시청자를 대상으로 하는 방송.

••• '프랑켄슈타인'과 '베이비'의 합성어.

을병은 자연치유법으로 고칠 수 있다거나 하는 거짓말 말이다. 다른 한편에선 가장 똑똑하고 가장 부유한 이들이 암과 흡연은, 총기와 총기난사 사건은, 또 탄소 배출과 기후변화는 아무런 연관이 없다는 말로 우리를 설득하기 위해 벌써 몇 년째 애를 쓰고 있다.

사람은 자신이 믿고 싶지 않은 진실과 사실을 의심하도록 조건화되어 있다. 라디오, 휴대전화, 인공위성, 로켓, 망원경, 직접 비행 그리고 관찰 등을 통한 증거가 산더미처럼 쌓여 있음에도 지구가 둥글지 않고 평평하다고 믿는 사람들의 모임은 여전히 번성하고 있다. 이런 황당한 집단들은 수백 년간 생겨났다 사라지기를 반복해왔지만 트위터와 유튜브Youtube 그리고 페이스북이 터보 엔진을 달아주는 덕에 이들의 주장은 한결 쉽게, 또 멀리 퍼져나간다.

'평평한 지구 협회Flat Earth Society'의 회장은 인공위성이 찍은
지구 사진을 보고선 헛기침을 하며 이렇게 말했다.
"이런 사진이 훈련되지 않은 사람의 눈을 속이긴 정말 쉽죠."[63]

이건 정말 이상하다. 기술 덕분에 우리가 사실관계를 확인하고 또 입증하는 일이 빠르게 이뤄지자 사람들은 이렇게 생각했다.

정보에 훨씬 더 빨리 접근할 수 있고 또 교차확인 능력이 한층 커지면 터무니없는 가짜 지식이나 뉴스는 엄청난 압박을 받을 거야.

그러나 그건 착각이었다. 오히려 의도적인 허위정보와 거짓말이 우리를 홍수처럼 덮고 있으니까.

기술은 진실의 성격을 바꾸어놓았다. 아마 라디오와 영화가 없었다

면 히틀러도 나타나지 못했을 것이다. 히틀러는 이런 점을 『나의 투쟁 *Mein Kampf*』에서 다음과 같이 설명했다.

커다란 거짓말 속에는 언제나 일정한 신뢰성의 힘이 담겨 있다. (…) 대중의 마음은 원시적인 단순성에 사로잡혀 있으며, 대중은 사소한 거짓말보다는 큰 거짓말에 쉽게 속아 넘어간다. 사소한 거짓말은 자주 하지만 큰 거짓말을 하는 것에는 수치심을 느끼기 때문이다. (…) 큰 거짓말을 지어내겠다는 생각은 대중의 머릿속에 절대로 떠오르지 않는다. 또한 그들은 다른 사람들 역시 진실을 그토록 거대하게 왜곡할 정도로 뻔뻔스러울 거라고는 도저히 생각조차 하지 못한다.[64]

오늘날 사람들은 서로에게서 점점 더 멀리 떨어져 극단적으로 치닫고 의사소통 역시 파편화되고 있다. 그에 따라 많은 정치인은 커다란 거짓 말과 끊임없이 이어지는 거짓말의 효용을 발견하게 되었다. 반대 의견을 내는 사람은 누구든 모욕을 당하고 입이 틀어막히고 괴롭힘과 협박을 받는다. 인터넷의 익명성과 거리감 덕에 우리는 적이라 여겨지는 사람이나 이웃을 향해 직접 만나선 도저히 할 수 없을 말들을 아무렇지도 않게 내뱉게 되었다. 공개 담론이 오가는 자리에서는 우호적인 친근함과 공동체주의 그리고 중도주의가 완전히 추방되었다. 개별적인 목소리들이 힘을 얻고 극단적으로 치달음에 따라 사악한 거짓말은 빠르게 퍼져나가고 있다.

양극화, 정치화, 공포, 불확실성의 시대에 살면서 우리는 예전보다 한층 더 종족적으로 바뀌었고 '다른 진영'에 속한다고 여겨지는 이들을

148

한층 더 경계하게 되었다. 분노와 공포가 커지면 커질수록 우리는 그만큼 더 SNS와 인터넷 게시글, 신뢰할 수 없는 '뉴스'에 의지한다. 이런 플랫폼의 대부분은 구독료가 아닌 광고를 통해 수익을 창출하므로, 플랫폼 사용자들의 몰입도가 높아지면 높아질수록 수익 역시 늘어난다. 특정 대상을 비난할수록 조회 수와 '좋아요' 수가 계속 증가하기 때문에 굳이 상대에 대한 비난 강도를 낮출 이유는 전혀 없다. 이렇게 해서 이쪽의 비난은 저쪽의 맞비난을 낳고, 그에 따라 다시 또 이쪽의 비난이 이어진다. 즉, 분노는 트래픽(접속량)을 높이고 수익은 그와 비례하여 늘어난다. 이런 구조 속에서 극좌와 극우는 점점 관대함을 잃고 '저쪽 사람들'을 비난하는 내용이라면 무엇이든 기꺼이 믿으려 든다.

여러 미디어업체와 정치인은 사회를 공포로 뒤흔드는 것이 자신들의 일인 양 열심히 해대지만 거짓말의 시대를 좋아하는 이는 아무도 없다. 거짓말이 나쁘다는 건 모두 안다. 진실의 가면을 쓴 거짓은 사회를 해치고 사회 구성원들 사이의 연대와 결합을 파괴한다. 랠프 왈도 에머슨Ralph Waldo Emerson이 말했듯 "진실을 어기는 것은 거짓말하는 이에게 일종의 자살이 될 뿐 아니라 인간 사회의 심장에 칼을 꽂는 행위이기도 하다."[65] 모든 사람은 즉각적이고도 근본적인 개혁을 원한다.

그럼 왜 사람들은 자신이 근본적으로 사악하고 파괴적인 행위를 한다는 것을 알면서도 그런 거짓말을 허용하는 걸까? 토론의 권리, 진실을 발견할 권리는 때로 인정사정없는 잔혹한 비판과 풍자를 통해 제거되곤 하는데, 이런 일은 우리 모두를 쪼그라들게 한다. 신랄한 정치 만평가 패트릭 차패티Patrick Chappatte는 좌파와 우파 모두로부터 공격을 받고는 이렇게 주장했다.

우리는 지금 도덕주의자처럼 구는 군중이 소셜미디어에 모여 폭풍처럼 들고 일어나는 세상에 살고 있다. 대화의 내용과 분위기는 가장 많이 분노한 목소리들에 의해 결정되는 경향이 있고, 거기에 성난 군중이 뒤따른다. 이 소셜미디어 군중은 때로 이런저런 이익집단의 사주를 받고서 방송사들의 뉴스룸에 위압적인 고함을 질러대고, 발행인과 편집인으로 하여금 앞다퉈 대응 조치를 찾아나서게 만든다. 이런 상황에는 의미 있는 토론이 들어설 여지가 전혀 없다. 트위터는 지금 분노를 위한 공간이지 토론을 위한 공간이 아니다.

그러면서 그는 다음과 같이 결론을 내렸다.

"표현의 자유는 대화나 경청과 얼마든지 양립할 수 있으나 불관용과는 절대 양립할 수 없다. 정치적 올바름political correctness이라는 이름으로 스스로 검열관이 되지는 말자."[66]

좋다. 그러나 한층 더 악랄한 환경에서 진실은 모든 사람의 진실과 거짓말에 의해 갈가리 찢긴다. 그리고 이 찢긴 조각들을 원래대로 다시 붙인다는 건 정말 어려운 일이다. 주요 종교를 포함, 모든 중요 기관이 진실을 무너뜨리면 폭넓은 신뢰와 믿음에는 진공 상태가 발생한다.

핵심 질문은 '상식적인 진실과 타당성이 사라진 이 진공 상태를 무엇이 채울 것인가' 하는 것이다. 우리 모두는 의미를 찾고, 의미를 원한다. 인간은 아주 작은 원자에 불과하고, 우주는 광대하고 텅 비어 있으며 목적이 없다는 사실에 우리는 두려움을 느낀다. 지금의 세상은 새로운 근본주의의 주요 파도들이 밀어닥치기에 적합하다. 모든 사람이 온갖 관계망 속에서 얼마나 연결되어 있는지 고려하면 더욱더 그렇다. 올바른 내용의 메시지에 불이 붙고 이 메시지가 인류 역사상 유례 없는 속도로 퍼져나갈 가능성은 얼마든지 존재한다. 어느 날 갑자기 수백만 명이 x나 y 혹은 z를 신봉하게 될 수도 있다. 그리고 정말로 놀라운 것은 어쩌면 수십 년 안에 우리가 결국 그 어떤 것을 신봉하게 될 거란 점이다.

> SF 소설가인 론 허버드Ron Hubbard에게 있어
> 종교를 창시하는 것은 하나의 모험이었다.*
> 그러나 만일 그가 현 시대의 인물이라
> '저 대단한 인터넷'을 이용할 수 있었다면
> 과연 어떤 일이 벌어졌을까?

마지막으로 한마디 덧붙이자면, 엔지니어 중의 엔지니어인 일론 머스크Elon Musk조차도 우리는 실존하는 게 아니라 그저 하나의 시뮬레이션 속에서 살아가는 가상의 존재일 뿐이라고 주장한다. 좋다. 그렇다면 이제 다음 이야기를 해보자.

---

* 허버드가 1954년에 창시한 이 종교는 사이언톨로지(Scientology)교다. 이 종교는 과학적이고 심령학적인 여덟 단계의 과정을 거치면 우주 속의 영혼에 이르며 죽음으로부터 벗어난다고 주장한다.

3
장

어제의 세계는 지금도 옳은가

●

지금과 같은 '자기중심적 도덕적 판단의 시대^{oh-so judgmental times}'*에는 단 한 번의 행동이나 한 통의 이메일 혹은 한 개의 댓글이 평생 일군 성과와 명예를 송두리째 날려버릴 수 있다.

당신은 이전 세대보다 잘못된 과거에 발목 잡힐 가능성이 높다. 수십 년 전에 입었던 옷, 술이 덜 깬 어느 일요일 아침 인터넷에 올렸던 농담 하나, 트윗 하나, 잘못을 저지른 친구를 위한 변호의 말 하나. 이런 것들이 어느 날 갑자기 당신 앞에 유령처럼 나타날 수 있다는 뜻이다. 당신이 과거에 했던 어떤 행동이나 말이 그 누구에게도 상처를 주지 않았고 재미있었으며 당시의 시대상을 반영하는 것으로 보였다 해도 그런 의도는 지금 와선 중요하지 않다. 수십 년 전에 했던 어떤 일

---

* 'judgmental'은 자신과 생각이 다른 사람을 받아들이지 않으려는 태도를 가리키는 신조어다.

혹은 불과 10초 전에 했던 어떤 말로 인해 자신의 사회적 자본이 하루 아침에 증발해버릴 수 있는 위험에서 자유로운 사람은 없다.

심지어 자신이 직접 어떤 행동을 했기 때문이 아니라 '사악하다'고 여겨지는 사람과 어떤 식으로든 연결되어 있다는 이유 하나만으로 비난을 받는다면 얼마나 충격적일까? 누군가가 도저히 말도 안 되는 짓을 저질렀다고 상상해보자. 그럼 그와 친구 사이거나 저녁식사 자리에 함께했거나 단체사진을 같이 찍었거나 그로부터 도움을 받은 적이 있는 이들은 모두 그 사람과 똑같은 종류의 인간일 거라고 사회적으로 여겨진다.

어찌 되었든 이젠 무언가가 옳은 것이라는 이유만으로 받아들여지지도 않고, 옳지 않은 것이 흔히 정당한 것으로 여겨지기도 한다. 그러나 여기에서 던질 수 있는 핵심적인 질문은 당신이 지금 절대적으로 옳다고, 또 그르다고 알고 있는 것을 과연 '예전 그때에는' 얼마나 깨닫고 있었을까 하는 것이다.

만일 예전에 당신이 가장 존경하고 사랑했던 누군가가 당신에게 가르쳐준 것이 이제 와서 보니 잘못되어도 한참 잘못된 것으로 판명된다면 어떨까?

노예 제도는 완전한 노동 시스템이었을까

윤리를 강의할 때 나는 이 질문을 던지며 시작한다.

"우리에게 옳고 그름을 가르쳐주는 건 누구일까?"

그다음엔 자리에 앉아 학생들이 하는 말에 귀를 기울이며 칠판에 그들의 답변을 쓴다. 강조하는 부분이나 순서가 제각기 다르긴 하지만 이 질문의 답으로 거론되는 이들은 대개 매우 비슷하다. 어머니, 아버지, 자기보다 나이 많은 사람, 교사, 성직자, 성서, 친구, 이웃사람, 정부, 변호사, 동료, 의사……

잠시 후 강의의 긴장도가 느슨해지면 학생들은 서로 이야기하며 그들이 거친 윤리에 대한 비슷한 경험과 비슷한 선생님, 그리고 비슷한 전통들을 공유하게 된다. 그리고 오늘날 젊은 세대는 거의 모두 자신이 '옳음'과 '그름'을 구분할 줄 안다고 믿는다.

어쨌거나 그들은
뛰어나고 반듯한 시민으로 교육을 받으며 성장했으니까.

그때 나는 학생들에게 사우스캐롤라이나 찰스턴Charleston 시내에 있는 어떤 건물의 사진을 보여준다. 몇몇은 그곳을 방문했을 때의 행복한 기억을 소환한다. 맛있는 피칸 파이, 멋진 수공예품들, 좋은 술집들……. 그러다가 한 학생이 묻는다. "정말 이상하게 생긴 건물이네요. 이 건물은 왜 창고와 항구 사이에 있는 십자가처럼 보이는 걸까요?" 그 질문에 나는 대답한다. 애초부터 그 건물은 당시 가장 가치 있는 상품을 보관하고 전시할 목적으로 설계된 것이며, 그 상품은 바로 노예였다고.

그러면 강의실은 갑자기 찬물을 끼얹은 듯 조용해진다. 얼마 후 학생들은 한마디씩 던진다.

"세상에! 어떻게 그럴 수 있었을까?"

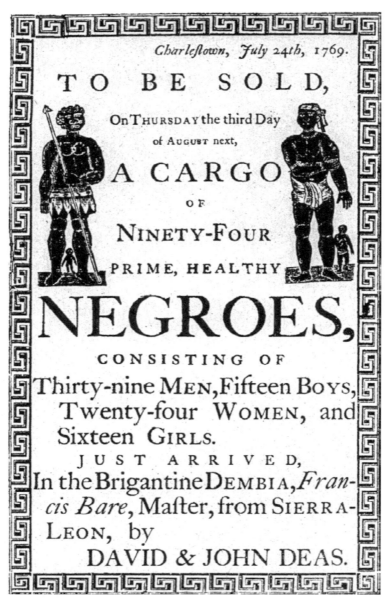

'1769년 7월 24일', '판매 상품 출시', '94명의 건강한 검둥이', '성인 남성 39명, 소년 15명, 성인 여성 24명, 소녀 16명', '이제 막 도착했음' 등의 문구가 쓰여 있다.

"이건 진짜 잘못된 거야. 당시 사람들은 정말 야만인이야!"

그런데 흥미로운 사실이 있다. 강의실의 모든 학생은 사람을 노예로 삼는 행위가 잘못된 것임을 알고 있다는 것이다.

"도대체 우리 조상들은 *~#^&*%$#! 어떻게 그런 짓을 한 거지?"

충격과 극도의 분노가 그들을 휩쓸고 지나가면, 다시 처음의 질문이 머릿속에 떠오른다.

'그럼 대체 누가 무엇이 윤리적인지에 대해 우리에게 가르쳐줄 수 있는 걸까?'

지금이 1800년대 찰스턴이라 가정하고 이 질문에 대한 답을 생각해보자. 방금 학생들이 자신에게 옳음과 그름을 가르쳐준다고 답변한 바로 그 존재들을 떠올리며 말이다. 어린아이인 당신은 미국 남부의 부유한 백인 가정에서 세상을 배워나간다. 자, 이 귀여운 꼬마는 옳음과 그름에 대해 무엇을 배우고 있을까?

'Slightly North of Broad St.(브로드가의 약간 북쪽)에 사는 사람'을
줄여서 표기한 'snob(고상한 체하는 속물)'라는 단어는
찰스턴에서 비롯되었다고 한다.

당신과 가장 가까운 사람부터 시작해보자. 우선 당신의 존경스러운 아버지는 노예를 소유하고 있었을 것이며, 노예는 가족 사업을 운영하는 데 꼭 필요한 존재라고 당신에게 가르쳤을 것이다. 당신의 마음 따뜻한 어머니는 집에서 노예들을 부렸을 테고, 그중 몇몇은 당신을 도맡아 키웠을 것이다. 당신을 씻겨주고 보살펴주는 이는 아마 가장 나이 많은

여성 노예였을 테고, 그 친절한 흑인 여성은 주방에서 당신이 좋아하는 식사와 간식을 기꺼이 만들어줬을 것이다. 어린 시절 내내 당신은 그 멋진 사람들이 노예라는 사실을 깨닫지 못하다가 어느 날, 친절하기만 한 어머니가 그들에게 일을 시킬 땐 종종 '거칠게' 대한다는 사실을 인지하게 될 것이다.

만일 여성 노예가 당신 어머니의 지시로 채찍질을 당했다면, 혹은 당신 아버지로부터 강간을 당했다면 과연 그녀는 자신이 돌보는 주인집 아이인 당신에게 그 일을 말했을까? 말했다면 그 결과는 어땠을까? 이보다 좀 더 가혹한 상상을 해보자. 만일 노예에게 폭력을 행사하는 부모의 모습을 우연히 목격했다면, 당신은 피부색이 다른 사람들에겐 그런 폭력이 얼마든지 있을 수 있는 일이라며 아무렇지도 않게 받아들였을까? '자연에서 일어나는 마땅한 질서의 한 부분'과 동일한 수준의 일로?

'당연한 서비스'라는 눈가림과 이런 고정관념들이 미국인의 정신에 얼마나 오랫동안, 또 얼마나 깊이 각인되어 있었던지 퀘이커오트밀 Quaker Oats이라는 식품업체는 과거 노예였으며 남부 지역 전통을 훤하게 꿰뚫고 있는 '이상적 가정부' 낸시 그린 Nancy Green을 기반으로 자사 브랜드 이미지를 구축할 정도였다.

앤트 제미마 Aunt Jemima,* 당신도 그린 부인 얘기를 들어봤나요?

• 앤트 제미마는 팬케이크 브랜드로, 과거에 노예들이 불렀던 〈늙은 제미마 아줌마〉라는 노래에서 유래되었다.

또 늙은 라스터스^{Rastus}가 당신에게 크림오브휘트^{Cream of Wheat}나

엉클벤^{Uncle Ben's}을 먹으라고 권했던 것도 기억하고요?^{••}

노예의 인격을 어느 정도 인정할 뿐 아니라 몇몇 아이들을 노예 신분에서 해방시켜준 사람들은 그때에도 있었다. 그 한 예가 토머스 제퍼슨^{Thomas Jefferson}이다. 그러나 헨리 R. 스쿨크래프트^{Henry R. Schoolcraft} 부인과 같은 끔찍한 사람들은 더 많았다. 그녀는 『블랙 건틀릿: 사우스캐롤라이나의 플랜테이션 인생 이야기^{The Black Gauntlet: A Tale of Plantation Life in South Carolina}』라는 소설로 『톰 아저씨의 오두막^{Uncle Tom's Cabin}』을 반박했다. 작가의 인식을 드러내는 그 소설 속 문단 하나를 소개하면 다음과 같다.

"신은 흑인에게 표식을 하나 해두었다. 그 표식은 카인에게 했던 것처럼 뚜렷하다. 백인은 남성이든 여성이든 어린아이가 됐든 속으로는 아프리카인이 자기보다 열등하다고 생각한다. 전능하고 위대한 신의 명령과 인종학의 여러 연구, 역사, 경험 그리고 우리의 본능이 이런 사실을 우리에게 가르쳐준다." [1]

어떻게 이처럼 잘못된 생각을 가질 수 있었을까? 어떻게 이런 착각을 할 수 있었을까? 그것도 성서까지 들먹이면서 말이다. 끔찍한 일이다. 주일학교에 다니면 어린아이가 갖고 있던 이 잘못된 인식이 바로잡힐 수 있었을까? 그러나 목사이자 교회 교리 책임자 리처드 퍼먼^{Richard Furman}처럼 다음과 같이 주장하면서 돌아다닌 사람들이 당시엔 수

•• '라스터스'는 흑인을 연상시키는 이름이고, '크림오브휘트'와 '엉클벤' 역시 흑인 차별적 인식을 바탕으로 하는 브랜드명이다.

두룩했다.

"성서에 실린 교리와 여러 사례를 보면 노예 소유는 얼마든지 정당한 일이다. 그러므로 노예 소유는 기독교적인 충직함과 일치한다. 정서적 차원과 행동적 차원 모두 말이다."[2]

잠깐, 뭐, 뭐라고요?

가장 훌륭했던 침례교 목사가 도대체 어떻게 그런 주장을 할 수 있었을까? 가만, 만일 그가 성서 구절 일부를 선택적으로 인용했다면 이런 것들이었을까?

> 종 여러분, 그리스도께 순종하듯 두렵고 떨리는 순수한 마음으로
> 현세의 주인에게 순종하십시오.
> ─「에베소서」 6장 5절

> 종들에게도 권고하여, 어떠한 일에서나 주인에게 복종하고 ……
> ─「디도서」 2장 9절

사실 성서에는 신이 추종자들에게 피정복자들을 노예로 삼으라고 명령하는 구절이 여럿 있다. 혹 당신이 찰스턴의 퍼먼 대학교로 가서 연구를 하거나, 퍼먼 채플에 들어가 바른길로 인도해달라고 기도한다면 노예제도에 대한 퍼먼 목사의 주장을 새롭게 깨칠 수도 있다.

비록 과거 찰스턴의 교회에서는 자주 언급되지 않았지만 성서에는

노예해방과 노예의 저항을 정당화할 수 있는 구절들도 있다. 서인도제도의 노예들에게 배포된 몇몇 성서는 원래 내용을 '살짝' 편집하여 『흑인 노예를 위한 성서 선집Parts of the Holy Bible, Selected for the Use of the Negro Slaves』이라는 제목을 달고 있었다. 1807년에 출간된 영국의 판본은 성서 전체의 1,189장 중 232장만 담고 있다. 다만 어떤 이유에서인지 다음의 「갈라디아서」 3장 28절은 포함하는 데 실패했다.

"그래서 종도 자유인도 없으며, 남성도 여성도 없습니다. 예수 그리스도 안에서는 모두가 하나입니다."

어쩌면 젊은 친구들은 유명한 의사를 찾아가 흑인과 백인 그리고 다른 '인종들' 사이에 정말로 어떤 차이라는 게 존재하는지, 아니면 모두가 똑같은지 물어봤을지도 모르겠다. 산부인과를 창시한 유명 의사인 제임스 매리언 심스James Marion Sims를 검색해보면 그가 이와 관련된 사실들을 알고 있었음에도 노예를 실험 대상으로 삼는 일에 아무 문제가 없다고 판단했음을 알 수 있다.[3]•

그렇기에 어린아이였던 당신이 노예제도의 사악함에 대해 공부하고, 인간이 인간을 소유하는 것이 명백한 잘못임을 배우려면 대학에 진학할 필요가 있었다. 그렇다. 이제 드디어 좋은 소식이 들릴 차례다. 사우스캐롤라이나 대학교는 학교 수준을 높이기 위해 옥스퍼드 출신인 토머스 쿠퍼Thomas Cooper를 총장으로 영입했다. 분별력 있는 화학 교수이자 변호사, 의사이자 철학자인 쿠퍼는 프랑스혁명과 천부인권 그리고

• 그럼에도 그의 동상은 찰스턴과 앨라배마주 의회의사당 입구에 세워졌고, 2018년까지는 뉴욕 센트럴파크에도 존재했다.

자유의 수호자임과 동시에 노예해방론자이기도 했다. 할렐루야! 쿠퍼는 1787년에 『노예 매매에 대한 편지Letters on the Slave Trade』를 출판하며 "흑인도 우리와 똑같이 문명인이 될 수 있는 인간"이라고 주장했다.

비난받아 마땅한 사람이 누구인지는 분명했다.

"피살된 흑인들의 피가 영국인인 우리와 우리 아이들을 적시고 있다. 언젠가 응징의 날이 도래하면 그들은 우리의 더러운 얼룩을 씻어내는 일에 도움을 주지 않을 것이다."[4]

쿠퍼는 그 뒤로 찰스턴에 갈 때까지 노예제도를 반대했다. 그런데 찰스턴에서 지내는 동안 그의 태도가 바뀌었다. 남부에서 편안하게 자리를 잡은 뒤 그는 노예를 소유하는 것은 무척 좋은 일이고, 흑인은 생물학적으로 열등한 존재라고 판단하기에 이르렀다. 그리고 한발 더 나아가 노예 소유주들을 변호하는 일련의 소책자를 발행하기도 했다. 자신과 동료 시민들이 가지고 있는 태도가 궁극적으로 어떤 결과를 낳을지 잘 알고 있었음에도 애초의 입장을 바꾼 것이다. 이런 변화의 연장선에서 그는 1872년에 미합중국의 해체를 주장하는 초기 연설들 가운데 하나를 맡기도 했다.[5] 더 많은 것을 알고 싶다면 사우스캐롤라이나대학교의 쿠퍼 도서관을 뒤져보면 된다. 쿠퍼 역시 찰스턴의 남자다.

신의 축복이 함께하기를! 마땅히 법률이 있어야 한다. 특히 핵심적 건국 문서인 「독립선언서Declaration of Independence」가 "우리는 다음의 것들을 자명한 진실이라고 생각한다. 즉 모든 사람은 평등하게 태어났으며……"라 이야기하는 미국이라는 나라에선 특히 더 그렇다. 사람들이 윤리의 강을 올바르게 항해하도록 인도하는 법률 조항들이 존재했던 걸까? 글쎄, 실제론 그렇지 않았다. 노예제도는 법률적으로 성문화되어 (특히 워싱턴 D. C.의 변호사협회가 작성한 「노예제도와 관례^{Slavery Code}」에 의해) 보호받았다. 때문에 우리는 다음의 질문을 노골적으로 던질 수밖에 없다. 그렇다면 그때의 아이들에겐 정확히 누가, 인간이 인간을 소유하는 건 '절대적으로' 나쁜 일임을 가르쳐야 했을까?

> 만일 모든 주변 사람이 당신에게 잘못된 일을 가르친다면,
> 당신은 과연 어떻게 진실에 눈뜰 수 있겠는가?

미국 흑인의 40퍼센트에서 60퍼센트는 조상의 흔적을 찰스턴에서 발견할 수 있다. 교회가 많아서 '홀리 시티^{Holy City}'란 별명으로 불리는 이 도시 곳곳에는 인종차별의 흔적이 여전히 남아 있다. 찰스턴 인근에서 수십만 명이 노예로 매매되고 노예제도의 족쇄에 묶이는 것을 보고도 어째서 다수의 사람은 목소리를 높여 부당함을 지적하지 않았을까?

만일 그 끔찍한 시기에 청년이었던 당신이 무언가 정말 잘못되었음을 깨달은 이들 중 한 사람이었다면, 더 나아가 찰스턴에서 목소리를 높이는 몇 안 되는 사람들 중 하나였다면 어떻게 됐을까? 1840년대에서 1860년대까지의 시기에 그런 믿음에 따라 행동했다면 어떤 결과로 이어졌을까?* 다음에서 보듯 미국 남부의 경제가 노예제도를 기반으로 했다는 건 추악한 진실이다.

"1860년까지 로어 미시시피 밸리^{lower Mississippi Valley}에는 미국의 다른 어떤 곳보다 백만장자들이 많았다. 그들 모두는 노예 소유주들이었다.

---

* 참고로 미국의 남북전쟁은 1861년~1865년에 있었다.

1860년 미국 노예는 400만 명에 이르렀고 총 약 35억 달러의 가치로 평가되었는데, 이는 미국 전체 경제의 단일 자산 중 가장 규모가 컸으며 제조업 부문과 철도 부문을 합친 규모도 능가했다."[6]

이런 상황에서 노예제도가 사악한 것이라 믿는 청년이 있었다면 이 청년은 학교에서 쫓겨나고, 직장에서도 쫓겨나고, 따돌림과 구타는 물론 심지어 살해까지도 당하지 않았을까?

진실을 알고 있는 사람이었다 해도 그것을 행동으로 실천하기는 커녕 입 밖으로 내기조차 어려웠을 것임은 충분히 이해할 수 있지 않은가? 비록 정당화될 수 없는 일이라 해도 말이다. 에이브러햄 링컨 Abraham Lincoln을 포함해 모든 대통령이 다음과 같은 노예해방 선언을 하기까지는 대체 왜 그토록 오랜 시간이 걸린 걸까?

"미합중국의 육해군 총사령관으로서 나는 1863년 1월 1일을 기해, 현재 미합중국에 반하여 반란 중인 모든 주 또는 주의 일부 지역의 노예들이 앞으로 영원히 노예 상태로부터 해방될 것임을 명령하고 선포한다."

심지어 피비린내 나는 남북전쟁 와중에 미국 시민들이 노예해방을 받아들이기란 무척 어려운 일이었다. 이미 많은 어린이가 너무나 긴 세월 동안 자신이 사랑하고 존경하는 사람들로부터 노예제도는 당연하고 자연스러운 것이라고 배웠기 때문이다. 링컨은 지지 세력을 점차 구축했지만 사실 그 시점은 그가 공개적으로 "만약 노예제도가 나쁘지 않은 거라면 그 어떤 것도 나쁘지 않다"라고 발언한 노예해방선언 이후였을 뿐이다.[7]

또한 노예제도에 반대한다는 것이 곧 완전한 평등을 지지한다는 뜻은 아니었다. 1858년 9월 18일에 링컨은 이렇게 주장하기도 했다.

"나는 지금까지 단 한 번도 백인과 흑인이 사회적으로나 정치적으로 평등하다는 견해에 찬성한 적이 없으며 지금도 마찬가지다."[8]

　이런 입장은 그로부터 한 세기 뒤까지 미국의 많은 저명한 지도자가 취했던 공식 입장이었고, 심지어 지금은 그런 지도자의 수가 점점 늘어나고 있기까지 하다.

　노예해방 이후에도 아주 오랜 세월이 지나고 나서야 비로소 흑인은 투표소에 갈 수 있었고 배심원이 될 수 있었으며 타 인종과의 결혼이나 주택 구입이 가능해졌다. 그리고 찰스턴에선 마침내 남부연합*의 깃발이 내려졌다. 2015년이 되어서야 말이다. 그러나 그로부터 5년이 지난 2020년에도, 남부인 캐롤라이나에서는 물론 백악관에서도 거친 인종차별주의자들이 어슬렁거린다고 조심스럽게 말할 수 있다. 평등으로 가는 여정은 아직도 까마득한 것이다.

　사람을 노예로 만든 것은 미국 남부의 고약한 백인들만이 아니었다. 미국이 세대를 이어가며 노예제도를 체계적으로 제도화하긴 했지만 이집트, 그리스, 로마, 아즈텍, 터키, 중국, 북유럽에도 노예제도가 있었다. 러시아 바이킹은 얼마나 흉포했던지 그 남쪽 지역에 사는 이들은 노예slave와 철자가 비슷한 '슬라브Slav'라 불릴 정도였다. 수천 년 동안 많은 지역에서 사람은 재산의 원천이자 그 자체로 재산 보관소가 되었다.

　그리스나 로마만큼 윤리를 이해하고 법률로 성문화하며 그에 대해 토론하고 체계화하는 데 많은 시간을 들인 문화권은 아마 없을 것이다. 그러나 로마가 매년 40만 명 이상의 노예를 수입하던 그 시기에, 위대

●　남북전쟁 당시 미합중국을 탈퇴한 남부 11개 주가 결성한 국가.

한 철학자들 중 노예해방론자는 과연 얼마나 있었을까? 지식인 대부분이 그런 끔찍한 관행에 저항하며 나서기엔 노예제도가 이미 사회 구조 안에서 그리고 일상생활에서 너무나 큰 부분을 차지하고 있었다.[9] 별의별 고문으로 살해되기도 하고 고매한 인품의 학자나 선생으로 대접받는 등 노예는 우리가 상상할 수 있는 모든 방식의 처우를 받았지만 자유로운 존재는 아니었다. 바로 이것이 본질적으로 잘못된 점이고 지금도 그렇다. 시대와 문명을 초월해서 그토록 많은 사람이 노예제도를 유지하며 잔인하게 행동했던 이유는 무엇일까? 인간이 인간을 소유하는 제도가 그렇게 폭넓게 수용되었던 이유는 무엇일까? 그리고 대체 무엇이 바뀐 걸까?

2가지 가설을 놓고 살펴보자.

- 첫 번째 가설: 잉글랜드와 뉴잉글랜드에 주로 살던 한 무리의 백인 노인들이 갑자기 각성해 '노예제도는 잘못된 것이며 철폐되어야 한다'는 걸 깨달았다. 이전까지 이런 각성을 했던 이는 아무도 없었지만 다행히 그들에겐 수천 년 동안 이어져온 악랄한 관행에 반대할 의지와 지혜가 있었다. 그리고 그 집단이 하는 말에 갑자기 모든 이들이 귀를 기울였다! 그 결과로 최근 세대들은 과거 어떤 시대 사람들보다 더 똑똑하고 각성되어 있으며 윤리적이다. 그들은 과거의 이들보다 더 나아졌고, 어떤 시점의 어떤 환경에서 어떻게 자라고 어떤 가르침을 받든 간에 노예제도를 반대하며 노예를 소유하지 않을 것이다.

그렇다면…… 어째서 미국이란 나라는 1964년 7월 2일까지
성별, 종교별, 인종별, 출신 국가별로 법률적 차별을 적용했을까?[10]

- 두 번째 가설: 이런저런 기술의 발전 덕에 보다 윤리적인 사람이
되는 게 쉬워진다면 어떨까? 현재의 우리 세대는 이전 세대들이
꿈도 꾸지 못했던 여러 대안을 누리고 있다. 산업화 이전의 미국
남부에서보다는 산업혁명 시기의 영국이나 산업화된 미국의 뉴
잉글랜드에서 노예해방론자가 되는 게 조금은 더 쉽지 않았을까?
당신이 사람 1,000명을 데리고 오고 내가 1,000마력짜리 기계를
한 대 내놓고선 우리 둘이 '자유무역'을 한다고 상상해보자. 다른
사람을 노예로 삼지 않고도 더 많은 생산량을 기록할 수만 있다
면 우리는 이 끔찍한 관행을 포기할 것이다.

영국이 노예제도를 가장 먼저 폐지한 국가라는 사실은 그저 우연일까?
다른 나라들보다 일찍 산업화를 거쳤고 노예무역으로 직접적 수혜를
받지 않았다는 점이 어쩌면 영국의 노예제 폐지와 관계되어 있는 것은
아닐까? 이미 산업화를 이룬 미국 북부가 노예제도를 금지한 데 반해
농업에 의존했던 남부의 경우 그 끔찍한 관행을 유지하기 위해 싸웠다
는 건 그리 놀라운 사실이 아니다.

역사와 문화를 초월해 많은 이가 인간이 인간을 소유해도 괜찮다고
자신을 설득시켰다. 그런데 그렇게 수천 년간 지속되어온 사악한 관행
이 왜 갑자기 산업혁명 직후에 사라지기 시작한 걸까?

어쩌면 그건 휘발유 1갤런의 가치가

인력 400시간의 가치와 동일하다는 사실과 관련되어 있지 않을까?

심지어 '위대한 노예해방가'였던 링컨조차도 자기가 얼마나 잘못되었는지 깨닫는 데 많은 시간이 걸렸다. 링컨은 처음에 노예해방에 반대했고, 그러다 바뀐 것이었다.

"내가 우선적으로 느낀 충동은 모든 노예를 해방하고 이들을 그들의 고향인 라이베리아 Liberia로 보내는 것입니다. 그다음에 드는 충동은 뭘까요? 그들을 자유롭게 하고 또 정치적·사회적으로 우리와 똑같이 만드는 것입니다. 그러나 내 감정은 이를 받아들이지 않을 겁니다. 설사 내가 받아들인다 해도 수많은 백인 대중은 그렇지 않을 테고요."[11]

그러나 링컨은 학습했고, 변했고, 진화했다. 마지막 공식 연설에서 그는 흑인에게도 선거와 관련된 권리 모두를 온전하게 보장해주자고 했다. 사람들은 학습한다. 법률이라는 것도 궁극적으로는 진화하는 윤리를 반영하여 바뀌기 마련이다.

1857년에 있었던 드레드 스콧 대 샌드퍼드Dred Scott v. Sandford 소송은

노예에 대한 시민권 부여를 거부했다.(7 대 2로 결정)

1896년에 있었던 플레시 대 퍼거슨Plessy v. Ferguson 소송은

'분리 평등'* 법률을 허용했다.(7 대 1로 결정)

도대체 여기에 일관성 있는 논리라는 게 있는가?

---

* 흑인과 백인을 분리하되 교육·교통 수단·직업 등에서는 차별하지 않는 정책.

법정의 배심원들은 대체 왜 이토록 끔찍한 관행들을 옹호해왔을까?

이런 것들을 생각할 때 그 시기의 역사적 맥락과 개인들의 행동을 함께 이해하는 것이 조금은 중요하지 않을까? 워싱턴과 제퍼슨 그리고 링컨 같은 인물들도 그런 중요한 문제에 대해 그토록 잘못된 판단을 할 수 있는데, 과연 우리가 그들보다 더 똑똑할 수 있을까? 우리는 한층 더 겸손한 마음으로 섬세하게 과거를 평가하고 판단해야 하는 것 아닐까? 우리는 그토록 많은 이가 그 끔찍한 관행에 동참하고 그것을 보호하며 또 널리 퍼트렸던 방식을 제대로 이해해야 한다. 그러지 않으면 훗날 후손들이 완전히 비도덕적인 관행이라 비난할 일들을 우리가 아무렇지 않게 묵인하고 있다는 걸 모를 것이다.

노예제도의 역사는 사회에서 합법적인 것으로 용인되는 윤리라도 시간이 흐름에 따라 바뀔 수 있음을 보여주는 하나의 극단적 예다. 새롭게 등장한 기술들은 우리에게 여러 선택권을 주고, 그에 따라 우리는 지금까지 '다른 사람' 혹은 '우리와 비슷하지 않은 사람'이라 여겨온 이들을 한층 넓고 따뜻한 마음으로 포용하게 될 것이며, 그렇게 깨우침의 아침은 서서히 밝아온다.

우리는 오늘날의 '각성WOKE' 문화**를 잣대로 우리의 조상을 혹독하게 평가한다. 때로 대학교, 광장, 조각상 그리고 존경받는 오래된 건물들은 계몽활동가들을 상당히 불편하게 만든다. 브린마워 대학에서는 가장 두드러진 지도자들 중 한 사람이었던 M. 캐리 토머스Carey Thomas를

●● 정치적·문화적·사회적 쟁점에 대해 각성한 문화. 'woke'는 '각성하다'라는 뜻의 단어 'wake'의 과거형이다.

두고 최근 큰 논쟁이 있었다. 여성은 '대개 박사 학위를 잘 따지 못한다'는 이유로 전공과목을 여러 차례 바꿔야 했던 토머스였지만 후에 그녀는 여성의 권리와 피임, 더 나아가 동성애자의 인권 개선을 위해서 노력하는 선구자적 운동가가 되었다. 그런데 이야기는 여기서 끝나지 않았다. 지금의 학생들은 그녀의 모든 유산을 지워버리고 싶어 한다. 재임 기간 동안 그녀가 인종차별적이며 반유대인적인 편견을 바탕으로 학교를 운영해왔기 때문이다. 분노의 원인이 되었던 사건은 흑인 여학생이 이 학교에 지원하면서 발생했다. 토머스가 그 학생에게 브린마워 대신 코넬 대학교에 지원하라고 강하게 권유했던 것이다. 토머스는 심지어 그 여학생의 등록금 일부를 지원해주기까지 했고, 이런 사실과 관련해 1960년의 어느 편지에선 다음과 같은 설명도 했다.

"그런 학생에게는 뉴잉글랜드에 있는 학교에 지원하는 게 좋겠다고 조언해줘야 하는 게 아닌가 싶습니다. 학생들의 출신지가 매우 다양한 그 학교에선 지적 교류에 결핍이 생기는 경우가 상대적으로 적을 테니까요. 하지만 브린마워 대학에는 중부 지역과 남부 지역 출신 학생도 꽤 많기 때문에 그런(흑인) 학생이 생활하기엔 매우 불리하다고 생각합니다."[12]

그런데…… 당시의 차별적이었던 짐 크로^{Jim Crow} 법*을 고려해봐도 이 조언이 정말 최악이었던 걸까? 또 그 어린 학생이 대학교에 갈 수 있도록 등록금을 내준 사람이 토머스 말고 또 있었나?

● 흑인을 지속적으로 차별하기 위해 만든 것으로 그 골자는 '공공시설에서의 백인과 유색인종 분리'였다. 미국 남부 11개 주에서 1876년부터 1965년까지 시행됐다.

172

토머스의 유산 전체는 과연 지워져야 마땅한 걸까?[13] 같은 시기에 다른 대학교를 운영하던 이들 중 그녀보다 훨씬 덜 진보적이며 더 인종차별적이고 잔인한 짓을 했던 이는 없었을까? 과거의 모든 행위를 현재의 기준으로 재단하는 것이 과연 옳을까? 그게 옳다면 2000년 이전에 발표된 책은 모두 출판하지 말아야 하는 것 아닐까? 그런 책들은 분명 누군가를 불편하게 만들 테니 말이다.

말이 나왔으니 하는 얘기인데,
'어린이를 위한 도서관 서비스협회Association of Library Services for Children'는
1954년 시작된 어떤 상의 명칭에서
로라 잉걸스 와일더Laura Ingalls Wilder의 이름을 2018년 삭제했다.
그렇다. 『초원의 집Little House on the Prairie』••의 작가인 그녀는
아메리카 원주민을 바라보는 시각에서 전혀 계몽되지 않은 모습을 보였다.
그런데 그 시대에 통상적이었던 규범이 지금에 와선 문제가 된다는 걸까?
아니면 마크 트웨인Mark Twain이 'n으로 시작하는 단어'를 200번 넘게 사용한
『허클베리 핀의 모험The Adventures of Huckleberry Finn』도
금지되어야 옳다는 것일까?•••
(그럼 〈자기야, 밖은 너무 추워, 가지 마Baby, It's Cold Outside〉라는 노래도
절대 방송되어선 안 될 것이다.)⁑

•• 1870년대 미국 서부를 배경으로 미국 근대사를 그린 작품.
••• 니그로(negro), 즉 '검둥이'를 뜻한다.
⁑ 미국의 한 지역방송국은 이 노래가 '동의 없는 성관계'를 암시하며 데이트 강간을 떠올리게 한다는 이유로 방송하지 않겠다고 선언했다.

역사에서 '무엇을 지우고 또 무엇만을 남겨야 하는가'는 중요한 문제다. 어쩌면 여러 예일대 출신자가 우리를 계몽시키는 것인지도 모르겠다. 예일 대학교 졸업생 대표였으며 열일곱 번째 미국 부통령이었고 또 남부 전역에서 존경받았던 존 콜드웰 캘훈John Caldwell Calhoun은 제퍼슨이나 링컨 같은 사람이 아니라 오히려 링컨의 반대편에 선 노예 소유주였으며 남부연맹의 연방 탈퇴를 설계한 인물이었다. 예일 대학교의 아프리카계 미국인 학생들은 캘훈의 이름에서 따온 예일대 내의 단과대학 한 곳의 명칭에서 그 이름을 떼어내고, 건초더미를 나르는 노예들을 묘사한 캘훈 식당 내 스테인드글라스 유리창을 철거하라고 수십 년간 주장했다.[14] 결국 하루는 단단히 결심한 주방 노동자 1명이 빗자루로 그 유리창 일부를 깨버렸다. 그가 체포되면서 시위가 점점 커지자 대학 당국은 당황한 나머지 그 일을 없던 일로 처리했으나 시위는 계속되었다. 2017년 예일대는 문제가 됐던 단과대 명칭을 컴퓨터과학 분야의 개척자이자 해군 소장이었던 그레이스 머레이 호퍼Grace Murray Hopper의 이름으로 바꿨다.

좋았어. 그래야 공정하지.

예일 대학교와 관련된 이 복잡한 에피소드 안에는 또다른 폭탄 하나가 자리하고 있다. 애초에 예일 대학교라는 이름이 생기도록 거금을 기부했던 엘리후 예일Elihu Yale이 실은 자신의 회사 공금에서 거액을 빼돌리고 노예무역으로 돈을 번 인물이라는 사실이다.• 실제로 한 초상화에

• 이에 따라 학교 명칭을 바꿔야 한다는 주장이 거세게 일었다.

174

서 예일은 화려한 옷차림으로 의자에 앉아 있고, 그의 곁에는 '금속 깃'
으로 목을 두른 하인 1명이 시중을 들고 있다. 그가 하인을 소유하고 있
었다는 점은 누가 봐도 명백하다.[15]

이 초상화는 100년 가까이 예일 대학교의 지성소**에 해당되는
이사회실에 걸려 있었다.
그래서 이제 '예일'이라는 이름을 떼어내자고?
흥미진진한 논쟁이다.

M. 캐리 토머스, 로라 잉걸스 와일더, 존 콜드웰 캘훈 그리고 엘리후
예일 등과 같은 사람을 역사적으로 평가하는 논쟁에선 전후 사정이나
문맥과 관련된 얘기들이 있어야 하는 것 아닐까? 또 예일대는 벤저민
프랭클린의 이름에서 따온 단과대학도 없애야 하지 않을까? 프랭클린
역시 노예 소유주(그리고 악명 높은 바람둥이)였으니 말이다. 그렇다. 프
랭클린도 이런저런 실수를 했다. 그것도 아주 많이. 그럼 우리는 지금
캘훈과 똑같은 방식으로 벤저민 프랭클린과 조지 워싱턴도 재단해야
하는 걸까? 그렇다면 노예해방에 앞장선 토머스 제퍼슨은? 그의 숨겨
진 흑인 아들 매디슨 헤밍스Madison Hemings는 1873년 오하이오의 한 신문
에 자신의 출생 비밀을 밝히는 문서를 공개했다. 하지만 그 내용은 미
국 정치계의 좌파와 우파 모두와 이념 면에서 맞지 않았고, 그래서 거
의 모든 사람은 그가 제퍼슨의 아들이라는 이야기를 무시했다. 15살 때

•• 종교적 건물에서 가장 신성한 곳.

제퍼슨에게 강간당한 흑인 노예 샐리 헤밍스Sally Hemings는 38년간 그와의 관계를 이어갔지만 이는 단순한 성노예도 아니고, 별 의미 없고 성가신 여자 노예와 노예주 사이도 아닌 공동육아 관계였다. 그러나 몬티셀로*의 제퍼슨 가문은 2018년 6월 16일이 되어서야 헤밍스가 토머스 제퍼슨의 아들이었음을 인정하고 진실을 받아들였다(물론 이는 격렬한 사회적 비난과 DNA 검사의 정확성을 두고 벌어진 오랜 논쟁 끝에 비로소 가능했던 일이다).[16]

보다 나은 방식은 비판의 대상을 주의 깊게 판단하는 것, 또 과거를 상대로 무차별로 폭격하지 않는 것일 터다. 과거의 누군가가 당대의 맥락과 기준에 비춰 특별히 잔인했을 때, 그의 모든 흔적이 지워지거나 악행들이 박물관에 전시된다. 그런데 바로 이런 행위가 편견 아래에서 이루어진다. 이런 식이라면 오늘날의 인종차별주의자와 여성혐오주의자 그리고 온갖 변태 들은 자신이 남기는 역사적 유산이 나중엔 결국 지워지고 말 것임을 알아야 한다.

과거의 사람들이 수천 년에 걸쳐 저질렀던 끔찍한 짓들을 합리화하자는 말이 아니다. 내가 말하고자 하는 것은 사회 구성원 다수가 계몽되기까지 아주 오랜 시간이 걸린다는 사실이다. 그러나 어떤 행위나 제도가 잘못된 것임을 빠르게 자각하고 변화를 도모했다 하더라도, 그 어떤 문명사회에서든 훗날 도저히 윤리적이라 인정받지 못할 행위나 제도를 얼마든지 계속해서 실행할 수 있고 실제로도 그렇게 한다. 무언가가 잘못됐음을 인식하더라도 그것이 새로운 법률을 통해 실제로 고쳐

---

* 토머스 제퍼슨이 살았던 집.

지기까지는 대개 너무나도 긴 시간이 걸리기 마련이다. 개선 과정은 점진적으로 진행되고, 또 이 개선이 사회 전체로 확산되는 속도는 매우 느리기 때문이다.

싸움을 계속해야 하는 이유는 충분하다. 미국의 대법원이 서로 다른 인종 사이의 결혼을 허용한 것은 1967년이다. 그 무렵에야 비로소 타 인종과의 결혼이 법적으로 보장되었다는 뜻이다(비록 다수의 미국인은 1991년까지 이 대법원 결정을 지지하지 않았지만 말이다). 비록 최근에 격렬한 저항이 있긴 했으나[17] 노골적인 인종차별주의를 뒷받침하는 온갖 제도들은 세월이 흐르면서 점차 없어졌다. 군대, 스포츠팀, 대학교 그리고 그 외 수많은 기관이 인종차별적 제도를 철폐함에 따라 지금까지 '다른 사람'으로 여겼던 누군가와 친구 또는 배우자가 되는 일은 점차 당연한 것으로 받아들여졌다. 결혼 양상에도 변화가 생겼다. 1967년 당시 서로 다른 인종 사이의 결혼 비율은 겨우 3퍼센트에 불과했으나 2018년 이 비율은 다섯 쌍 중 한 쌍꼴로 늘어났다.[18] 그런데 이런 변화에 상당한 기여를 한 것이 바로 기술이다. TV와 라디오가 재키 로빈슨 Jackie Robinson••, 우후라 중위•••, 시트콤 〈제퍼슨 가족The Jeffersons〉⠿, 지금은 명성이 추락한 빌 코스비Bill Cosby⠿•, 모타운Motown⠿⠿ 소속 그룹들,

---

•• 흑인 최초로 메이저리그에 진출한 미국 프로야구 선수.
••• 〈스타트렉〉의 등장인물.
⠿ 흑인 가족이 주인공이다.
⠿• 한때 미국의 '국민 아빠'로 세계적 인기를 끌었으나 이후 성범죄자로 전락한 흑인 코미디언.
⠿⠿ 미국 역사상 가장 영향력 있는 흑인 소유의 레코드 제작사.

티나 터너^{Tina Turner} •, 무하마드 알리^{Muhammad Ali} •• 등과 같은 다양한 캐릭터를 각 가정의 거실로 열심히 불러들였으니 말이다. 사람들은 '친근한 그들'의 모습 외에도 많은 여성과 유색인종, 동성애자 들에게 가해지는 부당한 처우를 묘사한 사진과 뉴스, 영화 또한 수없이 접하고 보았다. 그리고 그런 과정에서 그들이 받는 대우가 올바르지 않음을 느꼈고, 그와 관련된 목소리를 내기 시작했다. 이 전투가 끝나려면 아직 멀었다. 대규모 감금은 계속 이어지고 있으며 'Black Lives Matter(흑인의 생명도 중요하다)' 역시 여전히 진행 중이다. 그러나 지금의 이 현실은 10년 전에 비해 훨씬 나아진 것이다.

> 역설적이게도 2019년에 이루어졌던 결혼 건수를 놓고 보면,
> 정치적 분리에 비해 인종적 분리를 넘어선 결혼이 더 많았다.¹⁹

그런데 다시 생각해보자. 무엇이 옳고 무엇이 그른지, 그른 것은 어떻게 고칠지, 그리고 어떻게 하면 동료 시민들을 절대적 진리를 향해 나아가게 할지 당신 자신은 알고 있거나 그렇다고 확신하고 있을 수 있다. 어쩌면 언제 어디에서 성장했고 어떤 교육을 받았으며 어떤 환경에 놓여 있었든 노예제도를 절대 묵인하지 않았을 것이라 철석같이 믿을 수도 있고 말이다.

• 흑인 가수.
•• 흑인 권투선수.

뭐, 진짜 그랬을지도 모르지.

어쩌면 당신은 10대 시절의 자아가 워낙 각성된 데다 확고하기까지 해서 1840년대 미국 남부에 살았다 해도 그 지역에서 유일하게 옳은 말을 하는 사람이 되었을 수도 있다. 그리고 그로부터 100년 뒤에는 셀마에서 행진하거나 ••• 로자 파크스Rosa Parks의 옆자리에 앉아 있었을 수도 있다.:: 오늘날 불법체류자 부모를 둔 아이 수천 명이 부모와 떨어져 철창에 갇히고 또 그 때문에 부모가 아이를 잃어버리는 현실에 당신이 반대한다면, 그래서 거리 행진을 하며 시민 불복종 운동을 실천하고 있다면 말이다.

> 매튜 밀러의 트윗@matthewwmiller은 다음과 같이 지적한다.
> "당신이 1930년대 독일이나 (1960년대)
> 미국 인권운동 시기에 있었다면 뭘 했을지 궁금한 적이 있는가?
> 만일 그렇다면 축하한다. 그때 했을지 모르는 그 일을
> 지금 당신은 하고 있으니까."

21세기 미국에서라면 수천 명의 어린이를 불법체류자 부모로부터 떼어놓아서는 안 된다. 스탈린이나 마오쩌둥 치하에서든, 아르헨티나의 독

••• 1965년 미국에서 흑인들의 참정권을 요구하는 시위대가 셀마에서 몽고메리까지 87킬로미터를 행진한 바 있다.

:: 1955년 1월 파크스는 흑인을 차별하는 버스 승차 제도에 반발해 백인에게 자리를 양보하지 않았고, 이 일은 버스 안에서의 인종차별 철폐 운동으로 이어졌다.

재정권이나 미국 대통령 치하에서든 어린이를 유괴하듯 따로 데려가 '재교육'한다는 것은 인류에 범죄를 저지르는 짓이나 마찬가지다. 오늘 당신이 너그럽게 인정하는 일이 내일은 바로 당신을 평가하는 기준이 될 것이다. 윤리는 역사의 유사(流沙)*가 될 수 있다. 어린이를 여전히 노예처럼 부리고 훔치며 잔인하게 행동하는 사람들을 비판하며 목소리를 높여라. 행동하라. 하지만 만약 19세기에 교육을 받았다면 제아무리 당신이라 해도 달리 행동했을 가능성이 있다는 점을 알아야 한다. 이런 맥락에서 재미 극작가 이영진Young Jean Lee **은 이렇게 말했다.

"내가 느끼기에 이제 상대방을 향한 연민은 사라지고 없다. 호기심도 없다. 오로지 비난과 처벌뿐이다."[20]

성소수자: 성적일탈 vs 성적지향

윤리 기준의 이동 shifting ethics이라는 이 주제가 내게 개인적으로 의미 있는 여러 이유가 있는데 그중 하나는 이것이다. 중학생이었던 몇 해 동안 나는 매일 아침 7시부터 8시까지의 1시간을 산 이그나시오 데 로욜라San Ignacio de Loyola 교회***에서 보냈다. 당시 예수회 사제는 신자들이 아닌 십자가를 바라보며 등을 돌리고 선 채로 예배를 진행했다. 교회는

●   바람이나 물에 의해 아래로 흘러내리는 모래. 한 번 빠지면 벗어나기 어렵다.

●●   1974년생 작가다.

●●●   예수회 교단의 창시자를 기리기 위해 세워진 교회로 아르헨티나 부에노스아이레스에 있다.

무척 아름다웠지만 사제는 라틴어로 설교했고, 관심을 다른 데로 돌릴 휴대전화 같은 것도 없었기에 나도 모르게 지루함을 느끼곤 했다. 그 무렵의 나는 무엇이 옳고 무엇이 그른지 이미 알고 있었다. 어머니, 아버지, 교사, 성서, 법률 그리고 친구까지 모든 존재가 이미 내게 절대적 진리를 가르쳐줬으니까. '게이로 사는 것은 사악하고 불법적이며 자연에 위배된다.'

신이 정한 질서에 어긋난다. 이상.
그 말에 토를 달거나 질문을 던지거나 고민할 필요는 없었다.
그래서 누군가에 대한 최악의 호칭은 '뿌또(PUTO, 몸 파는 남성)'였다.

학교 운동장에서 사제들이 지켜보는 가운데 오갔던 수많은 욕설은 '일반적 기준과 다른 성적 선택을 내리는 일은 그 내용이 뭐가 됐든 무조건 나쁘다'라는 발상을 강화했다. 정신과 의사와 검사 그리고 사제도 같은 생각이었다. 게이가 되는 것은 곧 범죄적 질병에 걸리는 것이고, 이 병은 결함 있는 뇌와 잘못된 훈육에 의해 발생한다는 믿음이 바로 그것이었다.

1968년까지만 해도 미국정신과협회의
『정신장애 진단 및 통계 편람 Diagnostic and Statistical Manual』은
동성애를 '사이코패스적 인격 장애'로 기술했다.
1968년, 한 무리의 계몽된 정신과 의사들은
『정신장애 진단 및 통계 편람』 제2판에서

동성애를 '성적 일탈'이라고 새롭게 재분류했다.[21]

성전환자라는 단어는 당시 존재하지도 않았다.

도저히 상상조차 할 수 없었으니까.

그러다가 나는 운 좋게도 미국에서 가장 진보적 교육방침을 둔 고등학교로 꼽히는 필립스 아카데미 앤도버Phillips Academy Andover에 진학했다. 그 학교에는 진보적이라는 점 외에도 또 한 가지 중요한 특징이 있었다. 인정한다는 내용이든 지지한다는 내용이든, 게이에 관해선 그 어떤 이야기도 없었던 것이다. 내가 멕시코에서 배웠던 것들 중 그 무엇도 바뀔 필요가 전혀 없었다.* 내가 미국 땅에 발을 들여놓은 지 15년이 지난 어느 날, 「필립스 아카데미 일일회보Phillips Academy Daily Bulletin」에는 다음처럼 작은 공지사항이 게재되었다.

"게이의 권리와 성적 취향, 그리고 이와 관련된 주제들을 놓고 벌이는 토론. 누구나 환영합니다."[22]

미국에서 2번째로 오래된 학교에선

이렇게 하여 '게이학생연합'이 탄생했다.

자신이 게이임을 공개한 이와 친구가 된 것은 내가 대학교 1학년 때의 일이다. 벤 샤츠Ben Schatz라는 그 친구는 목소리가 크고 화를 잘 냈으며 재미있고 열정적이었다. 또 보수적이고 직설적이며 마초적인 라틴계

---

* 저자는 멕시코계 미국인이다.

친구에게는 성적 취향이 다르다는 이유로 사람을 차별하는 것이 왜 나쁜지 언제나 기꺼이 설명하며 가르쳐주려 했다. 그 과정에서 나는 편견에 사로잡힌 이가 나 혼자만은 아님을 알게 되었다. 졸업한 뒤 벤은 로스쿨에 진학했고 나중에는 한 가지 실험을 했다. 수백 군데의 로펌에 지원하는 동안 그 로펌들 중 절반에는 자신이 게이 운동에서 리더십을 발휘하고 있다고 밝혔고, 나머지 절반에는 그런 사실을 일절 밝히지 않았던 것이다. 어떤 결과가 나왔을까? 전자에서의 합격률은 3퍼센트, 후자에서의 합격률은 17퍼센트였다.[23]

그래서 지금 나는 누군가가 자신의 성적 지향 때문에 차별당하고 욕을 먹거나 거부당했다는 얘기를 들을 때마다 다음과 같은 생각을 하게 된다.

- 태어나면서부터 성적 지향을 선택할 수 없었던 사람들이 수백 년 동안 감내해야 했던 고통이 얼마나 컸을지 지금도 나는 상상조차 할 수 없다.
- 게이로 의심받는 이들을 내가 얼마나 오랜 세월 동안 의식적·무의식적으로 차별하고 욕하고 괴롭혔는지, 또 그들을 소재로 악의적 농담을 했는지 모른다.
- 나의 편견을 고스란히 드러내고 영원히 기록하는 페이스북, 인스타그램, 트위터 같은 것들이 다행히 하나도 없다는 사실에 나는 신께 감사한다.
- 소년은 결국 좋은 친구와 교사 그리고 롤모델 들을 갖게 된다. 나 역시 그랬다. 만일 나와 다른 성적 지향을 가진 사람을 만나지 않았

더라면, 지금도 나는 여전히 심각한 편견에 사로잡혀 있을 것이다.

- 멕시코와 미국 그리고 전 세계에 있는 내 급우들 중 많은 이는 지금 도 여전히 '게이는 심각한 죄악을 저지른 범죄자'라고 확신한다.

나는 너무도 오랜 세월 동안 잘못 생각하고 있었다.
그 사실이 마음 아프다.

내게 점차 명백한 진실로 자리 잡게 된 것이 많은 사람에게도 그렇게 되기까지는 더 많은 시간이 걸렸을 것이다. 내가 성장한 곳은 상대적으로 자유롭고 교육적이며 도시적인 환경이었기 때문이다.

동성 결혼을 가장 먼저 법적으로 인정한 때는 언제였으며,
어느 나라였을까?
2001년, 네덜란드이다.

그런데 이상한 점이 하나 있다. 만일 윤리가 절대적이고 고정된 것이라면 종교적으로, 또 사회적으로 너무나 확고하게 굳어 있는 우리의 태도는 어째서 그렇게 빠르게 바뀐 걸까?

2007년에 있었던 한 조사에선 응답자 중 34퍼센트가 동성 사이의 결혼을 인정했다. 그리고 2013년에는 미국인 다수가 괜찮다고 응답했으며, 2017년에 그 비율은 64퍼센트를 넘어섰다.[24]

만일 윤리가 진화하지 않는다면, 다음 세대는 어떻게 자기 조상들의 믿음과 전혀 다른 믿음을 가질 수 있을까? 어떻게 단 10년 만에, 심

지어 동일 연령대에서 윤리의 기준이 이동할 수 있는 걸까? (어쨌거나 우리는 무엇이 옳고 그른지를 이미 다 배운 것 아닌가? 우리가 역사의 잘못된 편에 서 있었다는 사실이 어느 날 갑자기 드러나면 무언가 손해를 보게 될 수도 있을까?)

에이즈 확산은 한편으로 게이의 존재를 한층 더 부각시켰다. 게이들이 대규모로 모여 행동하고, 시위하는 상황은 삶과 죽음을 가르는 중요한 문제였다. 커밍아웃을 하는 이들의 수는 점점 더 많아졌다. 하나로 뭉쳐 행동함으로써 자신의 목숨을 구하려고, 치료제 개발을 촉구하려고, 또 병원과 정부로부터 지원을 받으려고 택한 방법이었다. 자기 아들과 연인과 친구가 어린 나이에 죽어가는 안타까운 모습은 교회가 말하는 지옥의 뜨거운 불이나 유황과 어쩐지 잘 연결되지 않았다. 그들은 우리가 익히 알고 있는 이들이지 당연히 욕을 먹어야 하는 괴물이나 악마가 아니었다. 다이애나 왕세자비와 같은 공인 다수가 이들을 향해 연민과 보살핌의 따뜻한 마음을 드러내자 다른 이들도 그 뒤를 따랐다. 그들이 가장 먼저 보여준 강인함은 우리 모두에게 용기를 불어넣었다.

전 세계적으로 봤을 때 언론 자유와 인터넷 접근성 그리고 동성애 수용 사이에는 밀접한 연관성이 있다. 다시 말하자면 윤리적 차원의 전환을 빠르게 추동하는 것은 기술, 특히 소셜 네트워크와 TV 및 영화 관련 기술이다. 할리우드가 바뀌었다. 어떤 사람들은 엘런 디제너러스Ellen DeGeneres가 주연으로 출연한 ABC 방송국의 시트콤 〈엘런Ellen〉을 보았다.* 또 어떤 이들은 〈윌과 그레이스Will and Grace〉 〈모던 패밀리

---

* 1997년 이 시트콤을 통해 그녀는 자신이 레즈비언이라고 커밍아웃했다.

Modern Family〉〈로잔느Roseanne〉〈그레이 아나토미Grey's Anatomy〉 등의 드라마를 통해 유쾌하고 아무런 문제없이 평범하게 살아가는 동성애자들을 접했다. 영화, 뉴스, 배우 들은 갑자기 이런 생활방식이 일상의 영역에선 매우 멋진 무언가에 해당하는 듯 묘사하기 시작했다.[25] 게이들이 모든 사람의 거실에 등장한 뒤부터, 많은 사람은 동성애자들의 커밍아웃이나 행진 그리고 높아진 목소리에 이전보다 덜 놀라게 되었다. 가톨릭 신자가 압도적으로 많은 아일랜드에서도 8명의 성소수자 이야기를 담은 다큐멘터리 〈게이로 성장한다는 것Growing Up Gay〉이 매우 높은 평점을 받았고, 한층 많은 사람이 가정에서, 또 친구들 사이에서 커밍아웃을 했다.

주류 미디어가 게이에 대한 경찰 폭력, 무차별 공격, 방화, 편견 등의 이야기를 많이 다루자 '지금의 모습은 옳지 않다'는 사회 분위기와 함께 도덕성의 운동장이 게이에게도 유리한 쪽으로 기울고 있다. 그것도 역사적 유례가 없을 정도로 빠르게 말이다.

그러나 게이가 주인공인 미국 시트콤 〈윌과 그레이스〉의 그 귀엽고 유쾌한 에피소드 그리고 고문당한 뒤 와이오밍의 길거리에 버려져 죽임을 당한 매튜 셰퍼드의 끔찍한 이미지에도 불구하고* 지금도 여전히 낡은 생각에 사로잡혀 있는 이들은 너무나도 많다. 펜스 부통령도 그중 하나다. 그는 자신이 성장하면서 부모와 교회로부터 배운 옳고 그름의 오래된 기준이 공격받고 있다고, 사회가 길을 잃고 헤맨다고, 또 모

---

* 대학생이던 매튜 셰퍼드는 동성애자라는 이유로 1998년 10월 고문을 당하고 길가의 울타리에 묶인 채 발견되었다가 사망했다.

든 것이 너무 빠르게 움직이고 있다고 느낀다. 그는 오늘날의 규범 중 많은 것을 도무지 이해하지 못한다. 그렇다 해서 그가 일반적 기준에서 벗어난 사람은 아니다. 그저 여전히 규모가 큰 인구 집단의 일반적 모습을 보여주는 대표자일 뿐.

> 2018년 현재 동성 사이의 섹스는 전 세계 72개국에서 여전히 범죄 행위다. 그 가운데 12개국에서는 그 행위를 사형으로 처벌한다.[26]

문화전쟁은 기술이 극단적으로 이동하는 동안에 발생한다. 2018년 노스밴드 고등학교의 사례를 살펴보자.

> 오리건의 어느 해안 시골학교에서 LGBTQIA 학생들이 성소수자라는 이유 하나만으로 괴롭힘과 위협과 따돌림을 당하며 공격받는 사건이 발생했다. 그런데 이보다 심각한 사실은 이 학생들이 책임 있는 어른들에게 보호를 간청했음에도 학교의 교사와 행정직원 들이 이를 무시했다는 것이다. 뿐만 아니라 그들은 피해자들 중 1명에게 게이라서 나중에 지옥에 떨어질 것이라는 악담까지 했고, 동성애를 수간(獸姦)과 동일시하며 이 학생들에게는 한층 가혹한 처벌을 내렸다. 또한 이 성소수자 학생들과 일반 학생들이 벌의 일환으로 성서 구절을 강제 암송해야 했다는 사실도 확인되었다.[27]

몇몇 사람들은 편견에 워낙 단단히 사로잡혀 있고 종교적으로나 이념적으로 자신과 생각이 다른 누군가의 말은 절대 들으려 하지 않는다. 예전엔 가정의 성스러움을 지키는 수호자라 자처했으나 지금은 이혼한 세라 페일린Sarah Palin *을 생각해보라. 그녀는 자기 의견을 분명하게 제시했다.

"사람들은 내 말을 잘못 인용하고 있다. 나는 동성애 행동을 하는 이들을 증오하진 않는다고 말했다. (…) 동성애를 허용하면 수간이나 아동 성희롱, 낙태 등으로 이어지는 문이 활짝 열릴 것이라고 말했을 뿐이다. (…) 이 모든 것은 서로 연결되어 있다. 그것들 사이의 경계선은 도대체 어디에 있는 건가?"[28]

그러나 심지어 딕 체니Dick Cheney나 롭 포트먼Rob Portman 상원의원 같은 가장 보수적인 사람들조차도 게이 소년과 대면한 뒤엔 생각을 바꾸었다.

옳은 대답은 이러저러한 것이라고 배워서 그 가르침을 따라 살아왔지만 지금은 많은 사회 구성원으로부터 '편견에 사로잡힌 멍청이'라 욕먹는 이들은 종교적·정치적 이론가들 외에도 많다. 견실한 사람들 가운데에도 그런 경우가 많은데, 그렇다면 그들은 자신이 성장하면서 배우고 또 믿게 된 것을 지키기 위해 나서야 할까? 혹 과거를 바탕으로 군중들이 그들을 회사에서 잘리게 하고, 경영 중인 사업체의 문을 닫게 하거나, 공개적으로 나서기 어렵게 만들며 강력하게 비판하는 것은 과연 옳은 일일까? 이런 식의 대결이 사람들 사이에서 혹 분개하는 마음과 역풍을 불러일으키진 않을까?

현재 시점에서 과거의 일을 두고 평가 혹은 비판을 하거나 욕을 퍼

• 알래스카 주지사를 역임하고 2004년 대통령 선거에선 존 매케인의 러닝메이트가 되어 부통령 후보로 나섰다.

188

붓기는 쉽다. 그러나 지금 나이가 많고 목소리가 크며 최종적 판단을 내릴 수 있는 사람들 중, 수십 년 전 학교나 가정이나 직장에서 동료들이 동성애자 차별에 맞서 싸울 때 함께 떨치고 일어난 이는 얼마나 될까? 물론 몇몇 사람은 누구보다 앞서서 그리고 자주 용감하게 행동했으나, 많은 사람은 차별해도 괜찮다거나 기존의 규범이 지켜져도 별문제가 없다고 생각했다. 그런 차별이 잘못된 것임을 알고 있긴 했지만 시끄러운 말썽을 일으키고 싶지 않아 앞에 나서지 않았다.

부끄러움과 비난을 앞세우는 방식은 쉽다. 늘 그래왔듯 우리 가운데 많은 사람은 공포를 통해 윤리에 대한 가르침을 배웠다. 예를 들면 이런 식이다. 이렇게 해라, 이렇게 하지 않는 건 부끄러운 일이다. 이렇게 해라, 그렇지 않으면 지옥에 떨어질 것이다! 이렇게 해라, 그렇지 않으면 우리가 너를 고문하거나 불에 태우거나 목을 자를 것이다……. 오늘날 공포와 처벌을 가차없이 들이미는 사람은 보수주의자들만이 아니다. 극좌에 속하는 사람들 역시 자기가 내세우는 대의, 자기가 갖는 의견이 '단 하나의 진실한 길'이라 확신하며 그렇게 한다.

제각기 다른 시기에 제각기 다른 내용의 교육을 받고 자랐음을 인정하는 태도가 모든 사람에게 필요함에도 이제 이는 그리 일반적인 것 같지 않다. 오늘날 여러 윤리적 문제에 효과적으로 대처하려면 절대주의를 버리고 하나의 개념으로 돌아가야 할 필요가 있다. 좌파 아니면 우파라는 정치적 이분법에서는 존재하지 않았던 개념, 또 세대와 세대 사이, 인종과 인종 사이, 종교와 종교 사이에서 우리가 벌이고 있는 문화전쟁에는 존재하지 않았던 바로 이 개념, 겸손 말이다.

더불어 다른 사람을 향한

보다 더 많은,

그리고 모든 측면에서 다정한 마음도 함께.

신의 얼굴은 계속 바뀐다

이쯤에서 몇몇 사람은 윤리적인 당혹스러움에 대해 다음과 같은 합리적 반응을 보일 수 있다.

"이봐요, 잠깐만요. 나는 신앙심을 가진 사람이에요. 나는 뭐가 옳고 뭐가 그른지, 또 신의 말이 무엇인지 알고 있단 말입니다."

뭐 그럴 수도 있겠다.

그런데 당신은 신의 말이 얼마나 자주 편집되고

바뀌는지도 알고 있는가?

역사를 통틀어 사람들의 죽음을 유발한 가장 주된 원인 가운데 하나는 종교였다. 십자군전쟁, 종교재판, 알라를 위한 무슬림의 전쟁(지하드), 제정 러시아의 유대인 대학살 등이 그 예이다. 사람들은 자신이 믿는 단 하나의 진정한 신의 이름으로 다른 이들을 정복하고 불태우고 약탈하고 강간하고 고문하고 제물로 바치고 추방하고 불구로 만들었다. 이것이 얼마나 커다란 역설적 상황인지는 두말할 필요도 없다. 기독교의 십계명 가운데엔 '사람을 죽이지 말라'라는 조항이 있다.

와우!

뭔가 좀 애매하지 않은가?

이건 이중화법인 걸까?

아니면 자유재량권?

그러나 "구약성서에는 노골적 폭력을 묘사하는 구절이 약 600개, 신이 직접 행하는 폭력적 처벌을 묘사하는 구절이 약 1,000개나 있다. 게다가 정말 중요한 사실은 신이 사람들에게 누군가를 죽이라고 명령하는 부분이 100개 이상이라는 점이다."[29]

> 그러니 숨을 쉬는 것은 하나도 살려두어서는 안 된다.
> 모조리 없애야 한다. (…)
> 이것은 주 하느님께서 너희에게 명령하신 내용이다.
> ―「신명기」 20장 16 ~ 17절

교황들은 이것을 믿었다. 그래서 '몇 명 되지 않는' 사람들이 이단자로 몰려 화형 혹은 고문으로 죽었다. 그리고 십자군전쟁을 비롯한 성전(聖戰)에서는 '겨우 몇 명의' 사람들이 죽임을 당했다. 심지어 오늘날에도 모든 군대 단위에선 사제를 초빙해둔다. 낮이면 사람을 죽이기 위한 훈련과 명령을 받고, 밤에는 사제에게서 죄를 씻어 낸다.

어떤 특정 시기에는 특정 종교와 그 지도자들의 핵심 교리가 마치 전지전능한 것처럼 보일 수 있다. 하지만 종교는 시간의 흐름에 맞춰 세태에 계속 적응해야 하고, 그렇지 못할 경우엔 점차 소멸되고 만다.

시간은 '말씀'까지도 바꾸어놓는다. 프란치스코 교황*이 즉위하기 전까지는 성 바오로의 후계자들 중 그 어떤 교황도 사형과 무기형을 금지하지 않았다. 대부분의 종교는 윤리가 바뀔 수 있다는 점을 인정하지 않고 그 때문에 진화와 학습, 변화에 있어 자주 서툰 모습을 보인다.

초기의 전례의식은 흔히 깊은 '의미'로 굳어지고, 이 의미는 다시 절대적 '진리'로 굳어진다. 이 진리들이 일단 자리잡고 나면 때로는 그 어떤 증거나 논리도 그것들을 강제로 몰아내지 못하고, 사회와 종교 지도자 사이의 거리도 점점 멀어지게 된다. 종교의 99퍼센트가 사라지거나 위험에 처하는 이유, 미술관이나 박물관의 전시실마다 죽어버린 온갖 신들(빛, 비, 지하세계, 태양, 달, 바다, 전쟁의 신들……)이 가득 채워져 있는 이유도 바로 이것이다.

> 케찰코아틀 Quetzalcoatl ** 숭배자를 당신이 마지막으로 본 적은 언제인가?
> 조로아스터교 신자를 본 적은?
> 오시리스 Osiris *** 숭배자나 제우스 숭배자를 본 적은?

오랜 세월 동안 살아남는 종교들은 진화하고 또 새로운 종파로 분화하는 경향이 있다. 이런 종교들의 윤리 계율들은 세태를 반영하고 그것에 적응한다.

---

* 2013년 3월에 즉위했다.
** 아즈텍 신화에 등장하는 뱀신.
*** 이집트 신화에서 죽은 자들의 신으로 숭배된 남신.

태블릿(tablet, 돌판)을 클라우드(cloud, 구름)로 연결한 최초의 인간 아브라함의 가르침을 받아들여라.★★ 그 씨에서 멋지고 다양한 유대인의 사상과 신앙이 자라난다. 정통 유대교부터 시작해 가장 진보적인 유대교에 이르기까지, 그리고 그 사이의 모든 것이 말이다. 이는 박해받던 디아스포라★★★*가 핵심 신앙 내용은 그대로 유지하면서도 수백 년간 제각기 다른 여러 문화에 맞춰 적응하는 것을 허용함으로써 번성한 생태계다.

유대교는 또한 제각기 다른 분파로 갈라져 나갔다. 유대인 예수는 기독교의 아버지가 되었고 기독교는 러시아정교, 그리스정교, 로마교회, 아비뇽의 교황들★★★ 등으로 갈라졌다. 이런 분립은 이후에도 계속 이어져 로마 교황들로부터 프란치스코회, 도미니코회, 예수회, 아우구스티누스회, 카르멜회, 트라피스트회, 바르나바회, 소마스카회, 테아티노회 등이 분화되었다.

> 당신은 맛있는 샤토뇌프뒤파프Châteauneuf-du-Pape 포도주를 홀짝이고
> 여러 종파의 분립을 되돌아보며
> 이 책의 나머지 내용을 느긋하게 즐길 수 있다.[30]

신의 말을 문자 그대로 '신의 말'이라고 생각하는 이들은 성서가 애초에

★★ 옛날의 책은 곧 돌판에 글자를 새긴 것이었고, 초기의 성서 또한 바로 그런 돌판이었다.

★★★* 팔레스타인을 떠나 살면서 유대교의 규범과 생활 관습을 유지하는 유대인.

★★★ 1309년 이후 70년 가까이 교황은 프랑스 국왕과의 마찰로 아비뇽에 주재했다.

영어로 쓰였다고 혼동하는 경향이 있다. 그들은 또한 여러 복음서가 현재 성서에선 누락되었으며, 남아 있는 것들 또한 매우 많이 편집되었다는 사실을 이해하지 못한다.[31] 그러나 다행스럽게도 신의 말인 성서, 즉 기독교의 윤리는 구약성서의 황금기 이후로 진화해왔다. 즉, 꾸준히 재해석되어왔다는 뜻이다.

자기 아버지나 어머니를 때린 자는 사형을 받아야 한다.
—「출애굽기」 21장 15절

너희는 안식일을 지켜야 한다. (…)
이날을 더럽히는 자는 사형을 받아야 한다.
—「출애굽기」 31장 14절

마치 여자와 동침하듯 남자가 남자와 동침하면 (…)
그 둘은 사형을 받아야 한다.
—「레위기」 20장 13절

저주한 그자를 진영 밖으로 끌고 가서 (…)
온 공공체가 그에게 돌을 던지게 하라.
—「레위기」 24장 14절

남자가 간통을 하면 (…)
간통한 남자와 여자는 사형을 받아야 한다.

— 「레위기」 20장 10절

그 젊은 여자의 처녀성이 증명되지 않으면,

그 성읍의 남자들이 그 여자에게 돌을 던져 죽여야 한다.

— 「신명기」 22장 20 ~ 21절

오늘날의 기독교는 원래의 모습과 다르다. 만일 예수가 십자가에 못 박혀 죽은 뒤 근본주의자 유대인들이 로마인을 많이 죽이지 않았다면 대부분의 '기독교인들'은 예수의 남동생 야고보가 이끌던 교회 내에서 계속 정통 근본주의자 유대인으로 살아갔을 가능성이 크다. 그러나 예수를 따르거나 그를 만난 사람 대부분은 제1차 유대-로마 전쟁* 동안(이 전쟁의 절정은 가장 많은 사람이 죽은 마사다 요새 전투였다) 살해되거나 추방되고 흩어졌다. 예수 생전에는 그 어떤 복음서도 집필되지 않았으며, 복음서를 집필한 그 누구도 예수를 직접 본 적이 없었다. 또한 예수에겐 친척이 많았지만 유대인 기독교 교회를 장기간 이끌 정도로 오래 살아남은 이는 아무도 없었다.[32] 그랬기 때문에 이슬람의 경우와는 달리, 살아남아 서로 싸우며 예수의 유산을 재해석할 친척 또한 전무했다. 그렇지만 로마인의 허락을 받아 그들의 이익에 부합했던 로마 기반의 교회는 정통 유대교 교회와 조금 달라서 한결 너그럽고 포용적이었다. 이 교회는 구약성서와 유대교를 점점 멀리하면서 수백 년에 걸쳐 신약성

● 유대 지방의 유대인들이 로마 제국에 대항했던 세 차례 항쟁 가운데 첫 번째 것으로 서기 66~73년에 벌어졌으며 '유대 독립전쟁'이라고도 한다.

서를 만들어냈고, 이런 식으로 신의 목소리인 성서는 '진화'했다.[33]

교회가 커지자 권력과 재산은 중앙으로 집중되었고, 보르자[Borgia] 교황 시대에 부패가 최고조에 다다랐다. 사회가 불안하고 인쇄술이 발달하면서 새로운 분파도 생겼다. 마르틴 루터[Martin Luther]와 칼뱅[Calvin]이 말과 행동 사이의 '가벼운' 불일치를 지적하며 영적 진공 상태 안으로 치고 들어간 것이다. 그리고 기독교에선 갑자기 캄브리아기 대폭발*을 맞이하듯 칼뱅주의자들, 성공회, 유니테리언, 감리교, 장로교, 청교도, 오순절교회, 복음주의파, 재세례파 등이 등장했다(언젠가 확인해보니 침례교의 경우만 해도 그 분파는 초자유주의적인 분파에서 온전한 트럼프주의적 분파에 이르기까지 수십 개나 되었다).

'기독교 윤리'의 계율과 실천은 시간이 흐르면서 근본적으로 바뀌었다. 신도들의 일상적 관습과 끊임없이 충돌하거나 지지자들을 끊임없이 깎아내는 종교의 교회에는 결국 근본주의자들만이 남게 된다. 바로 여기에서, 아브라함의 세 번째 커다란 가지인 무슬림과 관련된 몇 가지 흥미로운 질문이 떠오른다. 무함마드가 죽은 뒤 무슬림은 몇 개의 분파로 갈라졌다. 수니파와 수피파 그리고 시아파가 그들이다. 같은 파 안에서 또 군대 사이에서는 여러 다툼이 벌어졌고, 사태가 진정된 뒤에는 상대적으로 작은 규모의 분파가 형성되었다. 그런데 적어도 현재 상태를 놓고 보자면 이들이 비정통파에게 관대한 아량을 베푸는 것 같진 않다(이런 상황이 시간이 지남에 따라 어떻게 전개될지 살피는 것

---

* 지금으로부터 5억 4,500만 년 전인 고생대 캄브리아기에 오늘날 볼 수 있는 온갖 동물이 갑자기 나타난 현상.

도 흥미로울 것이다).

핵심은 종교가 기술과 문화의 움직임으로 그 권위를 도전받을 때 2가지 방식으로 대응한다는 것이다. 하나는 그런 변화에 맞춰 적응하는 것이고, 다른 하나는 한층 더 근본주의적이고 배타적인 태도를 취하다가 결국엔 사멸하고 마는 것이다.

사람들은 보통 종교와 기술을 서로 상극이라고 생각한다. 그러나 때로 이 둘은 공생해서 공진화**한다. 기술은 흔히 종교와 종교 규범들을 널리 퍼뜨린다. 정복의 시대에는 각종 신들이 전 세계로 퍼져나갔고, 여러 제국의 확장 시기에는 그 각각의 제국이 섬겼던 신 역시 범위를 넓혔다. 새로운 탈것을 발견하고 보다 강력한 배와 칼 그리고 총과 대포를 만든 사람들은 한층 더 넓은 '윤리적' 영토를 정복할 수 있었다. 피정복민을 개종시키는 것은 대개의 경우 특히나 잔인한 행위였다. 강력하고 잔인한 군대를 그 과정에 동원했기 때문이다.

> 자신들이 살던 땅에 들어와 자신들이 섬기던
> 전통적인 신이 틀렸음을 밝히려 드는
> 외국인 성직자를 환영하는 토착민은 거의 없었다.
> 그 외국인 성직자가 군대를 대동하지 않는 한…….

수천 개의 신이 땅에 묻히고 불에 태워지고 잊혔다. 사라졌던 수많은 도시는 지금도 여전히 발견된다. 그리고 때때로 그 폐허 속에서 부서진

** 밀접한 관계가 있는 둘 이상의 종이 진화 과정에서 서로 영향을 주는 것.

제단이 상당수 발굴되고 있으며, 그곳에는 과거의 신들이 뒤죽박죽으로 버려져 있다.

> 인공위성 영상 satellite imaging이나 LIDAR Laser Radar, Light Detecting and Ranging * 같은 신기술들 덕에 새로운 전문 분야인 우주 고고학 space archaeology이 한층 발달했고, 이 학문에 힘입어 우리는 예전 사람들이 신을 섬겼던 곳들을 더 많이 발견하게 되었다. 『고고학을 위한 인공위성 원격 감지 *Satellite Remote Sensing for Archaeology*』의 저자인 세라 파칵 Sarah Parcak보다 유적지를 더 많이 발견한 이는 아마 없을 것이다. 설령 그녀를 만난다 해도, 당신은 바로 그녀가 나일강이 물길을 바꾸기 전까지 수백 년간 이집트의 수도였던 이치-타위 Itj-tawy를 발견한 사람이라는 걸, 또 해리슨 포드 Harrison Ford가 살아 있는 인디애나 존스로 여기는 사람이었다는 걸 짐작도 못할 것이다. **

그러나 어떤 종교든 힘만으로는 오래 살아남지 못한다. 종교는 자기 추종자들의 운명을 개선할 때에만 번성한다. 의식적이든 아니든 새로운 발견을 적용하는 것은 때때로 많은 사람의 삶을 바꾼다. 일례로 이슬람이 그토록 빠른 속도로 퍼져나갔던 이유 중 하나는 이 종교가 사람들의 건강에 도움을 주었기 때문이다. 끔찍한 전염병이 돌던 시기에 많은 종교는 목욕을 금지했지만, 이슬람에선 기도를 할 때마다 매번 얼굴과 손

---

* 레이저를 발사한 뒤 산란 혹은 반사되는 레이저가 돌아오는 시간과 강도, 주파수의 변화 등을 바탕으로 측정 대상물의 거리와 속도, 형상 등을 측정하는 기술.
** 해리슨 포드는 영화 〈인디애나 존스(Indiana Jones)〉에서 고고학자인 주인공 인디애나 존스를 연기했다.

과 발을 반드시 씻으라고 명령했다. 그런데 이슬람 신자는 하루에 다섯 번 기도를 한다. 자, 여기서 한번 생각해보자. 개인위생 수칙을 철저히 지키면서 신의 보호를 간절히 요청하자 어떤 일이 일어났을까? 또 개인 위생에 소홀했던 다른 사람들과 비교하면 그 결과는 어땠을까?

음식에 관해서도 마찬가지다. 선모충증(트리키넬라증)과 돼지독감이 유행하던 때 '종교적 이유'로 돼지고기를 먹지 않은 사람들은 어떤 결과와 마주했으며, 그렇지 않은 이들이 맞이한 결과와 어떻게 달랐을까? 뜨거운 사막 기후에서 유대인과 무슬림은 엄격하게 코셔kosher •••와 할랄halal‡‡만 먹었다. 즉 바로 잡아 피를 빼고 조리한 동물의 고기만 먹은 것이다. 이와 달리 죽은 뒤 더위에 오래 방치된 동물을 먹은 사람들은 어떻게 되었을까? 배수 처리 설비조차도 없던 시절, 온갖 물질로 오염된 데다 기생충이 있다는 이유로 조개류를 먹지 않았던 이들 역시 죽음으로부터 상대적으로 멀리 떨어질 수 있었다.

(아하, 중동 지역의 유대인과 무슬림들에게
음식과 관련하여 비슷한 금기사항이 많은 것도 이런 배경 때문이겠군!)

이런저런 기술로 도전을 받거나 새로운 것들이 가능해질 때, 종교 내부의 윤리는 전능한 존재가 이 땅에 나타나 설교를 하거나 새로운 돌판(명판)을 제시하라고 요구하는 일 없이도 얼마든지 진화할 수 있다.[34] 종교

••• 전통 유대교의 율법에 따라 식재료를 선택하여 조리한 음식.
‡‡ 무슬림 율법에 따라 조리한 음식.

가 변하는 것은 기술들이 어떤 사회적 관행들을 비틀어버릴 때인데, 이 과정은 매우 이상한 방식으로 진행된다. 이슬람 율법에 따르면 가장의 사망 뒤 아내와 딸 그리고 그 외 다른 여성 친척들에게 돌아가는 유산 상속 비율은 '계몽된' 서구에서 여성에게 돌아가는 상속 비율보다 높다. 그런데 영국의 법률은 정반대로 규정해두고 있었다. 다른 형제들보다 가장 먼저 어머니의 자궁 밖으로 나온, 거기에 작은 고추까지 달고 있는 아이는 모든 것을 다 가진다. 다른 형제자매들이 아무리 똑똑하고 열심히 일하고 양심적이라 해도, 또 상속이 예정된 아이가 아무리 주정 뱅이에다 게으르고 막돼먹었다 해도 아무런 문제가 되지 않는다. 법에 따르면 장남 이외의 자식들은 아무것도 가질 수 없다.

전자의 방식이 더 공정하다는 데는 아마 우리 대부분이 동의할 것이다. 그런데 이슬람권에서 효과적으로 잘 작동했던 이 제도는 자본축적과 세계무역의 시대가 열리면서부터 다소 달라졌다. 일례로 여러 사람들이 공동으로 투자를 해서 세계무역을 한다고 치자. 당시엔 배가 외국으로 가서 상품을 싣고 돌아오는 데 몇 년씩 걸리기도 했다. 그러나 만일 그 배가 돌아오기 전 동업자 가운데 누군가 1명이 죽으면 어떻게 될까? 이슬람 율법의 영향 아래, 동업 관계가 갑자기 복잡해질 수밖에 없었다. 수십 명이 자기 지분과 권리를 주장해 갈등을 조정하고 사업을 재개하기가 무척 어려웠다. 그러나 좋은 시절의 옛날 영국에서는 사정이 달랐다. 죽은 사람을 대신해 목소리를 내는 사람은 장남, 1명뿐이었다. 때문에 동업자들 중 1명이 죽는다 해도 자본을 투자하고 동업 관계를 다시 구축해서 사업을 해나갈 수 있었다. 자본축적과 이러한 기업형 구조는 서로를 발판 삼아 빠르게 성장했다.[35]

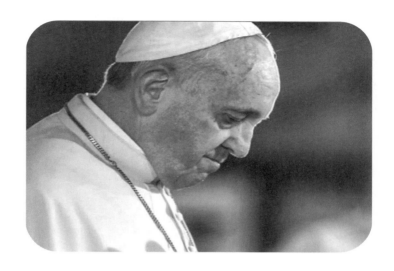

    윤리의 조류가 빠르게 역전됨에 따라 발생하는 고뇌의 크기가 어느 정도인지 파악하고 싶다면, 그리 멀리에서 찾을 필요도 없이 위 사진에 있는 한 사람만 바라보면 된다. 그는 오늘날 지구상에서 가장 마음이 열려 있고 도덕적이라 꼽히는 이들 중 1명이다.

    어떤 이들은 많은 쟁점과 관련하여 전통적인 가톨릭교회 혹은 오늘날의 다른 종교 지도자들이 지지하는 해석, 그리고 근본적 결정들에 대해 동의하지 않을 수 있다. 나 역시 그렇고, 심지어 고도로 정치화되었으며 많은 재산을 가진 '복음주의자들'조차 그럴 수 있다.

    또 특정 쟁점에 동의하지 않는 사람이라도 프란치스코 교황이 지나치게 자유주의적이라거나 너무 보수적이라고, 혹은 약자를 이용하는 '약탈적 사제' 등의 핵심 쟁점에 대해 지나치게 오랫동안 눈감고 있다고 느낄 수 있다. 그러나 중요한 사실은 프란치스코 교황은 나보다 훨씬 더 나은 사람, 또 감히 말하건대 대부분의 세상 사람보다 더 나은 사람일 거라는 점이다. 결점이 있긴 하나 그는 힘든 자리에 앉아 옳은 일을 하려 애쓰는 사람이다. 그는 스칸디나비아반도와 북아프리카 해변, 또 터키에서 일어나는 동성애자들의 온전한 인권과 결혼부터 종신형 및 사형제의 폐지에 이르는 온갖 문제를 지켜보며 가톨릭을 올바르게 이끌기 위해 노력하고 있다. 그의 사제들과 그를 따르는 신자들은 이런 분열 양상을 띠고 있다.

일부 지역 사람들은 피임과 동성애 그리고 이혼에 대해 보다 자유로워지게 해달라고 아우성치지만 다른 많은 사람은 교황이 너무 빠르게 달려간다고, 너무 세속적이라고, 또 전임자들이 갖고 있었던 조용한 보수적 규범들을 존중하지 않는다고 불만을 터뜨린다. 프란치스코 교황은 윤리의 쓰나미가 제도 부문에 들이닥쳐 만들어내는 강한 흐름에 사로잡힌 이의 전형적 모습이라 할 수 있다. 다음은 그가 아직 추기경 신분이었던 2010년, 아르헨티나에서 동성결혼을 위한 결혼평등법 찬반을 놓고 투표할 당시 카르멜회 수녀들에게 보낸 편지의 일부다.

"여기에는 또한 악마의 시기심이 있습니다. (…) 순진해지지 마십시오. 그것은 단순한 정치 투쟁이 아닙니다. 그것은 '하느님의 계획'을 파괴하려는 시도입니다."[36]

그로부터 3년 뒤, 교황 신분으로 비행기 기내에서 인터뷰를 갖던 그는 게이 사제에 대한 질문을 받고선 다음과 같은 단 한 문장으로 답했다. 그리고 그의 이 발언은 논란과 분노를 불러일으켰다.

"(게이인 사람이 선의를 갖고 주님을 찾는다면) 내가 누구라고 그 사람을 판단하겠습니까?"

프란치스코 교황의 판단은 대부분의 사람이 판단하는 내용보다 낫다.

"우리는 진리를 이해하면서 성장합니다. 교회법과 교리들 중에는 과거엔 효과적이었으나 지금은 가치와 의미를 잃어버린 것들이 있습니다. 교회의 가르침을 마치 반드시 지켜내야만 하는, 그 어떤 이견도 허용하지 않는 큰 바윗덩어리로 바라보는 견해는 잘못된 것입니다."[37]

그리고 그는 이런 사고방식을 가졌다는 이유로 보수주의자들로부터 반격당하고 있다. 위스콘신의 주교 로버트 몰리노[Robert Morlino]는 다음과 같이 주장했다. 너무도 민감하게!

"이젠 가톨릭교회의 위계 체계 안에 동성애 문화가 스며들어 엄청난 파괴가 진행되고 있음을 인정해야 할 때입니다. 감히 말하건대, 교회가 지금 필요로 하는 것은 동성 간의 섹스를 한층 더 격렬하게 증오하는 일입니다."[38]

대체 누가 말했나. 윤리가 쉽게 진화한다고…….

아무런 의심과 굽힘도 없이 도덕적 기준이 확고했던 베네딕토 전임 교황과 달리 프란치스코 교황은 보수주의자들에게 공포를 안겨준다.

"나는 '절대적' 진리에 대해서는 말하지 않겠습니다. 심지어 신자들에게도 그런 말은 하지 않을 것입니다. (…) 진리는 관계성의 문제입니다. 그러므로 우리 각자는 내면으로부터, 그리고 자기가 놓인 환경과 문화와 삶의 처지에 따라서 진리를 받아들이고 또 표현합니다."[39]

윤리 규범의 기준이 이동함에 따라 한곳에 정착할 수 없게 된 이들이 느끼는 가장 큰 공포는 다음 네 개의 '- 주의ism'로 요약할 수 있다.

보편주의. 자유주의. 세계교회주의. 상대주의.

그 공포에 대한 그들의 반응은 'Extra Ecclesiam nulla salus',

'교회 바깥에선 구원을 얻을 수 없다'이다.

오늘날 명맥을 이어가고 있는 종교들의 실체는 신자들을 회당으로 끌어오는 것들과 변화하는 시대의 문화와 기술을 반영하고 적응하는 데 효과적이었던 것들을 한데 섞어놓은 혼합물이다. 몇몇 종교는 신의 무오류성과 인간의 오류성에 초점을 맞춰 변화를 찾아나간다. 이 '인간의 오류성'은 불완전한 남성 그리고 때로는 여성까지도 '계몽'되어 신이 의도하는 내용을 새롭게 이해할 수 있다는 맥락의 개념이다. 이렇게 함으로써 도덕적 계율의 실천은 진화가 허용되고, 아울러 종교와 윤리적 학습이 지속적으로 뒤섞이는 것 또한 가능해진다.

시간이 흐름에 따라 개별 종교와 그 지도자들이 사라지는 동안에도 몇몇 핵심적 윤리적-영적 발상들은 다음 세대로 전승되고 진화하며 새로운 포장 과정을 거쳐 다른 것으로 바뀐다. 일련의 타당한 핵심 개념들은 점차 전 세계로 퍼져나가고, 그럼으로써 그 개념들은 점차 주요 종교와 비신자들에게 공통적인 일련의 원리로 수렴하게 된다. 이런 점을 누구보다 잘 아는 사람이 한때 수녀였던 종교학자 캐런 암스트롱 Karen Armstrong이다. 종교 역사가로 살았던 평생 동안 그녀는 전 세계 종교들의 공통성에 초점을 맞췄고, 또 모든 중요 종교들은 다음과 같은 단 하나의 교리를 토대로 삼고 있다고 주장했다.

"모든 종교와 윤리, 영적 전통의 중심에는 연민의 원칙이 있다. 그

것은 바로 다른 이들로부터 대접받기를 원하는 그 방식 그대로 항상 다른 이를 대접하라는 것이다."[40]

미래의 윤리를 위한 로드맵으로 삼기에 그리 나쁘지 않은 원칙인 듯하다.

4
장

SNS 속 무제한
자유는 옳은가

지금 당신은 이렇게 생각하고 있을지도 모른다.

나는 숨길 게 아무것도 없다.

당신의 모든 것을 까발려 세상에 보여주고 판정을 받아라. 그러나 스스로를 현대판 테레사 수녀라 여기고 격식과 예절에 맞게 행동하라.

우리가 날마다 하는 생각과 말하고 선언하고 지키고 좋아하고 증오하고 또 믿는 것들, 그 모든 것들은 훗날 미래 세대들이 평가한 뒤 우리에게 욕을 퍼부을 증거 자료로 쓰일 것이다. 우리는 지금 인류 역사상 처음으로 등장한 이런 노출의 시대를 살고 있다.

당신은 본인이 과거에 말했던 그 모든 것이 지금도 여전히 100퍼센트 옳다고 생각하는가?

설령 옳음과 그름에 대한 우리의 생각이 세월이 지남에 따라 변한다 하더라도 말인가?

당신은 삭제가 불가능한 판옵티콘(panopticon, 원형 교도소)의 엄격한 표준에 따라 평가받길 바라는가?

디지털 문신들

모든 부모가 자식에게 이렇게 말하는 데는 분명한 이유가 있다.

"네 몸에 빌어먹을 문신을 새길 생각 따윈 절대로 하지 마라!"

비록 지금 당장이야 문신을 하는 게 좋은 아이디어처럼 여겨지더라도, 때로는 하지 말라는 부모의 말이 옳은 경우가 있다. 장기적 차원에서 이야기하자면 그리 좋지 않다. 인생의 한 시점에서 그토록 소중하게 여겨지고 찬양과 바람의 대상이 되었던 그 무엇 혹은 누군가가 나중에는 부끄러움의 원천으로 바뀔 수 있기 때문이다.

사랑하는 이와 결혼한 첫날밤 침대로 향할 때,
당신 엉덩이에 문신으로 남긴 옛 애인의 이름은 어떻게 할 텐가!

아름답고 의미 있으며 영원한 충성을 다짐하는 문신들이 있긴 하지만, 이런 문신들이어도 가볍고 장난스럽게 결정하면 안된다. 문신을 지우는 일은 어렵고 돈이 많이 드는 데다 고통스럽기까지 하다. 싸구려 데킬라에 취한 채 늦은 밤 문신 가게로 들어서면 절대 안 되는 이유다.

그래서인지 문신을 하지 않은 사람들은 이런 이유로 자신을 매우 지각 있고 똑똑한 사람이라 여기곤 한다. 또한 자신은 자기 몸에 문신을 새기는 행위가 빚어내는 결과로부터 영원히 자유로운 상태로 살아갈 것이라 생각한다. 그런데 정말 그럴까? 당신의 휴대전화, 페이스북, 인스타그램, 트위터, 이지패스E-Z Pass*, 웨이즈Waze**, 보안 카메라, 신용카드, 문자 메시지 그리고 수많은 다른 일상적 상호작용 활동 모두가 당신에게 영원히 남아 있는 문신이라 해도?

현재 데이터 저장에 드는 비용은 무척 저렴하다. 또 사람들은 온라인상에서 각자 혹은 지인들과 상호 활동을 하며 엄청나게 많은 자료를 공유한다. 그렇기에 세계 시가총액 최상위 집단에 속한 기업들은 오직 단 하나의 마케팅 전략에만 초점을 맞춘다. 그것은 바로 당신과 관련된 정보를 다른 사람들에게 넘기는 것, 즉 당신을 추적하거나 표적으로 삼거나 혹은 다른 누군가에게 파는 것이다. 그래서 많은 기업은 당신에 대한 자신들의 데이터 '예측' 능력을 자랑한다. 이런 주장들의 대부분은 틀렸다는 것이 금방 밝혀지곤 하지만 그들은 이런 사실엔 전혀 아랑곳하지 않는다.

> 어떤 연구논문은 페이스북의 '좋아요'만 있다면 특정 인물의 인종과 성별,
> 성적 지향성, 심지어 지지 정당까지 각각 95퍼센트와 93퍼센트,
> 88퍼센트와 85퍼센트의 정확도로 예측 가능하다고 주장한다.
> 또 다른 연구논문은 페이스북상에서
> 누군가에게 '좋아요'를 70번 누른 사람은 그를 친구보다 더 잘 알고,

● 고속도로 톨게이트의 자동 징수 시스템.
●● 사용자 참여형 소셜 내비게이션.

150번 누른 사람은 그와 한 가족인 셈이며,

300번 누른 사람은 그의 배우자라고 주장한다.

또 마이크로소프트Microsoft에 따르면, 누군가의 트윗 데이터를 분석하면

사용자의 우울증을 판단할 수 있다고 한다.

어떤 면에서 우리 모두는 영원히 무너지지 않는 거대한 판옵티콘을 하나씩 지어두고 있다.

"판옵티콘은 한 교도소 안에 있는 모든 재소자를 단 1명의 감시자가 지켜볼 수 있는 구조로 설계되었다. 이때 재소자는 자신이 감시받고 있는지의 여부를 알 수 없다."[2]

판옵티콘은 영국의 공리주의 철학자 제러미 벤담Jeremy Bentham이 설계한 이론으로 훗날 러시아의 포템킨Potemkin 대공이 실제로 기획하고 추진하긴 했다. 그리고 이제 판옵티콘은 하나의 실체가 되었다.

문자 메시지를 하나씩 보낼 때마다, 스마트폰 화면을 오른쪽으로 혹은 왼쪽으로 밀 때마다, '좋아요'를 누를 때마다, 물건을 사고 게시물을 올리고 사진을 찍을 때마다, 블로그를 관리하고 여행을 하고 23앤드미23andMe *에 의뢰를 하거나 앤세스트리닷컴ancestry.com **을 방문할 때마다 우리는 한층 더 정교하고 영원히 남을 자신의 프로필을 쌓고 있는 것이나 마찬가지다. 모든 사람은 우리가 하는 친밀한 행동, 우리가 표하는 욕망, 그리고 우리가 누르는 '좋아요'와 '싫어요'를 거의 항상 지켜

---

* 개인 유전정보 분석업체.
** 미국의 족보 사이트.

볼 수 있다. 온몸에 빈 곳 하나 없이 문신으로 채워 넣은 오토바이 갱들보다 사실 우리는 지금 더 많은 문신을 하고 있는 셈이다. 우리가 누구인지, 지금까지 어디를 거쳐 현재는 어디에서 살고 있는지, 또 소중히 여기는 것이 무엇인지 등에 관해 많은 이야기를 들려주는 문신 말이다. 우리는 도망칠 수 있을지언정 더 이상 숨을 수는 없다.

인터넷을 연구하는 한 대학 교수는 끊임없는 추적과 감시가 너무나 무서웠던 나머지 자신의 임신 사실을 오프라인에서 언급하지 않겠다는 강박관념을 갖게 되었다. 임신한 여성의 프로필이 갖는 가치는 보통 사람의 정보보다 200배나 높기 때문에 마케팅 시스템을 피해서 숨기는 것은 쉽지 않았다. 그럼에도 그녀는 기어코 해냈다. 그녀의 아이비리그 사회학 박사 학위뿐 아니라 날마다 신경 써서 취하는 이런저런 조치 덕에 가능했던 일이다. 아이를 보호하려 애쓰는 어머니의 노력과 같은 이런 유형의 행동은 너무도 일반적이지 않은 것이라 그녀는 자신이 마치 범죄자가 된 듯한 느낌에 사로잡히기도 했다.

"도대체 누가 하루 종일 토르^{Tor}•••에 의존하고, 신용카드 아닌 현금만 들고 도시를 돌아다니며, 유모차 하나를 사려고 기프트카드를 뭉텅이로 들고 다닌단 말인가? 내 행동 하나하나가 내가 수상한 사람임을 표시하고 다니는 것이나 마찬가지였다. 다행히 FBI가 우리 집 문을 두드리는 일은 없었지만, 추적을 피하기 위해 해야만 하는 그 일들이 매우 극단적이었다는 사실만큼은 깨달을 수밖에 없었다."[3]

••• 온라인상의 익명을 보장하고 검열을 피할 수 있게 해주는 소프트웨어.

한마디 덧붙이자면, 재닛은 이제 구글Google을 끊기로 했다.

자신의 약혼 사실을 아무에게도 밝히지 않았는데

구글이 이 사실을 알아냈기 때문이다.

전자문신은 잉크문신보다 훨씬 더 강력하다. 잉크문신은 옷으로 가릴 수나 있지만 전자문신은 그럴 수도 없고, 심지어 내가 죽어도 사라지지 않기 때문이다. 전자문신은 결코 땅에 묻히지 않는다.

전문 역사가가 과거의 왕이나 여왕, 대통령, 예술가, 시인 그리고 가장 유명했던 인물 들의 생애를 추적하여 그 사람과 관련된 진실을 조사하는 데는 지금도 여러 해가 걸린다. 이런 작업은 시간을 너무도 많이 잡아먹고 비용도 많이 든다. 또 영원히 남아 있는 기록이 워낙 드물다 보니 과거 인물들의 생애와 내밀한 비밀, 약점, 업적 등은 오랜 세월 묻혀 있다 사라져버린다. 그러나 지금은 그렇지 않다. 마우스 클릭 몇 번만으로도 다른 이들이 무엇을 하며 오늘 하루를 보냈는지 매우 상세하게 알 수 있다. 유명한 과거의 역사적 인물들보다 지금을 살아가는 사람들에 대해 우리는 더 많은 것을 알고 있다. 그리고 우리의 미래 세대는 과거에 가장 유명했던 사람들보다 지금의 우리에 대해 훨씬 많은 사실들을 파악할 것이다.

TMIToo Much Information, 즉 지나치게 많은 정보에는

심각한 부작용이 있을 수 있다.

1933년 IBM의 해외 수익 중 절반은

독일 자회사였던 데호막 Dehomag에서 나왔다.

214

유대인의 팔에 문신으로 새겨진 숫자는

IBM의 카드천공기가 뱉어내는 숫자와 같았다.[4]

컴퓨터는 유대인과 동성애자 그리고 집시 등을 추적 가능케 했으며,

그 덕에 나치는 능률적으로 학살을 자행할 수 있었다.*

디지털 문신은 오랫동안 사라지지 않는다. 조시 자보Josh Jarboe는 애틀랜타의 어느 매춘 알선업자의 아들로 태어났다. 그의 아버지는 6명의 여성에게서 19명의 자녀를 낳았는데 그중 1명이 조시였다. 그의 친구들은 루다크리스Ludacris나 크라임 몹Crime Mobb과 같은 래퍼들이었다. 또래 친구들이 갱이 되어 범죄 속에서 살다가 죽은 데 반해 조시는 계층 사다리를 꾸준히 올랐고 미식축구에 두각을 드러냈다.

마침내 미국에서 3번째로 유능한 와이드 리시버로 꼽힌 그는 오클라호마 수너스Oklahoma Sooners에 스카우트되었다. 그의 몸은 그가 살아온 모든 이야기들을 상세히 담은 온갖 종류의 문신으로 덮여 있었다. 그러나 그의 발목을 잡고 그를 나락에 떨어뜨린 것은 이 문신이 아닌 전자 문신이었다. 대학교 입학 전의 여름학교에서 조시와 한 무리의 기숙사 친구들은 각자 1~2분 길이의 프리스타일 랩을 했다. 당시 조시는 떠오르는 미식축구 스타였기에 그가 폭력과 총기 그리고 섹스에 대해 내지르는 73초짜리 랩이 유튜브에 올라 빠르게 퍼져나갔다.[5] 이 짧은 전자 문신은 그가 4개의 대학과 5명의 코치를 거칠 때마다 늘 그를 따라다

---

* 데호막은 컴퓨터의 전신인 홀러리스(Hollerith) 카드천공기 기술을 독일에 제공했다. 나치는 이 정보 처리 기술을 바탕으로 유대인을 색출하고 재산을 압수했으며 처형 자료를 만들었다.

녔다. 뿐만 아니라 그 동영상과 그의 '태도'는 그가 말썽에 휩쓸릴 때마다 어김없이 다시금 세상에 회자되었고, 결국은 미국프로풋볼NFL에 걸었던 그의 희망도 깨지고 말았다.[6]

조시의 전자문신은 분명 자발적인 것이었다. 맞는 말이다. 그러나 만일 당신이 고등학생 때 했던 모든 행동과 말 그리고 그때 함께 어울렸던 친구들이 영원히 지워지지 않고 기록되어 남아 있다면 어떻겠는가? 정말 끝내줄 것 같은가? 글쎄. 2018년에 스톤먼 더글러스 고등학교에서 끔찍한 총기난사 사건이 일어난 뒤 브로워드 카운티는 1,100만 달러를 들여 관내 학교들에 카메라 1만 2,500대를 설치했다. 이 카메라에 찍힌 영상들은 보안관 사무실로 실시간 전송된다.

우리는 지금 영구적 빅데이터 시대로 접어들고 있다. 이렇게 엄청난 양의 데이터를 수집하고 저장한다는 것은 과거의 우리가 선택할 수 있는 일이 아니었다. 1959년에 출시된 퍼스널 데이터 프로세서Personal Data Processor, 즉 PDP-1*은 50년 전 MIT와 그 외 두어 곳에 있던 해커들이 인터넷망 구축 작업을 하기에 충분한 기기였다. 그러나 데이터를 수집하고 저장하는 데 드는 비용은 그야말로 어마어마했다. 현 화폐가치로 무려 100만 달러를 들여도 무게 725킬로그램의 그 기계는 고작 16쪽 분량의 단어 4,000개 정도만 저장하고 처리할 수 있었던 것이다.

PDP-1은 또한 다음과 같은 것들을 최초로 탄생시켰다.

비디오 게임 '스페이스워!Spacewar!',

---

* 디지털 이큅먼트 코퍼레이션(Digital Equipment Corporation)이 내놓은 PDP 시리즈의 첫 컴퓨터.

워드프로세서, 체스 프로그램, 디버거.**

그러나 2019년에는 사정이 달라졌다. 누구든 무려 1억 쪽 분량의 텍스트 저장이 가능한 1테라바이트 용량의 작은 메모리 칩을 49달러에 구입해 휴대전화나 컴퓨터에 끼워 간편히 사용할 수 있게 되었으니 말이다. 이 작은 칩 하나에는 당신의 생애 전체는 물론 조상들의 세세한 부분까지도 모두 담을 수 있다. 당신의 연대기에는 그저 당신이 말하거나 썼던 내용뿐 아니라 방문했던 곳과 누군가와 했던 행동의 사진과 동영상까지 모두 담을 수 있다. 그리고 이런 추세는 전지적 감시까지 가능한 수준을 향해 나아간다.

내 말이 과장 같은가?
아마도 당신은 휴대전화를 들고 다닐 것이다. 그런데…….

당신의 휴대전화는 몇 초에 한 번씩 메시지를 보낸다.
나는 여기에 있다! 여기로 왔다! 지금은 여기에 있다!
이 메시지는 보통 (당신에게 너무나 중요해서 꼭 해야만 하는 전화 통화를 하지 않는 한) 당신이 고속도로를 질주할 때 하나의 무선기지국에서 다른 무선기지국으로 매끄럽게 넘어간다. 당신의 휴대전화는 당신이 어디에 있는지 알고 있고, 그러므로 당신이 숨을 데라고는 전혀 없다. 특히 현 위치가 정확히 어디이며 목적지까지의 경로가 어떻게 되는지

●● 컴퓨터 프로그램의 버그를 찾는 프로그램.

를 당신에게 '무료로' 알려주는 웨이즈, 우버Uber, 구글맵스Google Maps 같은 앱이 너무나 많기에 이런 상황은 도저히 피할 수 없다. 이러한 앱들은 수백만 명의 사람을 추적함으로써 목적지까지 가는 데 시간이 얼마나 걸리는지, 지름길로 가야 할지 아니면 막히는 길을 피해 먼 길을 돌아가야 할지 등을 알려주므로 무척 유용하다. 그러나 그렇게 당신을 안내하는 과정에서 이 앱들은 당신에 대해, 다시 말해 당신의 취향과 생활 패턴에 대해 엄청나게 많은 사실을 학습한다.

> "판옵티콘은 권력의 한 형태로서
> 우리가 지속적으로 감시받고 있음을 의식하게 한다."[7]

당신의 동선에 관심을 갖는 이들은 많다. 2018년 『뉴욕 타임스New York Times』에서 휴대전화 100만 대를 추적한 결과 사용자의 현재 위치를 추정하는 일이 무척 쉽다는 점을 알아냈다. 다음이 그 전형적 예다.

"그 앱은 그녀가 웨이트 워처스Weight Watchers*에 상담하러 갔다가 소소한 시술을 받으러 피부과 병원에 갔던 행적을 추적했고, 반려견과 산책한 뒤 전 남자친구의 집에 머무는 것도 확인했다."[8]

앤디 워홀Andy Warhol은 "미래엔 누구나 15분 동안은 세계적으로 유명해질 것이다"[9]라고 말했다. 그런데 만일 그의 말이 틀렸다면? 즉 모든 사람의 프로필과 생각 그리고 행동을 분석해서 영구적으로 공개하는 세상이 된다면 어떤 일이 벌어질까?

● 다이어트 제품 및 관련 서비스 브랜드.

어쩌면 당신 아들의 손자손녀들은 당신이 어떤 이들과 사랑을 나누었는지, 누구의 집에서 잠을 잤는지, 언제부터 알코올 중독자 갱생 모임에 나가기 시작했는지, 임신중절 수술을 몇 번이나 했는지, 교회에는 몇 번이나 갔는지 등을 뒤져보며 낄낄거릴지도 모른다. 이런 종류의 정보를 규제하는 법령은 현재 존재하지 않는다. 음식점, 뉴스, 스포츠, 날씨 등의 정보를 주는 이들은 당신이 어디에 얼마나 머무는지 알고 있으며, 당신의 위치 정보를 다른 이들의 위치 정보와 연동시켜 정보의 가치를 높인다(당신이 앱을 깔 때마다 앱 서비스업체는 당신의 위치 정보를 자신들에게 공유해주지 않겠냐고 당신에게 물었을 것이다).

사실 당신의 손자 손녀들을 기다릴 것도 없이, 이 순간에도 당신의 개인정보를 부지런히 둘러보고 다니는 존재가 있다. 이름도 딱 맞춤형으로 지은 텔 올 디지털Tell All Digital이란 회사의 영업 활동은 구급차의 꽁무니를 부지런히 따라다니는 것이다. 그러다가 응급실로 실려 가는 환자가 누구인지 추적하여 알아내면 그 정보를 개인상해 전문 변호사들에게 제공하고, 그 변호사들은 환자나 환자 가족에게 광고 메시지를 보낸다. 이런 위치추적업체들 중 한 곳의 CEO는 각각의 사용자를 추적하고 얻은 정보량에 대해 『뉴욕 타임스』에서 묻자, 이렇게 말했다.

"사람들은 이런 서비스를 무료로 제공받습니다. 왜냐하면 광고업자들이 소비자 대신 비용을 지불하고 우리의 수익화 과정에 도움을 주니까요. (…) 만일 이런 일들이 진행되고 있다는 사실을 모른다면, 그냥 계속 모르는 채로 사는 게 낫습니다."[10]

당신의 개인정보는 얼마에 팔릴까?

당신의 정확한 위치 데이터는 한 달에 2센트 조금 못 미치는 가격에 팔린다.

설령 '익명으로' 처리된다 하더라도 백인 남성일 경우 99퍼센트는 안면 인식으로 개별 정보를 파악할 수 있다(다만 현재 유색인종 여성의 경우에는 실패율이 3분의 1 이상에 달한다).[11] 다시 말해 이는 당신이 어떤 술집에서 다른 테이블에 앉아 있는 어느 백인 남성의 사진을 찍은 뒤 페이스북, 틴더 Tinder, 트위터, 텀블러 Tumblr, 인스타그램, 링크드인 LinkedIn, 그리고 인터넷상에 떠도는 증명사진들과 비교하며 그의 신원을 확인할 수 있다는 뜻이다.

- 2008년에 레노보 Lenovo는 사용자가 컴퓨터에 얼굴을 보여주는 방식으로 접속할 수 있게 했다.
- 그리고 페이스북과 애플 Apple, 구글은 안면인식 방식을 전면적으로 시작했다.
- 2012년 스마트폰들은 안면인식 기술을 탑재하기 시작했다.
- 2015년 중국의 현금인출기에선 안면인식 방식으로 계좌 접근이 가능해졌다.
- 미국에서 안면인식 시스템에 등록된 미국인은 2016년까지 1억 1,000만 명에 달한다.
- 2017년까지 미국 FBI는 4억 1,200만 개의 얼굴 사진 데이터베이스를 확보했다.
- 한 경찰 잡지에는 이런 주장이 실렸다. "만일 시민들이 안면인식 기술을 법 집행 분야 이외에서도 기꺼이 사용하도록 허용한다면,

얼굴 관련 개인정보는 더 이상 보호하기 어려울 것이란 주장도 얼마든지 제기될 수 있다."[12]

소수 집단들에게 오랜 세월 동안 고통을 안겼던 조사 혹은 감시 같은 것들은 이제 당신의 가정과 학교와 직장에까지 적용될 것이다. 말하자면 전자 버전의 강제신체수색권*이 일상생활 곳곳에 스며든다는 뜻이다. 페이스딜스FaceDeals의 서비스 프로그램은 매장 입구에 안면인식 기능을 갖춘 카메라 장치를 설치한 다음 이를 데이터베이스와 연결해 고객의 이름, 구매 패턴, 선호 물품과 비선호 물품 등을 매장 직원에게 곧바로 전달했다. 물론 모든 사람이 이를 반기는 것은 아니었기 때문에 이후 이 회사는 한결 사랑스러운 느낌을 주는 타오니Taonii로 회사명을 바꾸긴 했으나, 그럼에도 사람들의 호감을 받지 못한 채 사라지고 말았다. 하지만 그 이후 다른 많은 기업이 뒤를 이었고, 사람들은 이를 비난했다. 2017년에 아마존Amazon은 안면인식 소프트웨어인 리코그니션Rekognition 서비스를 경찰에 판매해 당시 사람들로부터 거센 반발을 샀다. 그래서 아마존은 경찰 대상의 서비스 제공을 잠정적으로 중단해야 했다.[13]

> 마이크로소프트는 '이민세관집행국ICE, Immigration and Customs Enforcement**의
> 업무를 지원하게 되어 자랑스럽다'라고 발표한 뒤

● 수상하다고 판단되는 사람을 대상으로 경찰이 정지 명령을 내린 뒤 신체를 수색할 수 있는 권리.
●● 미국의 이민 및 관세 집행을 담당하는 기관.

직원들로부터 거센 반발을 받았다.[14]

불법체류자의 아이가 부모와 헤어져 철창 안에 무기한 갇히는 상황을 모든 사람이 반기진 않는다는 사실은 명백하다.

안면인식은 곧 낡은 기술이 될 것이다. 새롭고 혁신적인 것들이 계속 나타날 테니까. 현재의 컴퓨터보다 처리속도가 1억 배나 빠른 양자컴퓨터가 출시됨에 따라 공공이든 민간이든 많은 기관이 각 개인의 행동과 감정을 평가하고 그에게 소셜화폐*를 발행해주는 서비스를 시작할 거란 예측은 결코 과장이 아니다. 또한 이런 추세가 당신의 선택을 토대로만 전개되진 않을 것이다. 어떤 사람이 풀장에서 다이빙하는 상황을 떠올려보자. 이때 물이 튀는 형태와 속도를 측정하면 그의 체중이나 속도 등을 알아낼 수 있을 텐데, 이와 동일한 원리를 공기가 전자 신호를 왜곡하는 방식에도 적용할 수 있다. 라우터**, 휴대전화, 라디오, TV, 불빛 등에서 비롯되는 파동들은 당신이 어디를 가든 당신을 휘감고, 당신을 살피며, 당신의 상태에 반응하여 바뀐다. 이런 원리를 적용한 감지기들은 점점 민감하게 개선될 테고, 머지않아 당신의 1분당 호흡수와 심박수가 얼마인지까지도 측정할 것이다.

모든 투명성이 다 나쁘기만 한 것은 아니다. 싸고 용량이 넉넉한 메모리 카드를 주머니 안에 넣고 다닐 때 누릴 수 있는 즐겁고 매력적인 결과 중 하나는 부정부패가 이루어지는 생생한 현장을 바라보며 즐길

---

* SNS 게시물 참여 활동을 경제적으로 보상하는 수단인 가상의 화폐.

** 네트워크 간 데이터를 송수신하는 장치.

수 있게 되었다는 점이다. 어두컴컴한 뒷방에서 이루어지는 은밀한 대화들, 내부자들끼리만 공유하기로 되어 있었던 추악한 부패 관련 대화들이 녹음되고 녹화되어 세상에 퍼지는 일은 점점 더 많아질 것이다. 나쁜 짓을 숨기는 일이 점점 더 어려워진다는 뜻이다. 은밀한 곳에서 암흑가의 어떤 인물과 불공정한 거래를 했던 다국적기업들은 그 거래의 전모가 언제 유튜브로 생생하게 세상에 알려질지 몰라 두려워한다. 정치인들 역시 예전처럼 '선택적인 지지자들'만을 상대하는 것으론 마음이 편해질 수 없다. 파나마 페이퍼스Panama Papers •••의 시대에는 해외계좌도 안전하지 않다. 그러나 문제는 이렇게 포착되어 투명하게 공개되는 것이 정치적 속임수만은 아닌, 부끄럽고 불완전하며 날것 그대로인 우리의 모든 일상이란 점이다.

우리 모두는 거대한 디지털 배기관들을 달고 다니며 디지털 배기가스••를 뿜어댄다. 자신과 관련된 데이터를 많이 생성하는 사람일수록 삶에서 매우 중요한 부분까지 결정하는 자동화 알고리듬에 접속하게 된다.[15] 정보가 추출되고, 쌓이고, 편집됨에 따라 투입 요소와 프로그램 역시 한층 더 복잡해질 수밖에 없고, 그렇기에 잠재적인 편향적 데이터를 끄집어내 해부하고 바로잡는 일 또한 한층 더 어려워진다.[16] 그리고 이는 장기적 관점에서 중요한 결과를 낳는데, 이 점과 관련해서 『파이낸셜 타임스Financial Times』의 혁신 담당 편집자는 이렇게 말했다.

••• 파나마 최대 로펌 모색 폰세카(Mossack Fonseca)가 보유한 약 1,150만 건의 비밀문서로, 조세 회피와 관련된 금융 및 고객 정보 20만 건 이상이 들어 있다.
•• 인터넷 사용에 따라 생성되는 정보를 가리키는 관용적 표현.

"인간의 가치로 암호화된 컴퓨터 알고리듬은 앞으로 점점 더 많은 것들을 결정할 것이다. 우리의 업무와 낭만적인 만남, 은행 대출 그리고 우리가 죽이게 될 사람 등……. 그러므로 '알고리듬의 암호 안에 인간의 가치를 어떻게 심을까' 하는 것이야말로 21세기의 모습을 결정하는 가장 중요한 요소 가운데 하나가 될 것이다."[17]

우리 각자가 하는 모든 행동과 생각 하나하나가 모든 이에게 공개될 뿐 아니라 그들이 분석하고 판단할 대상이 되는 시대, 이 극단적 투명성의 새로운 시대에 대처하는 방법을 우리는 아직 잘 모른다. '좋아요'와 리트윗 그리고 팔로워 수가 많은 이들을 부러워하며 살아야 하는 이 시대에 우리를 정말 불안하게 만드는 것 중 하나는 자신이 1분 단위로 남의 눈에 노출된다는 사실이 아닌, 즉각적인 피드백과 관심과 만족을 받거나 얻지 못하는 상황이다. 이것이 인스타그램이 탄생한 이유이기도 하고 말이다. 키스 로웰Keith Lowell 역시 2013년에 다음과 같은 트윗을 올린 바 있다.

"조지 오웰이 미처 예측하지 못한 것은 사람들이 스스로 카메라를 사서 자신을 촬영할 거란 점, 그리고 자기를 봐주는 사람이 아무도 없는 상황을 가장 무서워할 거란 점이다."

여기에서 라틴아메리카의 위대한 작가 호르헤 루이스 보르헤스 Jorge Luis Borges의 지혜를 떠올리면 좋을 듯하다. 그는 아르헨티나 군사 정부의 고문을 받고 죽을지도 모르는 상황에서 유쾌하게 이렇게 대답했다.[18]

"어떻게 한 사람이 다른 사람을 위협할 수 있단 말인가? 그것도 목숨을 뺏겠다면서 말이다. 불멸의 삶을 도구 삼아 누군가를 위협하는 것이야말로 흥미롭고 독창적인 일이다."

2021년까지 전 세계의 감시 카메라는 10억 대에 이를 것이다.[19]
당신이 전자문신들로 뒤덮여 있음은 더 이상 부인할 수 없는 사실이다.
이제 당신은 불멸의 존재가 된다.
자, 이제 자신이 어떤 인물로 판단되길 바라는가?

데이트 앱에 기록된 당신의 욕망

사랑, 욕정, 외로움,
이런 것들 때문에 당신은 때로 정말 어리석은 짓들을 하게 된다.
(솔직히 당신도 아마 이와 관련해서 하고 싶은 얘기 한두 개는 있을 것이다.)

『로미오와 줄리엣*Romeo and Juliet*』혹은 킴 카다시안Kim Kardashian의 섹스 테이프*와 달리 우리의 연애사나 실수는 모든 이가 볼 수 있게 공개되지 않는다. 적어도 아직까진 말이다. 역사를 돌아보면 사랑에 멍든 편지는 대개 불태워졌고, 일기는 땅에 묻혔으며, 사진은 갈기갈기 찢겼다. 한 때는 멋졌으나 결국 경멸의 대상으로 전락해버린 사람과의 흔적은 거의 대부분 삭제할 수 있었고, 공인이 아닌 한 자신의 가장 내밀한 욕망과 약점 또한 얼마든지 묻어버릴 수 있었다. 그러나 전자 데이트 시대

● 미국인 모델 카다시안의 섹스 테이프 유출 사건을 칭한다.

에는 이런 것들이 확실히 달라졌다.

1965년에 런던의 「농사와 상업의 개선을 위한 컬렉션Collection for the Improvement of Husbandry and Trade」에 실린 국제표준화기구ISO의 초기 광고들 중 하나에는 다음과 같은 유쾌한 제안이 실렸다.

"거대한 영지를 소유한 약 30세의 신사가 (…) 약 3,000파운드를 가진 멋지고 젊은 숙녀가 있다면 그녀에게 혼인을 제안합니다."[20]

배우자나 데이트 상대를 찾는 개인 광고는 수백 년 전부터 존재해 왔다. 이런 광고는 흥밋거리가 되었고, 때로는 그에 응하는 사람들도 있었다. 그러나 미국에서 이루어진 결혼 가운데 이런 개인 광고를 통해 성사된 것의 비율은 1퍼센트도 되지 않았다.

그런데 최근 일어난 현상들을 보면 기술이 데이트와 결혼의 양상을 근본적으로 바꾸었음을 알 수 있다. 전화는 데이트와 결혼에 그다지 큰 영향을 주지 못했다. 아는 사람에게만 걸 수 있는 데다 장거리 전화는 요금이 비쌌기 때문이다. 1995년 이전에는 친구들과 가족을 매개로 한 만남이 대부분이었고, 이성애자가 온라인을 통해 커플이 되는 비율은 거의 0퍼센트였다. 그런데 인터넷 시대가 되면서 사정이 달라졌다. 2009년까지 전체 커플의 22퍼센트는 온라인에서 만났다. 그러나 페이스북을 비롯한 플랫폼은 사람들이 지나치게 많은 정보를 공유하게 했다. 그래서 기업적 차원의 대형 데이트 사이트들은 이성교제의 목적을 가진 사람들을 온라인 공동체에 가입하게 유도했고, 그 결과 수백만 명이 자신의 내밀한 욕망을 온라인에 공개적으로 드러내기 시작했다. 2017년까지 전체 커플 중 온라인에서 만난 이들의 비율은 약 40퍼센트에 이른다.[21] 그리고 지금은 대부분 데이트 사이트에서 짝을 찾는다.

가족 혹은 친구를 매개로 하는 방식만큼이나 '자신의 짝'을 찾는 데 효과적인 이 새로운 방식에는 흥미로운 점이 있다. 관계가 깨질 가능성이나 관계의 질을 바꾸어놓진 않았다는 것이 그것이다. 그러나 이 거대한 데이트용 데이터베이스는 개인정보가 장기적으로 노출되게끔 바꾸어 놓았다. 이런 사이트에서 사용자가 거쳐야 하는 첫 번째 단계는 자신을 다른 이들에게 파는 것이다. 데이트 프로필 작성은 창의성, 진실성, 허풍, 포토샵 능력 등을 검증하는 일종의 테스트다. 극단적 방식으로 자신을 노출하는 사람이 있는가 하면 누군가는 큰 거짓말, 다른 누군가는 작은 거짓말, 또 어떤 사람은 자신의 개인적 소망이나 욕망 그리고 자기가 필요로 하는 것들을 완벽할 정도로 솔직하게 드러낸다.

예술가인 요아나 몰Joana Moll은 이 점을 흥미롭게 여겼고 어쩌면 자신도 마음에 드는 프로필 한두 개는 얻을 수 있겠다고 생각했다.[22] 그리고 2주 뒤 요아나는 데이트 프로필들로 가득한 온라인 공동체 원밀리언ONE MILLLION에 유료회원으로 가입했다. 무려 175달러나 지불하고서 말이다! 그녀가 받은 것은 각 개인의 사용자명, 이메일 주소, 국적, 성별, 나이, 성적 지향, 관심사, 전공 분야, 신체 특징, 성격적 특성까지 딸린 500만 장의 사진이었다. 계산해보자면 그토록 충실하게 채워진 개인정보의 1인당 가격은 0.00017달러인 셈이었는데, 그 모든 정보는 무려 700곳에 이르는 업체들 사이에서 잠재적으로 공유되고 또 팔린다.

이 데이터 가격이 비싸다고 생각되는가? 걱정하지 마라.
더 싼 가격에 데이트 프로필을 판매하는 사이트도
요아나는 많이 발견했으니까.

우리의 잠재적인 배우자, 고용자, 판정자 들은 수십 년 전부터 지금까지 우리가 직접 자신을 묘사한 내용을 대조하면서 우리가 제출한 프로필이 얼마나 진실한지, 무언가를 강조하거나 숨기기 위해 우리가 무엇을 선택했는지까지 상세히 알 수 있다. 우리의 개성과 기질은 우리의 욕망이 그렇듯 낱낱이 공개될 것이다. 지금도 그렇지만 미래에는 정말 많은 이가 섹스에 대한 당신의 규범과 취향이 무엇인지 알게 될 테고, 어쩌면 미래 세대는 자기 부모나 조부모의 성적 욕망을 분석하고 또 그것을 자신의 것과 비교할지도 모른다.

이 정보 과잉의 시대는 성관계 윤리를 바꾸어놓을까? 상대가 바라는 것과 그의 약점을 알게 되면 우리는 그런 것에 너그러워질까? 섹스와 관련된 정보가 극단적으로 투명해진다면 어떤 일이 일어날까?

여기에서 사고실험 하나를 해보자. 주제는 우리가 가장 싫어하고 회피하는 '세금'이다. 세금 공개가 극단적으로 투명해질 때 초래되는 당혹감을 떠올려보자. 노르웨이의 납세일은 미국의 납세일과 다르다. 노르웨이에선 개인의 재산이라도 사생활의 영역에 속하지 않는데, 이는 1863년부터 그래왔다. 매년 10월 1일 0시가 되면 이 나라에선 모든 개인의 연간소득과 자산이 누구든 볼 수 있도록 공개된다.* 당신이 노르웨이 사람이라면 당신 회사의 CEO, 당신의 여자친구, 당신의 적 혹은 당신 형제의 지난 1년간 소득을 모두 확인할 수 있다는 뜻이다. 단, 누군가 당신의 소득을 확인하면 그 사실은 당신에게 고지된다.

---

* 이때 공개되는 정보는 이름, 출생연도, 우편번호, 징수 기관, 순자산, 순소득 그리고 부과 세액 등을 포함한다.

노르웨이 사회는 이런 유형의 금융 투명성에 익숙해져 있고 또 이를 당연하게 여긴다. 사람들의 소득 차이가 대부분 그리 크지 않기 때문이다.[23] 그런데 미국에서는 해커가 돈이 아닌 정보를 훔치기 위해 온갖 창의성을 발휘하여 미국 국세청 데이터베이스에 침입하고, 그렇게 얻은 미국의 모든 납세 자료를 아무런 경고나 맥락도 없이 공개한다. 지금처럼 완벽하고 거대한 전자 투명성을 확보하기 전까지 노르웨이와 스웨덴은 수십 년간 이런 내용을 책자로 제공했는데, 미국 시민이라면 이런 근본적인 금융 투명성에 즉각 반발할 것이다. 그렇다면 당신은 어떤가? 이런 투명성을 받아들일 준비가 되어 있는가?

좋다. 다시 데이트와 섹스 이야기로 돌아가 금융과 전혀 다른 영역에서의 근본적 투명성을 생각해보자. 국세청 데이터베이스에 접근한 바로 그 창의적이고 사악한 해커가 포르노 사이트로 유명한 유포르노YouPorn와 포르노허브PornHub를 표적으로 삼는다고 가정해보는 것이다. 이 사이트에는 인간의 욕정과 관련된 데이터가 상당히 많다. 2018년 기준 포르노허브에선 대략 20만 7,405건의 동영상이 시청되었다. 그것도 1분 동안 말이다. 어떤 이유였든 사람들은 킴 카다시안의 고약한 섹스 동영상을 무려 1억 9,500번이나 시청했다. 1년간 업로드된 새 동영상은 479만 개에 달했는데, 이는 지구 상의 모든 사람이 각자 283장의 사진을 다운받는 양과 같다. 이처럼 이 업체들이 수집하고 분석하는 데이터의 양은 어마어마하다. 303억 건의 검색과 1억 4,100만 건의 투표가 이루어지는 와중에 국가별, 성별, 연령별, 인종별 그리고 분류 가능한 모든 인간 욕망에 따라 사용자는 자신이 원하는 동영상을 선택한다.[24] 데이터 과학자들은 마음만 먹으면 한 개인이 어떤 동영상을 좋아하거나 싫어하는지, 또 꾸준하게 찾는지 정확하게 추적할 수 있다.

> 미시시피주에 사는 사람들은 섹스 동영상을 가장 오랫동안 본다.
> 보다 젊은 층은 일본 포르노 애니메이션을 원한다.
> 중년은? 그저 섹스를 원하는 마음이 간절할 뿐이다.
> 이 포르노 사이트들 방문객의 29퍼센트는 여성이었다.

아이러니하게도 포르노에 대한 주된 논의가 부분적으론 보수적 정치인들 때문에 비롯되었다.[25] 특정 단어 또는 행위에 대한 보도가 국영 TV 방송에서 표준화된 것은 빌 클린턴 대통령의 탄핵 특별검사였던 케네스 스타Kenneth Star가 특정 행위에 대한 논의를 가감없이 구체적으로, 또 반복적으로 드러냈기 때문이다. 그의 '클린턴 성추문 관련 보고서'를 보도하는 뉴스 앵커는 보도 전에 다음과 같은 경고를 해야만 했다.

"상세한 묘사 중 많은 부분이 극히 개인적인 정보이며 성적 묘사입니다. (…) 유감스럽게도, 이는 빼놓을 수 없을 정도로 중요합니다."

그리고 보수주의적 복음주의자들의 지지를 받는 남자, 도널드 트럼프가 있다. 트럼프는 여성과 여성의 특성, '여성에게' 할 수 있는 것과 마땅히 해야만 하는 것을 언급할 때 정치적으로 유례 없는 '스타일'을 내보였다. 이 모든 것 때문에 『뉴욕 타임스』는 '인쇄해도 문제가 되지 않는 뉴스'에 대한 회사 정책을 근본적으로 재검토해야만 했다.

많은 젊은 성인은 쓰레기 분리배출을 하지 않는 것이 포르노를 보는 것보다 도덕적으로 더 나쁜 일이라 느낀다. 지난 수십 년간 포르노를 보는 여성과 보수적 집단의 비율이 높아졌다는 사실은 포르노를 정상적인 것으로 마지못해 받아들이고 있음을 보여준다. 2011년 갤럽 조사에 따르면 포르노가 도덕적으로 용인될 수 있다고 느끼는 미국인 비율은 전체의 3분의 1에 조금 못 미치는 것으로 드러났지만, 이 비율이 2018년에는 거의 절반에 육박했다.[26] 모르몬교 신자가 많은 유타주는 미국 전체의 1인당 포르노 구독 비율이 높아졌음에도[27] 섹스와 관련된 범죄는 비슷하거나 줄어들었다.[28] 그러나 포르노를 정상적인 것으로 인정하고 여성을 도구화하는 태도가 결혼 제도와 10대들, 더 나아가 사회 자체를 파괴할 수 있다고 생각하여 분노하는 이들은 여전히 많다. 애리조나주의 몇몇 정치인은 포르노가 곧 공공의 건강을 해친다고 목소리를 높인다. 오히려 미국에서 네 번째로 최악인 그 주의 성교육 프로그램은 포르노를 보고 싶어 하는 욕망을 부추기는 것과 어떤 관련이 있을 수 있다고 이야기해야 하는데 말이다.

다시 사악한 해커 이야기로 돌아가 한 가지 상상을 해보자. 어느 날 아침에 눈을 떠보니 포르노와 관련된 모든 데이터가 누구든 열람할 수 있도록 공개되어 있는 상상 말이다. 이제 당신은 노르웨이나 스웨덴의 납세 자료를 쉽게 열람하듯 누가 어떤 포르노를 좋아하는지 정확히 알아낼 수 있다. 그런데 여기에서 던질 수 있는 흥미로운 질문이 있으니, 근본적 투명성을 전제로 할 때 윤리를 주제로 하는 대화는 어떻게 전개될까 하는 것이다. 우선 당신은 거기에 여러 복잡한 주제가 얽혀 있음을 알게 될 것이다. 가령 톰과 딕과 해리에게는 정상적이라 여겨지는 성적 환상이 노마와 진과 베티에게도 그렇게 받아들여질까? 또 성적 욕망을 좀 더 세분화할 때 드러나는 페티시즘 같은 특정 욕망은 다들 어떻게 받아들일까? 정상적인 것으로 여길까, 아니면 이상하게 여기며 피할까? 실제로 이런 일은 이미 과거에도 있었다. 『플레이보이*Playboy*』는 1970년까지 가장 근엄한 인물이었던 미국 우정장관이 '음란하다'고 여긴 잡지였으나 판매부수 면에선 『타임*Time*』과 『뉴스위크*Newsweek*』를 압도했다.[29] 그런데 누군가의 서랍에 숨겨져 있던 『플레이보이』를 찾아내는 일과 여러 포르노 사이트를 놓고 1년 동안의 검색 정보와 댓글들 가운데서 중요한 것을 찾아내는 일은 대체 어떤 면에서 다를까?

포르노는 기술을 사랑하고, 기술 역시 포르노를 사랑한다. 왜냐하면 포르노는 대규모의 열렬한 얼리어답터 집단을 동원하기 때문이다. 인쇄기, 다게레오타입daguerreotypes*, 망점 인쇄, 영화, VCR, DVD, 블루레이 등의 기술들이 조기에 폭넓게 정착되도록 힘을 실어준 것은 다름 아닌 포르노였다.[30] 앞으로도 신기술이 등장할 때마다 그 곁엔 늘 포르노가 함께할 것이다. 한마디로 요약하자면 '기술은 우리 성적 윤리의 모든 측면을 근본적으로 바꾸어놓을 것'이란 뜻이다.

기술 – 데이트 – 섹스 – 포르노 시청 – 전자문신들은 우리가 일상에서 행하는 모든 변덕에 사실상 영원불멸성을 부여하고 있다. 그런데 이런 사실을 깨닫고 나면 과연 우리는 지금의 행동 방식을 바꿀까? 당신이 만일 다른 이들의 성적 환상이 무엇인지 명확히 안다면, 또 그들이 얼마나 자주 자위행위를 하고 부적절한 상대와 잠자리를 갖는지를 안다면 어떻게 될까? 만약 조지 오웰의 빅브라더처럼 모든 속임수와 놀아남을 추적할 수 있다면? 또 데이트 사이트에 올라와 있는 모든 사기와 크고 작은 거짓말을 따로 챙겨 기록할 수 있다면, 과연 우리가 갖고

---

* 은판을 이용한 사진 기술.

있는 윤리적 경계선과 판단은 바뀔까?

전체적으로 우리 사회는 향후 더 개방적이고 너그러운 사회가 될까, 아니면 더 엄격한 도덕적 판단이 지배하는 구속적인 사회가 될까? 자신 이외의 다른 모든 사람이 행동하고 생각하는 방식과 결과 등을 알게 되면 우리는 아마도 지금까지 우리가 부끄럽게 여겨왔던 행동들을 너그럽게 수용할지 모른다. 다시 말해 '일탈' 혹은 표준에서 벗어난 도덕률을 더 폭넓게 수용하게 될 수도 있다는 뜻이다. 어쩌면 그 모든 것을 너그럽게 수용하는 사람들과 그럴 마음이 전혀 없는 사람들이 우리 사회에서 더 깊은 양극화의 골을 만들어낼지도 모르고 말이다.

급격히 발전하는 기술은 장차 우리의 삶을 투명하게 드러내고 윤리적 행동과 비윤리적 행동을 가르는 기준에 대한 우리의 발상을 바꿀 것이다. 데이트-섹스는 그러한 우리 삶의 또 다른 한 부분이다. 미래 세대는 지금 우리가 하는 행동을 분석하고 판단함으로써 우리의 기준과는 전혀 다른 새로운 기준을 설정할 것이다.

(우리는 그저 미래 세대의 판단이,
과거 세대를 재단하는 우리의 판단보다 덜 가혹하기만을
기대할 수밖에 없다.)

5
장

지금의 사회구조 시스템은
옳은가

이런 상상을 해보자. 당신은 지금 천상에서 부지런히 심시티^{SimCity●}를 건설하며 건물과 제도 그리고 규범 들을 만드는 중이다. 그런데 만약 그 일을 끝내자마자 그 도시 공동체의 일원으로 태어난다면 어떨까? 자신의 강점과 약점, 사회적 지위가 무엇인지, 지능이 어느 정도인지, 성별과 인종이 무엇인지도 전혀 모르는 채로 말이다. 만일 존 롤스의 고전적 저작인 『정의론^{A Theory of Justice}』을 진지하게 받아들인다면 우리는 샌프란시스코, 뉴멕시코, 밴쿠버, 멕시코시티 등과 같은 여러 대도시에서 일상적으로 벌어지는 일들을 도저히 용납하지 못할 것이다. 눈이 쌓인 겨울날 신발도 없이 벤치에 웅크리고 있는 노숙자를 봐도, 너무나 허기져 눈이 퀭한 채 슈퍼마켓 밖에 서 있는 사람을 봐도, 고통과 절박함에

● 도시 건설 전략 게임.

시달리는 누군가를 봐도 우린 그저 가던 길을 걸어간다. 이런 행동이 잘못된 것임을 알면서도 우리 대부분은 그렇게 한다. 그것도 날마다 말이다.

우리가 하는 행동, 그리고 다른 사람을 대하는 우리의 방식이 과거 그 어떤 시대보다 더 윤리적임을 입증하는 사례는 사실 매우 많다. 그러나 다른 한편으로는 자신이 결코 받고 싶지 않은 대우를 아무렇지도 않게 주변 사람들에게 하기도 한다. 도대체 그 이유는 뭘까?

전투적인 경제학자 윌리엄 보몰^{William Baumol}은 이 질문에 대해 몇 가지 단서를 제공한다.

보몰 이론의 경고

윌리엄 보몰은 대단한 인물이다. 브롱크스의 가난한 동네에서 성장한 그는 난투극이 난무하던 그 거리를 떠나 뉴욕 시립대학교로 진학했다. 그리고 그 뒤에는 뉴욕 시립대학교 이름을 평생 들어본 적도 없는 콧대 높은 사람으로 가득한, 런던 대학교 정경대학에 진학했다.

런던 대학교 정경대학이 박사 과정 학생으로 받아주지 않은 탓에 보몰은 석사 과정에 간신히 들어갔다. 그러나 그는 그 학교의 수다스런 유력자들을 단번에 깜짝 놀라게 만들었다. 그것도 아주 간단하게. 그 상황을 보몰은 한 인터뷰에서 다음과 같이 설명했다.

"라이어널 로빈스^{Lionel Robbins} 교수님이 세미나를 열었습니다. 활발한 토론을 중시하는 세미나였죠. 그런데 유혈 스포츠처럼 그야말로 지저분하기 짝이 없는 논쟁을 벌이기엔 내가 다녔던 뉴욕 시립대학교만한 곳이 없었습니다. 말하자면 그곳에서 저는 다른 어떤 집단에서도 받을 수 없는 혹독한 훈련을 받았던 셈이죠. 뉴욕 시립대에 비하면 옥스퍼드 학생토론회Oxford Debating Society의 구성원들은 아마추어라 할 수 있었습니다. 그래서 저는 의견이 갈리는 부분이 있을 때마다 그저 본능적으로 칼을 빼들고 적절한 타이밍에 치고 들어가 상대를 해치웠죠. 로빈스 교수님을 비롯한 다른 여러 분들은 그런 사람을 한 번도 본 적이 없었을 겁니다. 그 덕에 도저히 말도 되지 않는 일이 일어났죠. 당시 갖고 있던 지식이라고 해봐야 얄팍하기 짝이 없었음에도 겨우 2주 만에 저는 석사 과정에서 박사 과정으로 갈아탔습니다. 그리고 3주 뒤엔 조교수로 교수진의 일원까지 되었죠."[1]

보몰은 프린스턴 대학교에서 정년을 맞는데, 깔끔하게 손질된 이 대학교 교정을 산책하면서 최초의 긱 경제gig economy* 대상, 즉 연주자와 미술가에 대해 생각했다. 그는 너무 빤하긴 하지만 흥미로운 사실 하나에 초점을 맞췄다. 전체 경제의 많은 부분이 점점 빠른 속도, 좋은 품질, 낮은 가격을 향해 나아가고 있는 데 반해 4명의 연주자가 한 곡을 연주하는 데 드는 시간은 1865년이든 그로부터 100년 뒤인 1965년이든 똑같다. 그러나 이 연주자들에게 지불되는 돈은 1965년 쪽이 훨씬 더 많다. 다른 경제 영역에서 생산력이 점점 더 높아짐에 따라 전반적인 임금 수준 역시 높아졌기 때문이다. 특정 부문의 경우 사람들은 생산성 향상의 여부와 상관없이 보다 높은 임금을 기대한다.

---

* 기업의 필요에 따라 정규직보다는 계약직·임시직으로 사람을 고용하는 경제 추세를 가리킨다.

이렇게 해서 보몰은 세월의 흐름과 관계없이 생산성은 거의 제자리지만 비용은 꾸준하게 오르는 분야가 많이 존재한다는 점을 확인했다. 이것이 이른바 보몰의 비용 병폐 이론이다.

> 오케스트라단들의 임금 티핑 포인트는 2014년이었다.
> 수입 1달러당 43센트는 기부, 40센트는 티켓 판매에서 나왔기 때문이다.
> 결국 공연장 폐쇄와 파업, 임금 삭감이 일상적으로 일어났고
> 루이빌과 호놀룰루 그리고 필라델피아의
> 오케스트라단은 파산을 신청했다.[2]

만일 연주자나 배우만 영향을 받았다면 그 문제는 어떻게든 해결될 수 있었을 것이다. 그러나 우리 경제의 상당히 많은 부분이 이러한 비용질병에 희생되었고, 비정상적인 비용병폐가 만연한 교육과 의료 등의 서비스 부문들에선 수없이 많은 윤리적 악행이 발생했다.

부당한 것을 바로잡는 데 필요한 경제적 여유만 있다면 고통당하는 사람들을 도와주는 일, 또 많은 사람이 잘못된 것이라고 알고 있는 무언가를 바꾸는 일은 훨씬 쉬워진다. 윤리적 기준이 빠르게 이동하는 현상은 부가 계속 늘어나고 비용이 계속 줄어들 때 나타나지만, 그와 반대로 비용이 무지막지하게 올라가고 온갖 문제가 마구 쌓여가는 상황에선 나타나지 않는다. '더 빠르게, 더 좋게, 더 싸게'라는 의식이 주도하는 곳에서는 근본적인 윤리적 변동이 나타날 가능성이 훨씬 높아지지만, 생산성이 떨어지는 곳에서는 비윤리적인 행동을 오랜 세월 동안 계속해서 용인하게 되는 것이다.

240

임금과 생산성이 지붕을 뚫고 높이 올라가면 어떻게 될까? 윤리적 규범 면에서 급격한 변화가 나타난다. 그러나 인플레이션이 일어나는 다른 부문들보다 비용이 훨씬 빨리 높아지는 곳에선 어김없이 개인과 집단에 대한 지독한 착취가 일어난다.

"보건, 교육, 치안 그리고 사회복지가 흔들린다. 노동집약적 분야가 아니기 때문이다. 이 분야들이 보다 효율적으로 작동한다는 것은 불가능까지는 아니지만 어려운 일임이 분명하다."[3]

그래서 우리는 제도를 대대적으로 바꾸어야 함에도 그러기엔 돈이 꽤 들기 때문에 부당한 온갖 행위를 계속해서 너그러이 받아들이게 된다.

존 롤스의 '공정한 사회 just society'라는 렌즈를 통해 다음 상황을 살펴보자. 장난감이나 TV처럼 근사하고 멋진 물건의 가격은 지난 200년 전보다 훨씬 저렴해졌다. 그러나 지식경제 시대를 살면서 풍족함을 누리는 데 반드시 필요한 것들은 빈곤층이나 중산층의 소득만으론 어림없을 정도로 비싸졌다.[4] 대학교 등록금은 3배, 전체 교육비는 거의 1.5배가 올랐다. 병에 걸렸거나 자녀를 양육해야 하는 사람에겐 그저 간절한 마음으로 행운을 빌어줄 따름이다.

중상류층으로의 진입 기회, 즉 부자가 될 기회를 잡으려면 좋은 교육을 받아야 하고 건강한 신체를 유지해야 하며 자녀를 잘 돌볼 수 있어야 한다. 그러나 바로 이런 것들이 보몰의 비용 병폐에 가장 쉽게 발목 잡히는 부문들이자 엄청난 시장왜곡이 발생하는 부문이다. 당신이 가장 최근에 구입한 자동차와 보건의료비를 놓고 지출 측면에서 어떤 일이 일어나고 있는지 비교해보자. 신형 자동차들은 그간의 가격 변

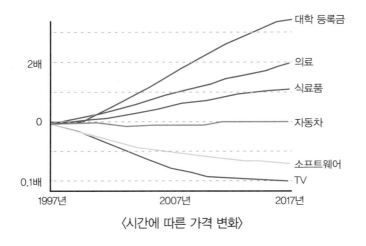

2배

0

0.1배

1997년 · · · · · · · · · · · · · 2007년 · · · · · · · · · · · · · 2017년

대학 등록금

의료

식료품

자동차

소프트웨어

TV

〈시간에 따른 가격 변화〉

화가 상대적으로 안정적인 데 비해 성능이나 기능은 놀라울 정도로 좋아졌다. 그러니 오래된 차를 탈수록 교통사고로 사망할 확률은 높아진다.[5] 그럼 이번엔 최근 당신이 병원에 갔던 경험을 떠올려보자. 당신은 10년이나 20년 전보다 요즘의 병원에서 더 편안해하고 진료 서비스에 만족하는가? 대학교 등록금이나 교재 가격에 대해선 어떤가? 가성비가 더 좋아졌는가?

　미국의 보건 의료를 좌지우지하는 것은 '비영리' 법인들과 약탈적인 영리 법인들이다. 제도나 체계 등의 시스템은 더 빨라지지도 좋아지지도 저렴해지지도 않고 있다. 보건의료라는 거대한 부문에선 '자유시장' 원리가 작동하지 않는다. 아이가 과민성쇼크 발작을 한다거나 인슐린이 심각하게 필요한 상황에서는 '가격탄력성'도 수요 감소 현상도 존재하지 않는다. 글로벌 제약사인 마일란Mylan은 알레르기 치료제인 에피펜스Epipens 두 묶음을 94달러에 판매하는 경쟁업체를 인수한 뒤 사실상 동일한 제품을 700달러 이상의 가격에 팔았다. 이를 과연 윤리적이라

할 수 있을까? 2002년에서 2013년 사이에 인슐린의 가격이 3배나 오른 것이 아무 문제 없다고 받아들여져야 하는 이유는 뭘까?[6] 인슐린이 점점 비싸지고 구하기도 어려워지는 상황은 가장 가난하고 취약한 사람들에게 심각한 타격을 주는데 말이다.

"2006년부터 2013년 사이 메디케어-파트 D 등록자들 중 인슐린 사용자 1인이 부담하는 자기부담금은 모든 인슐린 제품 유형에서 연간 10퍼센트씩 상승했다."

이런 현상은 엘리 릴리Eli Lilly, 노보 노디스크Novo Nordisk, 사노피Sanofi 등 세 곳의 거대 인슐린 공급업체들이 270억 달러 규모의 시장을 지배한다는 사실과 관련되어 있지 않을까?[7] 비난받아 마땅한 사람들, 즉 한층 더 많은 돈을 벌어들이는 사람들에 대한 지적은 이미 많이 제기되었다. 그러나 중요한 것은 제1형 당뇨 환자들의 1인당 1년 평균 약값 지출이 5,700달러(약 630만 원)를 넘어선다는 사실이다.[8] 2019년 캐나다의 인슐린 판매가가 미국의 10퍼센트밖에 되지 않자, 인슐린을 사기 위해 캐나다에 입국하려는 미국인들의 자동차 행렬이 길게 이어지기 시작하기도 했다.

인슐린 발명자 중 1명은 그 특허를 단돈 1달러에 토론토 대학교에 팔았다.
자신의 결정이 정말 많은 생명을 구할 것임을 알았던 것이다.
이런 사실을 생각하면 지금 벌어지고 있는 일들은 너무나 터무니없다.[9]

인슐린의 가격 문제와 똑같은 양상이 병원에서도 전개된다. 많이 아플 때만 병원에 가는 것 외엔 선택의 여지가 별로 없다. 가격탄력성이 별로 없는 한, 그리고 자신의 진료비를 본인이 아닌 다른 누군가가 지불하는 한 과잉 지출이나 과잉 청구에 대한 책임성은 별로 중요하지 않다(한때 댈러스-포트워스 공항에는 의료용 헬리콥터가 캐나다와 호주의 수량을 다 합친 것보다 많이 준비되어 있었다).[10] 업무 성과도 낮은 병원 CEO들이 터무니없이 많은 연봉을 받을 수 있는 것은 이 덕분이다. 일례로 2018년 한 해만 보더라도 13명의 CEO가 적게는 500만 달러에서 많게는 2,100만 달러까지 벌었고, 보건 및 제약 분야의 CEO 62명은 11억 달러 이상의 돈을 보수로 받았다.[11]

사람들에게 가장 절실히 필요한 것을 독점하고 있다가 그들이 그것을 가장 절실히 필요로 할 때 훨씬 더 높은 가격에 파는 행위는 매우 비양심적이며 비윤리적이다. 그러나 보몰의 비용 병폐 이론이 작동하고 있는 여러 분야에서는 비윤리적이게도 우리 스스로 이것을 허용하고 있다.

의료비에 대해 몰랐던 진실들

현대 국가의 정부가 수행해야 하는 기본적이고 본질적인 기능은 시민에게 안전과 번영을 가져다주는 것이다. 선진국은 무장강도의 수가 훨씬 적다. 그러나 미국에선 "꼼짝 말고 손 들어!" 하는 고함소리가 자주 들린다. 길거리에서만 그런 게 아니다. 약사와 의사 그리고 기업 이사가 약병을 손에 들고선 "돈을 내놓을래, 목숨을 내놓을래?"라고 말하는 카툰의 묘사가 설득력을 가질 정도니까.

워싱턴 D. C. 로비스트들의 '부패한 윤리swamp ethics'에 대해 이야기할 때 증거물 1호는 미국 보건당국 그 자체다. 거의 모든 문명사회에선 비용지불 능력이 없다는 사실이 사형선고처럼 여겨지지는 않는다. 그러나 미국에선 때때로 그렇다. 미국 경제 계층 사다리에서 하위 20퍼센트에 속하는 사람은 중년에 사망할 확률이 상위 20퍼센트에 비해 3배나 높다.[12] 이미 충분히 암울한 수준임에도 이 수치는 여전히 해마다 나빠지고 있다. 1970년에 소득 면에서 상위 50퍼센트에 속한 이들은 나머지 사람들에 비해 기대수명이 1.2년 더 길었다. 그러나 2000년에 이 격차는 5.8년으로 늘어났다. 그리고 지금은…… "소득 분배상 상위 1퍼센트의 사람들은 하위 1퍼센트의 사람들보다 15년 더 오래 살 것으로 예상된다."[13]

'(사람들이) 살아갈 수 있도록 지불한다pay to live'라는 이 패러다임은 선진국마다 특이한 윤리적 변수로 존재한다. 2개의 대조적인 제도를 배경으로 이 정책을 살펴보자. 우선 무상 교육이 없는 상황을 생각해보자. 유치원부터 시작해 중학교, 대학교, 대학원, 대학원 이후 과정은 물론 직업 훈련소까지도 마찬가지다. 이 제도하에선 65세라는 마법의 나이가 되기 전까지는 사실상 그 어떤 교육도 무료가 아니며 무조건 보장되지도 않는다. 그런데 65세가 되면 모든 것이 바뀌어서 자신이 원하는 강좌는 뭐가 됐든 들을 수 있다. 비용이나 결과에 대해선 아무런 신경도 쓰지 않고서 말이다. 비록 약간의 차이가 있긴 하지만 바로 이것이 미국의 의료제도가 작동하는 원리다.

미국의 의료제도를 영국의 의료제도와 비교해보자. 말하자면 증거물 제2호가 되겠다. 여기에선 모든 이가 수혜 대상에 해당되나, 그 혜택은 장애보정생존연수DALY, Disability-Adjusted Life Year*라는 개념으로 볼 때 합당하다고 여겨지는 치료에 대해서만 받을 수 있다. 한 차례씩 의료 서비스가 개입할 때마다 건강연수가 얼마나 늘어나는지 측정해보라. '결과를 위한 지급pay-for-outcome' 방식을 취하는 정부는 환자의 평생 건강에 중대한 영향을 주는 치료 절차를 우선적으로 처리하며 또 그 비용을 지불한다. 설령 제약사나 병원의 수익이 적어진다 해도 말이다. 백신 주사나 항생제 처방처럼 비용이 적게 드는 어린이 치료는 흔히 평생 겪을 고통의 시간을 방지하거나 줄여주고, 그렇기에 이런 것들은 건강수명 연장에 있어 가장 큰 효과를 발휘한다.

이와 대조적으로 미국의 '절차를 위한 지급pay-for-procedure' 방식에서는 (전혀 약효가 없거나 해로운 것만 아니라면) 기업이 많은 이윤을 남기게 한다. 생의 마지막 단계에 다다른 환자를 다룰 경우에는 특히 더 그렇다. 자, 여기에서 사고실험 하나를 해보자. 당신은 거대 제약사 제드Zed의 CEO다. 회사의 내년 투자처를 결정하기 위해 지금 이사회실에선 탁월한 과학자들로 구성된 3개의 연구 팀이 각자의 계획서 내용을 보고하는 중이다. A팀은 끔찍한 어떤 질병을 예방할 수 있는 환상적인 백신을 자신들이 개발했다고 말한다. 가격이 저렴한 이 약을 한 차례만 처방하면 수십 년 동안은 그 질병에 대해 전혀 걱정하지 않아도 된단다. 그렇기에 환자나 사회 입장에서는 엄청난 저축 효과와 투자수익이 발생하지만 제드의 입장에선 그리 남는 장사가 아니다.

B팀의 이야기는 이렇다. 현재 인간은 항생 물질에 대한 내성이 강

●　장애 때문에 줄어든 생애 기간.

력하게 작동하는 끔찍한 시기로 진입하고 있지만, 다행히 자신들이 효과적이고 값싼 일련의 항생제를 개발했다는 것이다. 이 기적의 약을 일주일간 복용한 환자는 일반적으로 깨끗이 완치되는데, 이 약 하나의 가격은 수천 달러를 호가한다.

C팀은 생의 마지막 순간을 앞둔 환자의 암을 치료할 수 있는 고액의 최후 수단을 개발했다고 한다. 그러나 그 약효는 복용 환자의 10퍼센트에 대해서만 수명을 겨우 몇 달 연장시킬 뿐이다. 이 약물 치료를 받는 환자는 100만 달러가 넘는 치료비를 지불해야 하기에 아마 평생 모아온 돈을 금방 다 써버릴 것이다.

장애보정생존연수 제도가 시행되는 경우라면 깊이 생각할 것도 없다. 정부는 A와 B에 대해선 변제해주겠지만 C에 대해선 그렇게 하지 않을 테니까. 아마 당신은 1달러의 예산을 쓴다 하더라도 자기 인생을 이미 충분하게 산 뒤 매우 병약한 상태에 이른 사람보다는 어린아이들을 치료함으로써 앞으로 보다 생산적인 삶을 살게 해주는 데 쓸 것이다. 그러나 분기마다 성장률과 수익률 등을 주식시장에 내놓아 자신의 역량을 과시해야만 하는 가상의 제약사 제드의 CEO 입장에선 어느쪽이 더 합리적인 선택일까? 그리고 수십만 달러의 공익 자금과 개인 자산을 털어 넣어야 할 정도로 엄청나게 비싼 최후의 수단을 만일 누군가가 필요로 한다면 어떤 일이 벌어질까? 다수의 목숨을 구하는 저렴한 치료법은 뒤로 밀리고 만다.

새로운 항생제나 백신을 개발하는 제약사가 극히 드물다는 사실이 당신에겐 혹시 충격적인가?

이것이 만약 미국만의 정책이라면? 그렇다. 어쩌면 이것은 다른 나라들이 점점 나아지고 있는 것과 달리 미국은 윤리적인 면에서 정체되어 있다는 사실을 드러내는 단면일지 모른다. 그러나 여기엔 또 다른 문제가 있다. 미국이 제도적 측면에서 워낙 권위적인 힘을 가진 금융시장이다 보니 전 세계 약학 분야의 연구와 수많은 치료방침들 역시 미국에 의해 운영되고 있다는 점이다. 약학 관련 개발 목표들은 거의 모두가 빌앤드멀린다게이츠재단Bill & Melinda Gates Foundation, 세계백신면역연합GAVI 그리고 세계보건기구WHO 같은 기관이나 단체의 보조를 받는다는 특수한 조건 그리고 미국 시장 출시를 통해 수익을 극대화한다는 제품 개발 논리를 따른다. 장애보정생존연수의 개발 논리를 따르는 것이 아니란 뜻이다.

그리고 이런 시스템은 많은 사람을 죽이고 있다.

의약 분야는 많은 문제를 안고 있으며 또 그럴 수밖에 없다. 그러나 보건 분야의 다른 부문들 역시 윤리적 측면에서 보자면 살얼음판처럼 위험하게 운영되고 있다. 미국 병원들은 단일 항목들 중 정부 보건 비용을 가장 많이 잡아먹는다. 그리고 의약에서와 마찬가지로 '절차를 위한 지급' 제도는 비뚤어진 동기를 촉발한다. 몇몇 치료 방식의 결과가 해당 질병의 결과보다 나쁘다는 사실을 알면서도 굳이 그 방식을 검증하려는 동기가 강력하게 작동한다는 뜻이다. 병원을 위한 현금인출기가 되어버린 노인 환자는 대개 병원의 소득원 역할을 하는데, 이런 환자들 다수는 의료보험을 통해 보조금을 지급받으므로 본인으로선 별 상관이 없다. 그에 반해 젊은 환자들은 많은 진료비를 지불하거나 응급실을 사용하거나 사망한다. 질병 예방이나 젊은 사람들을 돕는 데 사용되는 예산은 거의 없다. 이에 따른 결과는 손실수명연수YLL, Years of Lost Life●를 통해 측정할 수 있다. 70세 이전에 사망하는 모든 사람은 손실수명연수를 보태게 되는데, 가령 어떤 사람이 45세에 사망했다면 손실수명연수 25년을 더하는 식이다. 2017년에 여타 국가들의 손실수명연수는 7,764년이었으나 미국은 1만 2,282년이었다.[14]

그리고 미국의 장애보정생존연수 측정치는
비교 가능한 다른 나라들에 비해 31퍼센트나 높았다.

미국은 이러한 결과와 함께 비용도 가파르게 상승하고 있는데, 이는 특히 민간 고용주들이 채용한 직원 가운데 질병에 시달리는 이들 때문에 더 그렇다. 이 고용주들은 자기 직원이 아프거나 말거나 신경 쓰지 않고 마구 부려먹기 때문이다.●●

2006년 민간 부문 노동자 중에선 겨우 11.4퍼센트만이
환자부담금deductible을 높게 설정한 의료보험에 가입해 있었다.
2016년에 그 수치는 46.5퍼센트까지 치솟았다.[15]

● 　기대수명을 채우지 못한 연수.
●● 　미국 의료보험의 경우 일정하게 정해진 환자부담금까지는 무조건 환자가 의료비 전액을 내고, 이를 넘어서는 금액에 대해서만 의료보험이 적용된다. 환자부담금의 액수는 높게 설정할 수도 있고 낮게 설정할 수도 있다.

때문에 만성질환이 있고 환자부담금이 높은 의료보험의 환자 60퍼센트는 치료를 나중으로 미루었다.[16]

이는 힘들어하는 사람을 돕지 말고 걷어차자는 발상이 아닌가? 정상 출산을 한 산모에겐 보험금을 지급하지만 사산일 경우엔 보험금을 지급하지 않고 개인이 알아서 비용을 부담하게 하는 것이 과연 정당한 일인가?[17] 다른 선진국에서는 그렇지 않은데 왜 미국에서는 암에 걸렸다 하면 줄줄이 파산할까? 미국에서 일어나는 파산의 66퍼센트는 의료 관련 문제에서 비롯되고, 이 때문에 해마다 50만 명에 이르는 이들이 중산층에서 빈곤층으로 밀려난다.[18] 다른 선진국에서는 이런 일을 용납하지 않고, 환자의 치료와 생존 문제를 환자가 올바른 고용주에게 고용되어 있는가 하는 문제로 연결하지도 않는다. 독일인의 90퍼센트는 병원비 청구서를 구경할 일조차 없고, 프랑스에선 환자가 많이 아플수록 의료보험 보장이 더 커진다. 여드름 치료 비용은 완전히 보장되지 않지만 교통사고 치료에 드는 비용은 완전히 보장되는 식이다.

> 다른 OECD 국가들은 평균 병원 입원비가 1만 530달러(약 1,000만 원),
> 평균 입원일이 7.8일인 데 반해
> 미국의 경우는 2만 1,063달러(약 2,300만 원)에 6.1일이다.[19]

다시 말하지만, 사정은 좋아지지 않고 있다. 병원들은 '더 높은 효율성'이라는 명목으로 합병에 합병을 거듭하지만, 직원들 급여가 올라가니 행정 비용은 가파르게 늘어난다. 시장에 주요 참가자가 한두 곳만 있을 땐

일반적 절차에 대한 가격 변화가 평균 44퍼센트 더 높게 나타난다.[20]

> '비영리' 병원 CEO의 평균 급여는 10년 만에 93퍼센트가 올랐다.
> (그리고 그렇게 오른 금액은 무려 310만 달러다.)
> 비임상 분야의 노동자에게 들어간 비용은 30퍼센트가 늘었지만
> 간호사의 급여는 겨우 3퍼센트 올랐을 뿐이다.[21]

개인이 부담해야 하는 끔찍한 비용은 별개로 친다 하더라도, 미국의 경우처럼 비효율적이고 정당하지 못한 보건 체계는 결국 국가경쟁력을 갉아먹을 것이다. 물론 그 어떤 나라의 보건 체계도 완벽하진 않다. 영국인도 의료 서비스를 받을 때는 길게 줄을 서야 하는 등 끊임없이 불평을 해대니까. 그러나 미국은 대부분의 OECD 국가에 비해 환자 1인당 들이는 비용이 많은데 결과는 더 나쁘다. 2018년에 미국은 보건 비용으로 1인당 1만 586달러(약 1,100만 원)를 썼다. 영국은 4,070파운드(약 630만 원)를 썼지만 영국인은 남녀 모두 미국인보다 평균적으로 오래 산다. 비효율적인 제도를 계속 유지함으로써 발생하는 피해는 말로 다할 수 없을 만큼 심각하다. 질병의 예방이 아닌 치료에 초점을 맞추는 것은 결국 미국 전체의 경제를 망쳐버릴 수 있다. 1970년 미국은 GDP의 6.2퍼센트를 보건 분야에 지출했지만 2018년에 이 비율은 무려 17.9퍼센트로 치솟았다.[22]

여기에서 다시 윤리 문제로 돌아가보자. 내가 말한 사실들 중 당신이 몰랐던 것이 있는가? 물론 구체적인 통계수치까지야 알 수 없었겠지만, 이 장을 읽기 전에도 아마 당신은 우리가 지금 하고 있는 짓들이 정

당하지 않다는 사실을 잘 알고 있었을 것이다. 병원에서 고생하며 일하는 사람들 역시 현재의 제도가 엉망진창임을 알고 있다.

우리는 지금 심각하게 비윤리적인 제도를 너그럽게 받아들이고 또 거기에 돈을 퍼붓는 중이다. 그러나 보몰의 비용 병폐라는 전염병은 여러 곳에 창궐해 있다. 더 빠르고 더 우수하고 더 저렴하게 진행되는 것들을 찾기 힘들 뿐 아니라 여유롭게 생활할 정도로 경제적 이윤이 늘지 않는 곳에선 본질적으로 잘못된 행동들을 본체만체 무시하며 내버려두기 쉽다. 그 때문에 사람들도 계속해서 해를 당하며 속절없이 죽어가고 말이다. 다른 대안이, 보다 낮은 비용으로 실행할 수 있는 더 나은 방법이 있다는 점은 다른 나라들이 이미 입증한 바 있다. 그러나 미국 경제와 일자리의 20퍼센트 가까운 비율이 그런 비효율적 제도에 의존하고 있는 지금, 우리는 업턴 싱클레어Upton Sinclair의 다음 격언을 되새겨야 한다.

"누군가가 무언가를 이해하지 않아야만 봉급을 받는 구조하에선 그 사람에게 그 무언가를 이해하게 만들기 어렵다."[23]

하지만 이 상태가 영원히 지속되진 않을 것이다. 무슨 일이든 일어날 테니 말이다. 그리고 결국 지금의 상황이 달라지면 미래 세대는 당연히 이렇게 물을 것이다.

어떻게 그럴 수 있었을까? 경제적으로 가장 취약한 데다 병까지 든 사람들을 무슨 생각으로 그렇게 대한 거지? 자신들이 하는 일에 문제가 있다고 생각하지 않은 걸까?

무너지는 교육의 공정성

연주자들과 보건 분야 종사자들의 경우가 그랬듯 공립학교 교육 분야
에서도 시간당 비용은 계속 높아지고 있다. 그러나 학생들의 평균점수
는 올라가지 않았다. 교육 분야는 그야말로 보몰의 비용 병폐가 작동하
는 고전적 예이다.

> 인플레이션이 반영되어 공립학교 학생 1인당 지출 예산(비용)은
> 지난 30년간 117퍼센트 상승했다. 그러나…….
> 1982년에 298점이었던 수학 평균점수는 30년 뒤 겨우 8점 올랐고,
> 읽기 평균점수는 오히려 2점이 떨어졌다.[24]

대학에서의 문제는 한층 더 심각하다. 다음 그래프는 대학에 투입되는
비용이 얼마나 높아졌는지 잘 보여준다.[25]

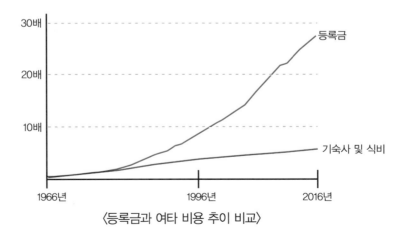

〈등록금과 여타 비용 추이 비교〉

대학들은 예전에 비해 점점 더 많은 기부금을 받는다. 2017년에 전문대학을 포함한 미국 대학들이 거둔 기부금 총액은 440억 달러였다. 수억 달러가 유증(遺贈) 형식으로 대학에 들어오는 건 이제 특별한 일이 아니다. 그럼에도 저축과 비용 절감 그리고 기금 모금에 대한 요구는 조직 운영 차원에서 끊임없이 이어지고 있다. 보몰의 비용 병폐는 오케스트라단들에서 그랬듯 교육계에도 심각하게 만연해 있다. 오케스트라단의 어느 후원자가 그 후원비를 부담스럽게 느낀다 치자. 그럼 그 후원을 끊어버리면 그만이고, 필요하다면 다른 오락거리를 찾으면 된다. 잃을 게 그다지 많지 않다는 뜻이다. 그러나 이 경우와 달리, 보다 나은 수준의 교육을 받지 않는 쪽을 선택하는 사람의 경우엔 나중에 감당해야 하는 비용이 매우 커진다. 학력별 평균 주급을 나타낸 다음의 표에서 알 수 있듯이 말이다.[26]

이는 그저 임금만의 문제가 아니다. 잘 교육받은 인재 없이 민주주의와 과학의 수준을 유지하기는 어렵다. 교육은 개인의 능력과 가치를 높인다. 노예제도 시행 당시 미국에서 유색인종은 제대로 된 교육을 받을 수 없다는 규정이 명시적으로 존재했던 것도 바로 그런 이유에서였다. 다음은 1848년의 버지니아에 있었던 규정이다.

"흑인을 모아놓고 읽기 혹은 쓰기를 가르치거나 흑인과 어울려 불법 집회를 도모하는 백인은 최대 6개월의 징역형에 처한다."[27]

그러나 지금이라 해서 이런 발상이 완전히 사라진 것은 아니다. 오늘날 독재자를 동경하는 이들이 가장 우선적으로 하는 일은 대학의 문을 닫고 지식인을 투옥하며 학교에서 가르치는 내용을 통제하고 대중을 재교육하는 것이니까.

박사	1,743달러(204만 원)
전문가	1,836달러(215만 원)
석사	1,401달러(164만 원)
학사	1,173달러(137만 원)
전문대 졸업자	774달러(87만 원)
고등학교 졸업자	712달러(83만 원)
그 외	520달러(61만 원)

〈미국의 학력별 평균 주급〉

지식경제에서는 가격탄력성이 거의 작동하지 않는다. 대학 교육은 비용이 높든 낮든 필수적으로 거쳐야 하는 최소한의 소비 대상이다. 그러나 해를 거듭할수록 등록금이 비싸지고 생산성이 떨어지면 결국 학생들의 빚은 개인이 감당하기 어려울 정도로 치솟을 것이다. 2016년에 평균 계층의 학생이 학자금대출로 진 빚은 3만 7,172달러(약 4,100만원)였다. 미국 대학생 4,400만 명이 총 1조 6,000억 달러가 넘는 빚을 지고 있으며, 부채가 있는 전체 인구 중 부채 규모가 가장 큰 연령층은 30~39세다. 다시 말해 이 샌드위치 세대는 학자금 부채와 자녀 양육 그리고 부모 부양이라는 짐을 한꺼번에 지고 있다는 뜻이다. 현재 이들이 진 빚 4,610억 달러는 5년 전보다 무려 30퍼센트나 늘어난 수치다.[28] 이런 빚은 대학 교육을 거친 사람들에게 엄청난 압박을 주고, 그 때문에 많은 이가 중산층에서 빈곤층으로 떨어진다. 대학의 비용이 늘어나는 이유는 교수진에게 주는 임금 때문이 아니다. 학교들은 점점 적은 돈을 지불해도 되는 강사진을 채용함으로써 교수진 고용 비용을 더 싸게 처리하고, 대학 행정 조직의 인력과 비용은 더 키우고 있다. 미식축구에서의 '투자'가 그렇듯 말이다.

허리가 휘는 부채 부담이 두려워 대학에 가지 않는 사람 수는 갈수록 증가하는 추세다. 또 대학에 진학하는 이들 중 대부분은 글쓰기, 음악, 연극 혹은 사회적 서비스 분야를 전공할 경제적 여유가 없다는 걸 알고선 다른 분야를 전공하려 하고, 이는 가장 창의적이고 기발하며 재능 있는 사람들이 낭비되는 결과와 이어진다.

> 2011년에 대학에 입학한 사람의 수는 1,660만 명이다.
> 그리고 2017년에는 1,460만 명이었다.[29]

설상가상으로 당신은 이 빚을 없앨 수도 없다. 정말 미칠 노릇이다! 지불 능력이 없어도 신용카드를 10개 신청해서 발급받으면 그걸로 명품 옷을 사고 유흥을 즐길 수 있다. 그러다가 개인파산을 선언하면 그만이니까. 그러나 대부분의 학자금은 신용카드로도 어떻게 할 수 없다. 채권자들은 당신이 어디에 가든 당신을 추적하고, 법원도 당신을 보호하지 않는다. 또한 채무불이행의 위험이 점점 낮아지고 부채 청산이 점점 어려워짐에도 수많은 악덕 대출업자는 여전히 매우 높은 이자율을 매긴다. 수익을 추구하는 대학의 손아귀에 붙잡힌 가난한 사람들은 지금 대부분 벼랑 끝에 몰려 있다. 이것은 잔인한 일이고, 그야말로 옳지 않은 일이며, 감히 말하지만 비윤리적인 일이다.

교육비 지원 예산을 줄이는 것, 교육비를 지나치게 높은 수준으로 매기는 것은 사람들을 미래의 가난으로 내모는 확실한 방법이다. 우리 모두는 이 사실을 잘 알 뿐 아니라 이런 현실을 바라보고 있지만, 문제 많은 이 제도는 수십 년째 끄떡도 않은 채 여전히 건재하다. 이런 현실을 묵인하고 또 거기에 동참한다면 분명 언젠가 우리는 이 일로 심판을 받을 것이다.

돈이 되는 감옥 비즈니스

누군가의 자유를 빼앗는 것은 엄청나게 중대한 일이다. 국가가 어떤 사람을 대상으로 이런 일을 하겠다고 결정하려면 그것 외의 다른 대안은 없는지 충분히 살펴봐야 하고, 처벌이 아닌 갱생과 사회복귀에 초점을 맞춰야 한다. 하지만 모든 국가가 다 그렇게 하진 않는다. 전 세계 교도소 재소자의 절반은 중국과 러시아 그리고 미국, 3개국에 있다.

미국인은 다른 나라 사람보다 더 위험하고 더 잔인하고 더 사악할까? 그게 아니라면 미국의 가구는 전 세계 가구의 4.4퍼센트를 차지하는데 미국 교도소의 재소자가 전 세계 재소자의 22퍼센트에나 이르는 이유는 뭘까? 어째서 미국은 캐나다와 서유럽보다 적게는 6배, 많게는 9배까지 많은 시민을 교도소에 가두는 걸까?[30]

특히 화나는 사실은 현재 미국의 범죄 건수가 1991년에 비해 약 절반으로 줄어들었음에도 그렇다는 것이다.[31] 오히려 사람들은 예전보다 더 많이 투옥되고 있다. 재소자 한 사람이 늘어날 때의 한계편익*은 미

---

* 추가적으로 발생하는 이익

래의 범죄 감소라는 측면에서 0에 가깝고 심지어 어떤 경우에는 마이너스이다.[32] 선고 형량도 증가 추세에 있다. 심지어 선고 형량이 1년씩 늘어날 때마다 재범률은 4퍼센트에서 7퍼센트까지 늘어나는데도 그렇다. 특히나 재소자의 절반이 비폭력사범임을 고려하면 이런 수준의 투옥은 오히려 '범죄를 부추기는' 효과를 일으킨다.[33] 재소자의 갱생, 즉 '당신이 사회에 진 빚은 이로써 모두 갚았으니, 출소하면 사회에 도움 되는 사람이 되십시오'라고 가르치고 유도하는 경우는 거의 없다. 처벌과 배척은 제도화되었고 이런 일이 반복되는 경우 역시 흔하다. 출소자는 직업을 가질 가능성이 희박하고, 사회적으로 기댈 곳도 거의 없으며, 대부분 투표도 할 수 없다. 전과자는 비전과자에 비해 임금도 10퍼센트에서 40퍼센트나 적고, 취직을 한다 해도 승진은 하늘의 별 따기다. 이들에게 주어지는 선택권은 최저임금 아니면 또 다른 범죄가 전부다.

'삼진아웃제', '감형 없는 판결truth in sentencing'*, '10년 내지 20년 징역형'**, 그 외 이와 비슷한 법률로 판사의 재량권은 많이 줄었다. 보석 없는 무기징역형 선고는 1984년 이후로 4배로 늘었다.[34] 사람들은 이제 폭력과 상관없는 사소한 범죄를 저지르고도 교도소에서 평생을 살게 되었다. 미국에서는 교도소 입소 건수가 매년 1,000만 건이 넘고, 재소자 인구는 미국 15개 주의 인구를 합친 것보다 많다.[35] 말하자면 미국 성인의 절반은 가족 구성원 중 1명이 교도소에 있다는 뜻이다.[36]

투옥이 비효율적이고 돈이 많이 들며 한 개인의 삶을 파괴하는 방

---

* 판사의 재량권 없이 범죄마다 무조건 따라야 하는 형량을 미리 정해놓는 것.
** 특정 조건을 충족할 때 피의자에게 무조건 10년 내지 20년 징역형을 선고하는 것.

258

식이라면 우리는 무슨 이유에서 굳이 이 짓을 계속하는 걸까? 너무도 비윤리적인 일이라 당신이 들으면 까무러칠지도 모르는 사실인데, 그토록 많은 사람을 교도소로 보내는 데는 다른 이유가 있다. 루이지애나는 지구상에서 가장 높은 투옥률을 기록하고 있는데 그 수치는 이란의 5배, 중국의 13배에 달한다. 연방 교도소가 아닌 많은 지역 교도소에는 대개 종신형 재소자가 수용되어 있다. 왜 이런 일이 지역 차원에서 일어나고 있는 걸까? 지역 보안관들은 주 정부로부터 재소자 1명당 매일 25달러를 받기 때문이다. 또 만약 이웃에 있는 민간 교도소들이 규모를 키워나가면 그들 역시 보안관들에게 용돈을 두둑이 챙겨준다.[37] 모든 사람이 콩고물을 나눠먹는 것이다. 몇몇 통신업체는 교도소 재소자를 상대로 30분 통화에 25달러나 되는 바가지 통화료를 부과하기도 한다. 한 연구논문에 따르면 교도소 제도 때문에 정부와 재소자 그리고 재소자의 가족이 연간 부담해야 하는 돈은 무려 1,829억 달러에 달한다.[38]

냉소주의는 숨이 막힐 정도다. 마리화나보다 술이 더 해롭다는 걸 우리는 이미 수십 년 전부터 잘 알고 있다.[39] 여러 주에서 마리화나가 잇달아 합법화되었음에도 2017년엔 약 60만 명이 마리화나 소지죄로 체포되었다.[40] 그러나 하원의장이었던 존 베이너 John Boehner는 그 어떤 약물이 됐든 그것을 합법화하는 법안엔 '한결같은 반대' 입장으로 일관했고, 때문에 '마리화나 법률 개혁을 위한 전국 조직'이라는 단체로부터 연속으로 F 점수를 받았다. 그의 입장 때문에 사람들이 계속해서 체포되었는데, 마이클 톰슨이라는 사람은 현재 마리화나가 합법적으로 바뀐 주에서 1994년에 마리화나를 팔았다는 죄목으로 40년 형을 받고 지금도 수감 중이다.[41] 한편 정치계에서 은퇴한 뒤 베이너는 마음을 '살짝 바꿔서' 에이커리지 홀딩스Acreage Holdings라는 마리화나 회사에 이사진으로 합류해 2,000만 달러를 벌었다. 그래서 지금 그는 "나는 마리화나 합법화의 지연이 사람들에게 어떤 해로움을 끼쳤단 생각은 전혀 하지 않는다"라고 말한다.[42] 물론 그의 말에 모두가 동의한 건 아니었다. 베이너의 '생각의 진화'가 보도되자 '수경재배 배우기'라는 닉네임을 쓰는 『뉴욕 타임스』의 한 독자는 다음과 같이 말했다.

"치솟는 분노에 글자가 보이지 않아 나는 이 기사를 도저히 읽을 수 없다. 내 눈에 들어오는 건 제목과 사진 그리고 2,000만 달러라는 숫자뿐이다. 교도소에 갇힌 뒤 그곳에서 살해된 내 사촌을 비롯해 교도소에서 감금과 구타, 강간을 당하고 평생 마약중독자라는 낙인을 달고 살아야 하는 다른 많은 사람이 생각난다. 내게 마리화나가 있을 것이라 믿는 경찰로부터 내가 당할 수도 있는 구타 광경, 또 신분증을 꺼내기 위해 재킷에 손을 집어넣는 내게 경찰들이 총을 겨누는 모습이 머릿속에 떠오른다."[43]

미국인의 건강을 너무나 걱정했던 베이너는 나중에 한술 더 떠서 어느 담배 회사에도 이사진으로 합류했다.

투옥은 또한 유사 노예제도와 같이 이용되기도 한다. 중세 시대의 채무자는 가족이 빚을 갚아줄 때까지 채권자에게 붙잡혀 있었다. 스페인계 미국인들 사이에서는 채무자를 고용계약으로 옭아매 토지에 종속시키는 '티엔다 데 라야(Tienda de raya, 구내매점)'라는 제도적 관행도 있었다. '문명화된' 유럽 정부들 역시 폭넓은 채권자 교도소 네트워크를 운영했는데, 이 교도소 재소자들은 빚을 모두 갚을 때까지 구속 상태에서 일해야 했다. 이론적으로 보자면 이와 같은 행위는 19세기 중반까지도 이어졌다.

독일인은 이런 '채무자 감옥'과 같은 관행을 완벽하게 표현하고자 'Pressionshaft'라는 단어를 만들었다.
2018년 내내 그리스는 은행 빚을 갚지 못한 이들을 투옥했고, 아랍에미리트는 지금도 여전히 그렇게 하고 있다.

교도소 내 노동 시장은 지금도 미국에서 번성하고 있다. 노예제도와 다름없는 이런 제도가 어떻게 현재까지 버젓이 합법적으로 이어져온 걸까? 미국의 수정헌법 13조는 노예제도와 비자발적인 예속, 즉 강제노동을 금지했지만 거기엔 예외가 있었다. '범죄에 대한 처벌' 목적으론 얼마든지 가능하다는 것이었다. 그리고 이미 알고 있을지 모르지만 미국 남부의 여러 주에서는 이 예외조항을 마음껏 이용해왔다.

"1880년과 1904년 사이 앨라배마주 정부는 재소자들을 임대해서 벌어들이는 수익으로 많게는 예산의 10퍼센트까지 충당했다."[44]

정말 대단한 기업가정신이 아닌가! 19세기의 100년을 놓고 볼 때 이렇게 임대된 재소자들의 사망률은 소련 강제수용소 수감자들의 사망률보다 높았다. 그러나 위대한 기업가정신은 그런 사실을 대수롭지 않게 여겼다.

유사 노예무역은 오늘날에도 활발히 이뤄진다. 교도소 재소자들은 주 정부가 소유하는 기업들에 '임대'되어 시급 33센트를 받는다. 기술 숙련도가 높은 재소자는 시급 1.41달러라는 '높은' 임금을 받을 수 있다. 이들의 임금은 2001년보다 오히려 줄었고 '법정이 매긴 벌금, 소송 비용, 목격자 산정 금액' 및 그 밖의 온갖 부과금을 갚는 데 들어간다(콜로라도주의 경우 얼마나 임금 수준이 낮은지, 탐폰 한 상자를 사려는 여성 재소자는 2주간 노동을 해야 할 정도다).[45]

교도소 수감자가 점점 늘어나는 상황에서 민간 회사는 이득을 볼지 몰라도 납세자는 그렇지 않다. 캘리포니아주에서 소년범 1명을 교도소에 수감하는 데는 평균 28만 4,700달러가 든다(산타클라라 카운티라면 사정이 달라져 무려 53만 1,400달러나 든다).[46] 폭력사범이 계속 늘어남에 따라 사적 이익을 추구하는 공공 기관의 시스템이 예산 확보와 관련된 영향력을 줄여나간다는 건 요원하거나 불가능한 일로 인식될 것이다.

한편 '기관들'은 계속해서 비윤리적인 태도로 일관하고, 일반 시민인 우리는 이 문제에 손을 놓고 있다. 따로 해야 할 더 중요한 일이 있다고 생각하기 때문이다. 말하자면 우린 완벽하게 엉망진창이고 비윤리적인 일이 사회에서 계속 일어나게끔 방치하는 셈이다. 우리 각자는 '내가 특별히 잘못된 짓을 하는 것도 아닌데 뭐……'라 생각하며 그런 일을 하고 만다. 참 위험하게도 말이다. 그러나 이윤 추구에 휘둘리는 투옥–교도 제도는 재산권을 심각히 훼손한다. 경찰과 연방정부 그리고 민간 이익집단들은 당신이 소유하고 있는 것을 다음 3가지 방식을 통해 빼앗고 그 덕에 부유해졌다. 하나는 당신이 범죄를 저지르고 유죄 판결을 받을 경우의 '범죄자산 몰수'고, 또 다른 하나는 당신이 갚아야 할 빚을 갚지 못할 경우의 '행정자산 몰수'다. 그리고 마지막 방식이 별로 위험하게 들리지 않아서 그런지 아무렇지 않게 자주 시행되는 '시민자산 몰수'이다. 시민자산 몰수의 시초는 1660년 영국의 항해법Navigation Act까지 거슬러 올라가는데, 이 법은 영국 국적이 아닌 배가 영국이나 영국 식민지에 정박할 경우 그 어떤 범죄 소명 절차도 없이 화물을 포함하여 배의 모든 재산을 영국 정부가 몰수할 수 있다고 규정했다. 이런 유형의 포괄적 권력들은 1970년의 미국에서 '포괄적 마약남용 방지 및 통제법Comprehensive Drug Abuse Prevention and Control Act'으로 현대화·성문화되었다. 이 법은 마약 생산과 유통에 사용된 모든 재산을 경찰이 압류할 수 있도록 규정하는데, 범죄를 저지르거나 사주했다는 죄로 해당 재산의 소유주를 기소하진 않는다. 즉, 기소되는 것은 소유주가 아닌 그의 재산이기 때문에 경찰로선 해당 재산의 소유주를 기소할 필요가 없고, 그 재산이 불법적 활동과 관련되었을 가능성이 높다고 믿기만 하면 그만이다. 이것이 바로 공권력으로 하여금 약탈 행위를 계속하게 만드는 요인이다. 1984년 '포괄적 범죄 통제법Comprehensive Crime Control Act'은 이렇게 몰수한 재산을 지방 정부와 연방 정부의 경찰 운영 자금으로 사용하도록 허용했는데, 1995년 미국 회계감사원GAO은 법집행 기관들이 "자산몰수법 행사에 지나치게 열성적으로 나서거나 이런 몰수에서 비롯된 자금에 지나치게 많이 의존한다"라고 경고하기까지 했다.[47] 그러나 그들은 귀를 막고 듣지 않았다. 2001년 한 연구논문은 카운티나 지방자치단체의 60퍼센트가 이런 몰수 재산을 자기 기관의 예산 수입에서 핵심적인 부분으로 여기고 있음을 확인했다.[48] 그 이후로도 상황은 줄곧 나빠지기만 했다.[49] 설치예술가 캐머런 롤랜드Cameron Rowland는 당국이 법을 집행한다는 명목으로 가난한 사람들에게서 몰수한 물건들을 전시해 이런 법들이 갖는 잔인성을 표현했다.[50]

타나카^{Tanaka} 재단기: 87.09달러

스틸^{Stihl} 백팩식 휘발유 엔진 송풍기: 206달러

유모차 1대: 1달러

중고 자전거 8대: 104달러

한마디 덧붙이자면, 2019년 2월 미국 연방대법원은 과도한 몰수를 제한하는 판결을 9 대 0으로 의결했다. 이제 그 악랄한 관행은 부분적으론 사라지겠지만, 그 판결 내용이 실현되기까지는 많은 시간이 걸릴 것이다. 시민의 재산을 자신들의 예산으로 현금화하는 걸 끔찍이 좋아하는 경찰 기관들이 여전히 너무나 많기 때문이다.

일회용품의 역습

오래전 일이다. 환경의식이 높은 도시인 캐나다 밴쿠버의 식료품 가게 이스트 웨스트 마켓^{East West Market}의 사장 데이비드 리 퀸^{David Lee Kwen}은 어느 날 문득 화가 났다. 손님들이 재사용 가능한 장바구니를 들고 오지 않고 그저 일회용 비닐봉지만 요구한다는 사실을 깨달은 것이다. 그래서 그는 혼자 이런 생각을 했다.

흠……. 어떻게 하면 비닐봉지 사용을 줄일 수 있을까? 사람들이 조금씩만 노력해도 이 커다란 환경 문제를 해결하는 데 도움이 될 텐데. 어떤 방법으로 고객의 행동을 바꿀 수 있을까? 동기부여를 어떻게 하면 좋을까?

얼마나 많은 밤을 (아마도 술과 함께) 고민하고 보냈는지는 본인만이

알겠지만 아무튼 결과는 대단했다. 동네 사람들은 이웃들이 갑자기 '치질 치료 협동조합'이나 '무사마귀 연고 도매점' 또는 '기묘한 성인 비디오의 세상 속으로' 같은 문구가 적힌 비닐봉지를 들고 다니는 걸 보고선 깜짝 놀랐다. 이것이 바로 퀸의 계획이었다. 퀸의 가게를 찾는 고객들은 그 비닐봉지를 보고 당황하기는커녕 오히려 그것들을 모으기 시작했고, 이렇게 비닐봉지 수요가 늘어나자 퀸은 손님들에게 비닐이 아닌 천 소재의 장바구니를 나눠주기로 마음먹었다.

한때 플라스틱은 미래의 상징이었다(혹시 1967년에 나온 영화 〈졸업The Graduate〉의 유명한 대사들 중 두 번째로 유명했던 게 무엇이었는지 기억나는가?)* 하지만 그로부터 수십 년이 지난 지금 일회용 플라스틱 제품은 비윤리적인 것의 상징이 되었다. 어떤 물건을 딱 한 번만 쓰고 버리는 것은 낭비임을, 특히나 그렇게 버린 쓰레기가 수백 년 동안 썩지 않고 쌓일 때는 더욱 그러하다는 점을 우린 이미 알고 있다. 그러나 일회용 플라스틱 제품이 얼마나 싸고 간편한지, 우리는 주유소에서 나눠주는 생수 페트병에 손을 내미는가 하면 아무렇지도 않게 비닐봉지를 받아들고 또 플라스틱 포크나 빨대를 사용한다. 코카콜라Coca-Cola에서 생산한 일회용 페트병만 해도 1,100억 개가 넘는다.[51]

우리는 우리가 지금 하는 짓이 잘못된 것임을 아주 예전부터 분명히 알고 있었다. 그런데도 여전히 잘못된 행동을 하고 있다. 싸고 편한 것은 때때로 윤리를 짓밟는다.

작은 종이 묶음과 호텔에서 주는 일회용 펜을 들고 아무 데로나 나

---

* 월터 브룩은 더스틴 호프먼에게 "플라스틱에 밝은 미래가 있다"고 이야기한다.

가서 10분간 걸어 다니며 당신 눈에 보이는 플라스틱 제품을 모두 적어 보자. 그 제품이 일회용인지 아닌지도 확인해가면서 적어야 한다. 이렇게 해보고 나면 65년 전엔 연간 소비 수치가 거의 0에 가까웠던 플라스틱 사용량이 어째서 4억 톤으로 늘어났는지 금방 깨닫게 될 것이다.[52] 플라스틱은 생산 원가가 워낙 낮기에 딱 한 번 쓰고 내버려도 전혀 부담스럽지 않다. 재활용 쓰레기통에 너무나 크게 위안받은 우리 모두는 플라스틱이 대부분의 다른 소비재 물질보다 더 오랫동안 썩지 않는데도 미국에서 사용된 플라스틱의 재활용 비율이 2015년 기준 겨우 9퍼센트에 불과하다는 사실을 쉽게 잊는다. 종이의 재활용 비율은 67퍼센트, 정원에서 나오는 쓰레기는 61퍼센트, 금속은 34퍼센트 그리고 유리는 26퍼센트인데 말이다.[53]

재활용되지 않는 플라스틱 쓰레기 중 많은 양은 바다에 버려진다. 2003년에 찰스 무어 Charles Moore 선장은 요트를 타고 하와이에서 출발해서 캘리포니아로 향했다. 그러나 그는 통상적인 항로 대신 바람이 많이 불지 않는 구역을 가로질러 나아갔다. 그곳으로는 보통 다른 배들이 다니지 않았는데, 그 항로에서 무어 선장이 발견한 것은 자그마치 텍사스주의 면적에 이를 정도로 소름 끼치게 거대한 플라스틱 쓰레기 섬이었다. 그곳에 그런 쓰레기 섬이 있다는 사실은 그때까지 그 누구도 몰랐다.

"당연히 푸른 물이 있을 거라고 생각하며 갑판에서 바다를 바라보았지만 눈에 들어오는 것은 모두 플라스틱이었다. 너무나 당황스러웠다. 플라스틱이 없는 깨끗한 바다 표면이 단 한 곳도 없다는 사실은 정말이지 믿을 수 없었다. 그 아열대 고기압 지대를 통과하는 한 주 동

266

안은 하루 24시간 내내 병, 병뚜껑, 포장지, 부스러기 등 온통 플라스틱만 보일 뿐이었다."

이 쓰레기 산을 몽땅 치워 예전처럼 깨끗한 바다로 돌려놓고 싶지 않은가? 그런데 67척의 배를 동원해 1년 내내 청소한다고 해도 이 쓰레기 섬의 1퍼센트조차 치울 수 없다고 한다.[54]

예전에 나는 과학 탐구차 배를 타고 세계를 돌아다닌 적이 있다. 그때 나를 가장 당혹스럽게 만든 것 중 하나는 바다든 육지든 간에 사람의 발자국이 찍히지 않은 곳은 한 군데도 없다는 사실이었다. 마을이라곤 전혀 없는 섬을 비롯해 상당히 외진 곳들로 다녔는데도 가는 곳마다 하나같이 인간이 남긴 흔적으로 가득했다. 그 가운데 가장 나쁜 것은 무엇이었을까? 바로 플라스틱이다. 바다로 유입되는 쓰레기 중 생물학적 분해가 불가능한 쓰레기의 70퍼센트는 식기류, 비닐봉지, 면봉 등 일회용 플라스틱 제품이다.[55] 우리는 다 알고 있었지만 아무 조치를 취하지 않았고, 그래서 지금 미세플라스틱은 태평양의 거대한 쓰레기 섬뿐 아니라 남극 대륙 혹은 피레네산맥 상공의 대기 등 지구 모든 곳에서 발견된다. 심지어 지구에서 가장 외진 해양 지점인 포인트 니모Point Nemo•도 예외가 아니다. 심해탐사선을 탄 과학자들은 가장 깊은 바다인 마리아나 해구에서도 미세플라스틱을 발견한다.

2018~2019년이 되어서야 비로소 대부분 국가가 행동에 나서기 시작했다. 플라스틱에 관한 우리의 윤리가 천박하다는 증거는 너무나 차고 넘쳤기에 사람들은 드디어 행동으로 실천하고 나섰다. 사실 더 빠르

• 뉴질랜드와 남아메리카 대륙, 남극 대륙 사이 남태평양의 한복판을 가리킨다.

고 더 효과적이며 더 저렴한 대안이 없기도 했지만 말이다. 2019년 유럽의회는 일회용 플라스틱 제품을 금지하는 법안을 560 대 35로 의결했다. 캐나다는 2021년까지 일회용품을 금지할 것이다. 쓰레기로 큰 몸살을 앓는 나라들은 대부분 가장 극단적인 조치를 취하고 나선다. 케냐에서는 비닐봉지를 사용하면 4년 징역형이나 3만 8,000달러의 벌금형을 선고받을 수 있다. 그러자 슈퍼마켓에서 해마다 1억 개씩 사용되던 잘 찢어지는 비닐봉지가 사라졌다. 비록 처벌 규모가 그 정도로 크진 않지만 케냐의 사례를 따른 나라는 127개국에 달한다. 심지어 테러리스트 조직인 알카에다도 비닐봉지가 인간과 동물의 복지에 심각한 위협이 된다면서 사용을 금지했다.[56]

우리의 건강은 사실 지금 위기에 처해 있는 건지도 모른다. 플라스틱이 몸 안까지 들어와 있으니 말이다. 빈의과대학교와 오스트리아 환경청이 공동 진행한 연구 프로젝트에선 "핀란드, 이탈리아, 일본, 네덜란드, 폴란드, 러시아, 영국, 오스트리아 등 8개국에 사는 8명에게서 채취한 대변 샘플을 분석했다. 그런데 모든 샘플이 9개 종류의 플라스틱에 양성 반응을 보였고, 10그램의 대변 샘플에서 평균 20개의 플라스틱 입자가 검출되었다."[57] 미세플라스틱은 우리가 플라스틱으로 포장된 식품을 먹거나 플라스틱 병에 든 음료를 마실 때 몸에 들어오고, 심지어 친환경적인 제품을 선호하는 사람들에게 인기가 좋은 '친환경 green' 양털 재킷조차도 빨래를 할 때마다 초미세 합성섬유를 배출한다.

토론토 대학교의 생태학자인 첼시 로크먼 Chelsea Rochman은 이렇게 말한다.

"지금까지 우리는 쓰레기를 제대로 통제하지 못했고, 이제 이 쓰레기는 식탁에서 우리를 공격하고 있다. 미세플라스틱 쓰레기가 우리 몸에 어떤 나쁜 효과를 발생시키는지는 확실하지 않지만, 생쥐에게선 매우 유해하다는 신호가 분명하게 나타났다. 장내 장벽의 기능장애를 유발하고 장내 미생물에 변화를 일으키며 신진대사의 양상을 바꾸어놓은 것이다. 또한 물고기의 경우엔 체내에 축적된 미세플라스틱이 간을 파괴한다는 더 나쁜 결과가 나타났다."[58]

어찌 이뿐이겠는가.

아마 언제가 됐든 인간은 사용 뒤 분해되는 친환경 플라스틱 혹은 더 저렴한 다른 대체 물질을 결국 찾아낼 것이다. 그리고 그때의 미래 세대는 수천 년까지는 아니더라도 수백 년 동안 지구를 온갖 오물들로 뒤덮어 괴롭힌 이 무지한 과거 세대를 무척이나 원망하고 욕할 것이다.

6
장

당신의 '옳음'은
모두 틀렸다

과거 세대가 했던 행동들을 비판하고자 할 땐 지금 진행되는 윤리적 차원의 여러 갈등을 바라보며 스스로에게 이런 질문을 던지는 게 이치에 맞다.

가만, 내가 왜 이걸 당연한 것으로 너그럽게 받아들이는 걸까? 과거에 저질러진 잘못들에 대해선 그토록 분개하면서, 정작 지금 저질러지고 있는 온갖 윤리적 참사에 대해 나는 과연 어떤 행동을 취하고 있는 거지?

진실을 찾는 게 늘 어려운 것만은 아니야.
진실은 네 얼굴을 빤히 쳐다볼 때가 많거든.
진실의 문제는 그걸 믿기 어렵다는 거지.
다른 사람에게 그 진실을 믿게 하기란 훨씬 더 어렵고.
— 월터 다비 배너드Walter Darby Bannard

이 장에서 다뤄지지 않는 주제도 많다고 덧붙이고 싶다. 어쩌면 당신이 이 순간에도 저지르고 있을 윤리적 차원의 여러 실수를 포함해서 말이다. 그러나 미리 말해두건대 이 장의 목적은 잘못된 모든 것을 백과사전식 항목처럼 제시하는 것이 아니라 우리가 지금도 계속 잘못된 행동을 하고 있다고 스스로 깨닫는 것이다.

난민을 위한 법은 없다

모노폴리Monopoly* 게임을 연구 활동으로 삼는 학자는 거의 없다. 그러나 버클리 대학교의 행동경제학자 폴 피프Paul Piff처럼 평범하지 않은 학자도 있다. 조작된 자본주의적 게임을 대상으로 한 그의 연구들이 부유한 지역인 캘리포니아 버클리에서 진행되었다는 점은 매우 흥미로운 아이러니다.

이 연구에선 무작위로 모노폴리 게임의 플레이어 중 1명을 선택해 처음부터 명백히 유리한 조건을 부여한다. 가령 종잣돈을 더 많이 준다거나 이익을 2배로 쳐준다거나 임대료를 더 높이 책정해주는 식으로 말이다. 그런 뒤 연구자들은 그 사람이 어떻게 행동하는지를 살펴본다. 시간이 조금만 지나면 그는 애초에 자기에게 유리한 조건이 설정되었다는 사실을 잊어버린 채 소유한 것들을 당연하게 여기고, 점점 더 강력한 힘을 휘두르기 시작하며 마치 독불장군처럼 행동한다. 자기

● 토지와 건물 등을 취득해 이익을 남기는 보드게임의 일종.

보다 운이 좋지 않았던 사람들에게 연민의 감정 따위는 전혀 보이지 않을 뿐 아니라 임대료도 최대한 높이 책정해 악착같이 받아낸다. 무작위로 선택된 사람이 게임에서 이기면, 그 승리는 자신의 뛰어난 전략과 전술 그리고 특정 의사결정들 덕분에 가능했던 것으로만 여겨진다. 애초부터 유리하게 설정된 조건들은 아예 언급조차 되지 않고서 말이다.

피프와 그의 동료들은 돈을 비롯한 여러 자원을 많이 갖고 시작한 플레이어가 자기는 애초부터 그런 자격을 가지는 것이 당연했다고 생각할 뿐 아니라 많은 경우 덜 윤리적으로 행동한다는 사실을 발견했다.[1] 그렇다 해서 상류층 사람 모두가 비윤리적이라고 이야기하려는 것은 아니다. 다만 평균적으로 볼 때 상대적으로 더 많은 돈을 가진 사람일수록 마치 자신이 대단한 인물이라도 된 듯 자아도취적으로 행동할 가능성이 높다. 나는 당신이 이런 유형에 포함되지 않는다는 걸 잘 안다. 당신은 모범적인 행동을 단 하나라도 만들기 위해 애쓰는 사람이니까.

자, 그럼 이제 모노폴리를 이민에 비유해보자. 당신과 나는 미국의 이민 정책과 그에 따른 이득과 손실, 또 그 범위에 찬성 혹은 반대할 수 있다. 여기까지는 아무런 문제가 없지만, 사실 논쟁의 여지는 무척이나 많다. 만약 당신이 미국 국적이고 부모를 잘 만난 덕에 많은 이득을 보는 사람이라 해도, 나는 다음 사안에 대해서만큼은 당신의 의견이 나와 같기를 바란다. 다름 아니라 불법체류자의 아이를 부모에게서 떼어놓는 것으로 모자라 나중에 부모가 다시 찾을 수도 없게끔 어떤 가정에 입양시키는 제도를 만드는 행위**는 훗날 미래 세대의 눈엔 현명하거나

** 불법이민자를 막기 위해 트럼프 정부가 실행한 일들이다.

정당하거나 윤리적으로 비치지 않을 거란 것이다. 어떤 국가든 자국의 국경선을 통제할 권리는 있지만, 무차별적으로 잔인하게 굴어도 될 권리는 없다.

2018년 미국 국경 순찰대(이 조직은 그 이름과 너무나도 잘 어울리게 얼음처럼 차가운 이민세관집행국 ICE 소속이다)는 불법체류자 부모들과 아이를 떼어놓기 시작했다. 그 근거는 불법체류자들에겐 당국이 정당하다고 판단하는 적합한 단어와 도장들이 찍힌 서류가 없다는 것이었다. 대체 어쩌다 이 지경까지 와버린 걸까? 모든 서구 선진국 사람은 자신이 소득은 줄어들고 계층 사다리에선 아래로 떨어지고 있다고 느낀다. 그리고 인간은 대개 공포보다는 분노를 표현하는 쪽을 선호한다. 공포는 잔인함을 낳는다. 그런데 많은 정치인은 분노에 불을 붙일 성냥 그리고 증오로 가득한 말들이 잔뜩 담긴 상자를 들고 나타난다.[2]

외계인, 약탈자, 불법체류자

침입자, 강간범, 짐승, 살인자

이는 모두 미국 대통령이었던 트럼프라는 사람이 연설이나 트윗을 통해 빈번하게 동원한 단어다. 추종자들은 이보다 한 술 더 떠서 더욱 극단적이었다. 2016년 공화당 예비선거 과정에서 트럼프 지지자의 16퍼센트는 백인이 우월한 인종이라고 믿었다. 이에 비해 존 케이식 John Kasich과 젭 부시 Jeb Bush 지지자 가운데선 4퍼센트만이 그런 믿음을 갖고 있었다.[3]

이런 종류의 단어들을 자주 사용함으로써 우리는 '잘못된 장소에서 태어났다'는 이유만으로 어떤 사람들을 가볍게 여기고 그들의 인간성 자체를 무시한다. 피프의 모노폴리 게임에서 나타났던 양상과 마찬가지로 우리 역시 비윤리적인 서사 하나를 이렇게 만들어낸다. 그리고 이 서사 속에서 우리는 자신이 가진 자격과 특권을 자기가 열심히 노력한 덕에 신에게서 부여받은 것이라 합리화한다. 이런 서사의 전형적인 예를 소개하면 다음과 같다.

"우리는 그들과 다르다. 그건 우리가 그들보다 운이 좋아 제대로 된 장소에서 태어난 부모를 뒀고 자원을 많이 가졌고 넘칠 정도의 많은 보살핌을 받았기 때문이 아니다. 또 학교에 다녔고 좋은 경력을 쌓아갈 기회를 가졌고 제대로 된 증명서류를 갖고 있기 때문도 아니다. 우리가 그들과 다른 이유는 그들보다 더 열심히 일하고 더 많이 노력하기 때문이다."

어떤 사람들은 자기보다 훨씬 적게 가진 이들을 낮잡아봄으로써 흐뭇한 기분을 느끼려 하고, 또 불안한 자기 지위가 흔들리지 않게끔 떠받치려 애쓴다. 이런 모습이 당대의 모범적인 예는 아닌 것 같지만 말이다. 또 어떤 사람들은 경제적 혹은 정치적 이득을 얻기 위해 열심히 편 가르기를 한다. 경계선 바깥의 '그들'을 가리키는 이름이나 정의는 시대마다 제각기 다르다. 스페인 사람에 대해선 '스픽spic', 중국인과 일본인의 경우는 각각 '칭크Chink'와 '잽Jap', 흑인을 뜻하는 '니거nigger', 유럽 출신을 가리키는 '유러패그Eurofag', 폴란드인과 아일랜드인에 대해선 '폴락Polack'과 '믹Mick', 아메리카 원주민을 가리키는 '레드스킨redskin' 등 모욕적인 칭호는 이외에도 꽤 많다. 하지만 다양한 이민자 집단 모두 대부분의 장애물을 극복하고 미국의 한 부분으로 자리를 잡았다. 그로써 그 모욕의 딱지들과 '나'와 '그들'을 갈라놓았던 딱지들(가령 아일랜드계, 독일계, 영국계 등)은 사라졌으며 한때 '나'와 '다른 집단'에 속했던 모든 이들은 핵심적인 미국인으로 동등한 대우를 받게 되었다.

가난한 이민자라 해서 다른 사람보다 게으르거나 멍청한 게 아니라는 사실은 이미 밝혀진 바 있다. 그들은 대개 당신이나 나보다 더 열심히 일하고 있으며, 다양한 능력도 갖췄다. 살인 갱단의 추적을 피해 여러 개의 국경선을 넘었고 인생을 개척해 일자리 두세 곳에서 악착같이 일하며 돈을 벌었을 뿐 아니라 자녀 모두를 교육시킨 장한 어머니의 이야기가 그 예에 해당한다. 이런 얘기는 그들에겐 흔한 일화다.

외국인 공포증에 사로잡힌 정치인들은 '여럿으로 이루어진 하나e pluribus unum'*를 인정하지 않고 '게으를 뿐 아니라 당신의 일자리를 훔치는 사람'(대체 게으른 사람이 어떻게 남의 일자리를 뺏는단 말인가!)이라는 뜻의 '슈뢰딩거의 이민자Schrödinger's immigrant 역설'**을 주장한다. 불법체류자들을 대하는 정책의 논리는 '우리는 우리의 국경선을 통제할 필요가 있다'에서 '우린 더 잔인해져야 한다. 그렇게 하지 않으면 그들이 우리 땅에 머물 것이고, 그러면 다른 사람들까지 뒤따라 이 땅에 들어올 테니까'로 발전했다. 도널드 트럼프 대통령은 인종주의자들의 부추김에 힘입어 잔인하고 비인도적인 일을 저질렀다. 불법체류자들의 자녀를 표적으로 삼는 데 미국 정부의 공권력을 전면적으로 동원한 것이다. 그 정책의 밑바탕에 깔린 논리는 이것이다. "당신이 만약 그들의

●　미국 동전 뒷면에 새겨진 라틴어 문구.
●●　'살아 있으면서도 죽은' 슈뢰딩거 고양이의 역설을 패러디한 표현이다.

자녀를 잔인하게 대하면 그들은 무서워서 미국에 들어오려 하지 않을 것이다." 18세기 프랑스의 철학자 볼테르Voltaire는 일찍이 이 논리와 이것이 가져올 결과를 간파했다.

"당신으로 하여금 터무니없는 사실을 믿게 만들 수 있는 이들은 당신으로 하여금 잔혹한 행위를 하게도 만들 수 있다."[4]

미국 법정에서 검사들은 철장에 갇힌 아이들이 콘크리트 바닥에서 잠자는 상황이 무기한 연장될 수 있으며 그 아이들에겐 비누와 칫솔과 수건, 그리고 포옹과 어른의 도움이 필요하지 않다고 주장했다.[5] 9·11 사건을 일으킨 테러리스트들과 달리 아이를 포함한 불법체류자들은 법률 대리인도 없이 감옥에 무기한 갇혀 있었다. 세 살밖에 안 된 아이가 미국 법정에 출두해 근엄한 얼굴에 검은 옷을 입은 판사 앞에 앉는 일도 있었다. 이 아이들은 부모와 떨어져 있었고, 법률 대리인의 도움도 받지 못했으며, 검사들이 자신들을 공격하는 발언도 제대로 이해할 수 없었다. 헤드폰에서 통역 내용이 나오긴 했지만 머리에 비해 헤드폰이 너무 커서 자꾸 벗겨졌기 때문이다. 판사가 질문을 던졌으나 아이들은 그조차도 무슨 말인지 알아듣지 못한 채 탁자 밑으로 기어들어가 벌벌 떨었다. 그 아이들 중 몇몇은 강제추방을 당했고 나머지는 입양기관에 맡겨졌으며, 훗날 아이들을 추적할 수 있는 모든 단서도 의도적으로 삭제되었다.

아이를 인질로 잡아 통제력을 확보하려는 건 사실 새로운 전술이 아니다. 칠레의 독재자 피노체트와 아르헨티나의 군사정부는 아이의 어머니를 비행기 밖으로 던지고 아이는 군 장교에게 주곤 했다. 폴 포트, 스탈린, 마오쩌둥도 수백만 명의 아이를 부모로부터 떼어내 수용소에 가두고 '재교육'시켰다. 이런 행위들은 반인륜적 범죄였다. 하지만 21세기에, 그것도 OECD 가입국이 의도적으로 아이를 유괴해 누군가에게 주는 행위를 할 거라고 누가 생각이나 하겠는가! 이런 범죄를 저지르는 사람들은 비록 지금 당장 기소되진 않을 수 있겠지만 수십 년 뒤에는 반드시 법정에서 단죄될 것이다.

그런데 이보다 한층 더 슬픈 사실은 '지도자들'이 '다른 이들'을 향해 뱉은 터무니없이 더러운 말을 믿는 이가 너무나 많다는 점이다. 가장 취약한 계층을 비난하는 것은 부자가 점점 더 부유해지는 상황을 정당화하고 많은 사람들은 변변찮은 일자리에 매달림에도 소득이 줄어드는 이유를 합리화할 때 취할 수 있는 쉽고 효율적인 방법이다.

"그건 모두 그들이 잘못한 탓이다!"

그러나 인터넷에 떠도는 유행어가 말하듯, 그렇게 말하는 이들은 99개의 쿠키를 가지고 있으면서 당신의 귀에 대고 이렇게 속삭인다. "당신이 가진 쿠키 하나를 이민자들이 빼갈지 모르니 잘 간수하세요."

잔혹한 행위가 표준적인 행동 방식으로 자리 잡은 이유는 이런 터무니없는 엉터리 말을 진리라 믿는 추종자들이 많기 때문이다. 이 방식은 단지 이민자들만을 대상으로 하는 것이 아니다. 이 용감하고 새로운 세상에서 와이오밍 밸리웨스트 학교는 이민자를 배척하는 그 모범을 따라, 자녀의 급식비를 내지 않은 부모에게 '자극을 주는 것'이 좋은 아이디어라고 생각했다. 그래서 그들은 자녀의 집으로 편지를 보냈다. 많지도 않은 밀린 급식비를 내지 않으면 "당신 자녀를 당신 가정에서 분리해 입양센터에 보낼 수도 있다"라고 말이다. 이 잔인한 조치가 세상에 알려져 비난이 쏟아졌을 때 학교는 사과하고 물러서기는커녕 오히려 한 술 더 떠서 그것이 효과적이고 적절한 방법이었다고 주장했다. 이때 어떤 자선가가 나타나 아이들의 밀린 급식비를 자신이 모두 내겠다고 제안했으나 학교는 그 기부를 받을 수 없다고 했다. 이 일은 트위터상에서 한동안 엄청난 논란을 일으켰고, 결국 학교는 마지못해 자선자의 제안을 받아들였다.[6]

어떤 정책이 의도적으로 잔인할 때(즉, 아이들에게 일부러 최대한 상처를 주고자 할 때) 우리가 존중해야 하고 나라를 위해 기꺼이 목숨을 바칠 이들의 아이들(즉, 장차 훌륭하고 똑똑한 미국 시민으로 성장할 아이들)은 보호받지 못한다. 불법체류자 신분의 이민자들은 예전에 시민권을 얻기 위해 서명했던 군 복무 계약을 철회하고 있다. 이민자 출신의 불법체류자가 군에 복무하다가 작전 도중 사망했다면, 그리고 하필이면 시민권을 얻기 전에 그런 일이 일어났다면 그 배우자와 아이들은 강제로 출국조치를 당한다.[7] 그럼에도 ICE는 여기에 별 신경을 쓰지 않고 있으며, 심지어 자신들이 이렇게 추방한 군인 가족이 몇 명인지조차도 파악하지 못하고 있다.

> 9·11 사건 이후 13만 명 이상의 이민자가
> 군에 복무했다는 사실을 고려하면,
> 이런 정책들은
> 유능한 인재 영입과 국가 수호에 관심이 없는 듯하다.[8]

지식경제의 근본적인 투입 요소는 두뇌다. 그러나 이 두뇌가 반드시 미국에서 성장한 사람의 것이어야 할 필요는 없다. 한 나라 안에서 벽을 만들면 국민들도 다 알아차린다. 이는 궁극적으로 경제성장에 해로울 뿐이다. 미국에서 가장 크게 성공하고 가장 빠르게 성장하고 있는 기업들은 학생이나 이민자 신분으로 미국 땅을 밟은 이들이 독자적으로든 공동으로든 세운 회사들이다. 벤처자본의 지원을 받은 기업들은 미국 일자리의 약 11퍼센트를 창출하고, 미국 최대의 기업을 탄생시키며, GDP의 약 20퍼센트를 맡는다. 이렇듯 외국 출신의 인재야말로 미국 경제의 필수 자원이다. 그런데 만일 당신이 '그들'에게 "여러분은 이 나라에서 환영받지 못하는 사람들입니다"라고 말하면 그들은 다른 데로 가버릴 것이다. 실제로 이런 일은 정말 빠르게 일어날 수 있다. 2015년에는 68만 명에 가까운 외국 학생이 미국에서 공부하기 위해 비자를 받았는데, 2018년엔 이 숫자가 42퍼센트나 감소했다.[9]

설령 누군가가 보다 많은 이민자의 미국 유입을 막기 위해 엄청나게 높고 큰 장벽을 세운다 한들, 그것과 별개로 이미 미국에 정착해 살고 있는 최대 규모의 소수민족을 비난하고 공격하는 것은 과연 바람직하고 좋은 행동일까? 한밤중에 이민자 부부가 사는 집의 문을 부수고 들어가 그들이 미국에 왔을 당시 두 살이었던 아이를 부모와 함께 강제 추방하는 것이 옳은 행동일까? 심지어 그 부부가 미국에서 낳은 다른 아이들, 즉 추방당하는 아이의 동생들은 미국 땅에 그냥 둔 채 말이다.

그건 합법적인 행위인가? 그렇기야 하겠지.
하지만 그게 현명하고 윤리적인 짓인가?

때로 미국 대 '그들' 사이의 이 대립구도는 특정 정당에 매우 유용하거나 한 사회집단에 워낙 깊게 각인되어 있어 쉽게 사라지지 않는다. 이런 편 가르기는 점점 곪아들어 결국 사회 전체 제도의 합법성까지 썩게 만든다. 만일 어떤 사람이 수억 달러의 돈을 들여 "'그들'은 도덕적으로 고결한 우리와 다르니 우리는 '그들' 같은 부류와 절대 어울리지 말아야 한다"와 같은 내용의 콘텐츠를 만든다면 어떻게 될까? 소셜미디어에 그 콘텐츠를 올리고 전체 인구에서 많은 비중을 차지하는 계층을 대상으로 설득에 나선다면……. 글쎄, 그 사람은 때때로 자신이 바라는 것을 얻을 것이다. 그러나 멸시와 소외를 당하는 '그들'이 충분히 큰 규모의 인구집단이라면 어떤 일이 벌어질까? 그들은 아마 이런 상황을 결코 그냥 넘어가지 않을 테고, 미국의 한 부분을 갖고 따로 떨어져 나갈 것이다.

정치인과 엘리트 집단이 차별을 조장할 때, 그리고 상대적으로 운이 나빴던 '다른 사람들'을 자신들과 별개인 존재로 대할 때, 즉 '우리 시민들'이 누리는 권리와 특권을 그들에겐 똑같이 인정하지 않을 때, 배척당한 이들은 자신들만의 논리와 공동체를 만들고 나선다. 이렇게 되면 멸시받고 모욕당한 과거의 사건들이 다시 등장하고 새롭게 부각되며 위인들을 추켜세운다. 웨일스와 스코틀랜드가 갖고 있는 각자의 전통 깃발이 날리고, 고대의 영웅들이 부활하고, 죽은 언어가 다시 살아나 교과 과정에 들어간다. 흠……. 유엔UN 소속된 깃발과 국경, 국가의 4분의 3이 80년 전엔 왜 존재하지 않았던 것인지 궁금하다. 배척과 소외를 그럴듯하게 나타내는 수사(修辭)는 다음과 같은 표현들을 낳았다. 북부 이탈리아인, 코르시카인, 왈론인, 남부 핀란드인, 바스크인, 카탈로니아인, 골(갈리아)인, 쿠르드인, 마푸체인(칠레 원주민), 푸에르토리

코인, 우크라이나인, 라트비아인……. 한 나라에 존재하는 대규모 소수 집단을 소외, 배척하고 표적으로 삼으며 그들에 대한 고정관념을 심을 때 그 끝이 좋을 순 없다.

"우리 주변에 우글거리는 이민자들은 살인범 아니면 강간범이다"라는 서사는 한두 차례의 선거에서야 승리를 가져다줄지 모르지만 근본적으로는 "고단하고 가난한 자들이여, 자유로이 숨 쉬고자 하는 군중이여, 내게로 오라"*라는 국가적 차원의 핵심 서사를 갉아먹는다. 미국에선 히스패닉계 뿌리와 문화가 무척이나 오래되었다는 점을 상기한다면 살인범과 강간범을 언급하는 이런 서사는 특히나 도발적이다. 자동차를 타고 샌디에이고, 로스앤젤레스, 샌프란시스코, 뉴멕시코, 콜로라도, '테하스'(텍사스의 스페인어식 표현) 등지를 돌아다녀 보면 히스패닉계의 역사적 흔적들이 널려 있다는 점을 알 수 있다. 이들은 거칠고 끈기 있으며 용감한 데다 자부심도 높다. 라틴아메리카와 미국에서 가장 가난한 동네 판잣집이라 해도 그곳에서 나온 어린 소녀는 흰 원피스를 입고 리본을 꽂은 채 등교한다. 미국의 지도자들이 자신의 자부심과 자기 아이만을 중시한다면 히스패닉계 사람들은 자신들이 받은 이런 처우를 오래도록 기억할 것이다. 미국 내 최대 규모의 소수민족인 이들이 훗날 '공정한 기회를 보장받지 못해 더 이상은 아메리칸드림의 일부로 살 수 없다'고 최종 판단을 내린다면, 그 상황에서 이득을 볼 사람은 거의 없을 것이다.

---

* 미국 '자유의 여신상' 받침대의 동판에 새겨진 엠마 라자루스(Emma Lazarus)의 시 「새로운 거상(The New Colossus)」의 일부다.

국가는 겉으로 보이는 것보다 훨씬 더 분열되기 쉽고 국가의 윤리적 혹은 비윤리적인 행동은 국경선 획정에 장기간에 걸쳐 영향을 줄 수 있다. 어떤 집단에 속한 사람들을 당신이 오늘 어떻게 대하느냐에 따라 내일의 결과가 달라질 것이다. 지금 우리가 당연한 것으로 너그러이 받아들이는 것이 미래엔 이 나라를 찢어놓을 수 있다. 이민자의 아이들 그리고 누구보다 약자인 이들을 지금 우리가 대하는 방식은 심각하게 비윤리적일 뿐 아니라 정말이지 근시안적이고 멍청한 짓이다. 그런 일들은 우리 모두를 한층 왜소하고 허약하게 만든다.

그런데도 굳이 그런 일들을
당연한 것으로 너그럽게 받아들일 이유가 있을까?

전쟁은 어떻게 돈벌이가 되나

옛날에 전쟁과 정복은 엄청난 돈벌이 수단이었다. 스페인이 세계적인 절대강국 자리에 올랐던 것도 남아메리카를 정복하고 원주민을 노예로 팔아넘기고 남아메리카에서 황금 180톤과 은 1만 6,000톤을 캐낸 덕분이다. 당시 엄청난 호황기를 누렸던 네덜란드 동인도회사 Dutch East India Company는 거대한 투기를 조장했고 나중에는 기업가치의 최고점이 (인플레이션을 고려해서 수치를 조정한다고 해도) 무려 7조 6,000억 달러에 이르렀다. 체감을 위해 참고로 덧붙이자면 애플의 현재 가치는 당시 네덜란드 동인도회사가 가졌던 가치의 약 11퍼센트에 불과하다. 이후 또 일었던 거대한 투기 행위는 프랑스 미시시피 회사^{Mississippi Company}의 가치를 6조 5,000억 달러로, 영국 남해회사^{South Sea Company}의 가치를 4조 3,000억 달러로 부풀렸다.[10] 그만큼 정복이란 건 수지맞는 돈벌이 수단이었다.

이처럼 제국을 건설할 정도로 어마어마한 이득을 챙길 수 있다 보니 위험을 무릅쓰고 전쟁을 일으키는 것이 경제적으론 합당한 선택이었다. 전쟁을 벌이면 제국은 성장하고 번영하는 데다 그 자체로 나라도 지킬 수 있었다. 그러나 파괴적인 기술이 확산되면서 누구나 그런 기술을 보유하게 되고 점차 탈중심화가 이루어지자 '제국 게임'을 벌이는 데는 점점 더 많은 돈이 들었다. 어떤 나라를 기술적으로 정복해 거기에서 이득을 뽑아내는 것은 그저 무력으로 침략하고 점령하는 것보다 훨씬 어려운 일이다. 미국이 아프가니스탄과 이라크에서 벌인 모험에 들어간 비용은 6조 달러의 돈, 그리고 병사 7,000명의 목숨이었다.[11] 심지어 여기엔 이라크와 아프가니스탄 그리고 파키스탄의 민간인 24만 4,000명 이상의 목숨값은 포함되어 있지도 않다.[12]

미국이 그렇게 심할 정도로 잔인한 건 아니라고 주장하는 이도 있을지 모르겠다. 하지만 과거 소련이 아프가니스탄에 개입함으로써 어떤 끔찍한 참상이 벌어졌는지, 그리고 그 결과가 어땠는지를 돌아보고서도 그렇게 말할 수 있을까? 아무리 강력한 무력을 휘두른다 해도 남의 지배를 받기 싫어하는 이들을 통치한다는 건 장기적으로 볼 때 보통 어렵고 힘든 일이 아니다. 지난 100년 동안 전 세계 국가의 수가 그토록 많이 늘어난 것도 바로 이런 이유에서다.

기술은 전쟁에 대한 우리의 욕구를 적어도 3가지 방식으로 꺾어왔다. 첫째, 한쪽이 훨씬 많은 것을 파괴할 수 있지만 다른 쪽도 그만큼 잃는다. 촘촘한 그물망으로 연결된 현대의 경제 단위들은 과거 그 어느때보다도, 게다가 소수에 의한 것이라 할지라도 분열상태에 취약하다. 적이 비대칭적인 전투 능력을 확보하고 또 배치해둔 상황에서는 '잃을게 너보다 적은 사람을 상대로는 절대로 싸우지 말라'라는 격언이 한층더 설득력을 가진다.

둘째, 지식 기반 경제에서는 정복지를 군이 물리적으로 붙잡고 있어야 할 동기가 점점 줄어든다. 사고실험을 하나 해보자. 이라크에는 석유가 많이 매장되어 있는데, 이라크의 다수파가 미국 정부에게 "우리는 당신을 좋아하고 싶어요. 그러니 제발 우리나라를 맡아서 다스려주세요. 우리를 당신 깃발 속의 새로운 별 3개로 받아주세요"라 했다 치자. 이 요청에 대한 미국의 답은 아마도 "싫어!"일 것이다. 그러나 만일 이라크에서 가장 똑똑한 인재 몇 명이 미국에 와서 박사 학위를 받고 스타트업을 만들겠다고 한다면? 대답은 당연히 "좋아!"일 것이다.

셋째, 눈앞에서 벌어지는 폭력에 눈을 감아버리고 모른 척하는 태도는 조금씩 사라지고 있다. 이런 상상을 해보자. 지금 당신은 고대 아즈텍의 인신공양 모습을 다룬 다큐멘터리 혹은 중세 유럽의 마을 광장에서 토요일이면 으레 벌어졌던 이단자 고문과 화형식 모습을 다룬 다큐멘터리를 생생한 화질과 서라운드 음향 시스템하에서 대형 스크린으로 보고 있다. 어떤가? 속이 메스껍지 않은가?

전쟁을 통한 돈벌이가 점점 시들해지자 폭력을 동원해서 다른 집단의 영토를 빼앗고 식민지를 유지하는 경향은 시간이 흐름에 따라 줄어들 수밖에 없었다. 요즘도 이런 추세가 이어지고 있고 말이다. 만일 경제적 이득을 노리는 전쟁이 점차 줄어들고 사라진다면 미래 세대는 '칼과 도끼로 수백 명을 도륙하는 야만'과 '자유와 정의라는 이름으로 수십만 명을 죽이는 야만'을 과연 구분하려 할까? 전혀 그렇지 않을 것이다. 그런데도 당신은 2003년 이후 이라크, 시리아, 예멘 그리고 아프가니스탄에서 수십만 명이 폭력 아래 죽어가는 것을 바라보면서 "괜찮아, 그럴 수도 있지 뭐"라 할 수 있을까?

　비록 경제적 동기의 전쟁이 줄어들고 있긴 하나 우리가 아직 전쟁의 늪에서 완전히 빠져나오지 않았다는 사실은 분명하다. 다시 또 한 차례의 대규모 전쟁이 일어나지 않을 것이라고 단정해선 안 된다.[13] 전쟁은 정부의 의지를 집행하는 데 있어 지금도 여전히 너무나 일반적이고 인기 있는 수단이다. 미국이 건국 이후 지금까지 241년을 이어져오는 동안 전쟁 없이 평화로웠던 세월은 20년도 채 되지 않는다. 2000년 이후에 태어난 미국인들은 평생 전쟁을 접하며 살아왔다. 프랑스의 경우 1337년부터 지금까지 겨우 174년 동안만 평화를 누렸을 뿐이다.[14] 오늘날 세계 몇몇 지도자의 자아도취와 광기 그리고 무능을 절대로 과소평가해선 안 된다. 우리가 사는 지금 이 시대는 정말 위험한 시기다. 전쟁의 윤리는 기술 분야의 발전이 의미하는 바를 따라잡아야 한다.

　1945년 7월 16일 오전 5시 29분, 최초의 핵폭탄이 폭발했다.* 정확히 그때 이후 전쟁의 성격은 근본적으로 바뀌었다. 그로부터 수십 년이 지난 지금, 지구의 모든 생명체를 완전히 파괴할 권한은 몇몇 개인이 쥐고 있는 듯하다. 만일 푸틴, 트럼프, 마크롱, 시진핑, 보리스 존슨

● 　미국 뉴멕시코주 사막에서 최초의 핵실험이 진행된 때.

Boris Johnson, 임란 칸Imran Khan, 나렌드라 모디Narendra Modi, 베냐민 네타냐후Benjamin Netanyahu, 김정은 그리고 그 외 여러 인물이 신중한 윤리적 지도자가 아니라고 드러난다면 그 결과는 어떨까? (이 질문의 답을 나는 알지만 굳이 물어보고 싶다. 정말 믿기 어려운 일일 테니 말이다.) 그러나 한편으로 설령 그들 개개인 모두가 훌륭한 사람이라 한들, 당신은 정말 앞으로도 그들이 우리 문명을 좌우하게 내버려두고 싶은가?

> 시적 아이러니이긴 한데, 핵과 관련된 우리의 악몽은
> 뉴멕시코주의 호르나다 델 무에르토Jornada del Muerto 사막에서 시작되었다.
> 스페인어 표기의 이 사막 이름은 '죽은 사람의 여정'이라는 뜻이다.
> 국가별 핵무기 숫자를 보면 러시아 6,490개, 미국 6,185개,
> 프랑스 300개, 중국 290개, 영국 200개, 파키스탄 160개, 인도 140개,
> 이스라엘 90개, 북한 30개다.[15]
> 그리고 폭탄 하나에 핵탄두를 올려놓을 수 있으므로,
> 불과 몇 개의 핵무기만으로도
> 지구 전체를 생명체가 없는 곳으로 만들 수 있는가 하면
> 단 1개만으로 당신의 인생을 망가뜨릴 수도 있다.

파괴적 무기가 점점 확산되고 또 목숨 따윈 중시하지 않는 사람들의 손에 들어감에 따라 우리의 상호확증파괴MAD, Mutual Assured Destruction •• 체제는 매우 불안정해졌다. 인도는 분쟁 지역인 카슈미르 일부를 점령했

•• 쌍방의 균형으로 상호 공격 억지력을 유지하는 핵전략.

고, 점점 더 근본주의적 성향으로 치닫는 파키스탄은 혼란스러워지기 시작했으며, 이란은 핵합의인 포괄적 공동행동 계획^{JCPOA}에서, 그리고 러시아와 미국은 중거리핵전력^{INF} 협정에서 탈퇴했다. '운명의 날 시계 Doomsday Clock'는 핵 위기 등에 따른 지구 종말을 자정에 빗대 경고하는 시계인데, 2018년에 노벨상 수상자들과 여러 저명한 과학자들이 이 시계가 가리키는 시각을 자정 2분 전으로 앞당긴 것도 결코 놀랍거나 이상한 일이 아니다. 1991년만 하더라도 그 시계는 자정 17분 전을 가리켰는데 말이다.

CNN은 블랙유머를 발휘해 머리기사를 다음과 같이 달았다.
"운명의 날 시계, 이미 잘 알고 있는 바대로
지구의 종말이 가까워졌음을 말하다(이건 좋은 일이 아니다)."

만일 우리가 생존한다면, 그래서 인류가 계속 이어진다면 미래세대는 우리에게 물을 것이다, 도대체 왜 '그따위 것'을 허용했느냐고 말이다. 그리고 뒤이어 합리적인 질문이 이어질 것이다.

심각하게 불안정하고 재앙 같은 위험한 시스템을 바로잡기 위해 밤낮없이 노력했어야 했는데 왜 당신들은 그러지 않았는가?

이 질문에 우리는 이런 대답들을 내놓을 것이다.

그 무기는 그들 손에 있었고, 우리는 그들이 그렇게 하도록 내버려둘 수밖에 없었다.

군비 축소는 어려운 일이다.

세상일이란 게 원래 그렇다.

너희는 이해하지 못한다.

우리의 생존은 '그들' 모두를 죽일 능력이 우리에게 있는가의 여부에 달려 있었다.

그리고 우리는 인간성을 말살하는 범죄들을 옹호하기 위해 과거 노예 소유주들이 동원했던 '논리' 따위를 마구 읊어대겠지.

앞으로 개인적 차원의 갈등이야 줄어들지 몰라도 핵무기, 사이버테러, 생물무기 등은 전쟁 가능성을 심각하게 높일 것이다. 미래의 기술들 또한 그럴 테고 말이다. 단 1대의 우주선으로 모든 행성을 날려버릴 수단을 인간이 손에 넣는다면 평화가 없어도 생명체가 오랜 기간 동안 살아남을 수 있을까? SF 작가들이나 〈스타트렉〉 〈스타워즈Star Wars〉 〈맨 인 블랙Men in Black〉 등의 영화들은 여전히 미래에 대규모 갈등이 있을 것이라 전망하는데 이런 이야기들은 얼마나 현실적일까? 전쟁을 멈추는 방법을 찾아내지 못하는 한 우리가 통구이가 될 가능성은 얼마든지 있는 셈이고, 전쟁으로 나아가려는 충동을 통제하지 못하면 우리는 살아남지 못할 것이다.

그럼 그렇게 되지 않으리라는 희망은 과연 있을까? 있다. 시대를 통틀어 가장 폭력적이었던 바이킹족의 일부는 평화를 사랑하는 스칸디나비아인이 되었다. 또 전 세계의 장기적 추세로 보자면 몇몇 국가를 제외하곤 전반적으로 살인 사건이 대폭 줄어들고 있다.

만일 이런 추세가 계속 이어지고 미래 세대가 우리보다 훨씬 평화적이라면 그들은 지금 우리의 행동을 터무니없이 야만적이라고 여기지 않을까? 우리가 무엇을 정당하다고 생각하는지와 상관없이 말이다. 당신은 우리의 증손주 세대가 예멘, 콩고, 르완다, 과테말라, 살바도르,

멕시코 등에서 자행된 끔찍한 일들의 기록사진을 보고 나서 다음과 같이 말할 것 같은가?

"이런 대규모 학살을 무시하고 못 본 체한 건 잘한 일이에요. 왜냐하면 그 갈등들 가운데 몇몇 사건은 국가와 국가 사이에서 벌어진 것이니까요."

우리가 지금 허용하고 있는 것이 나중에는 마치 나치 독일과 제국주의 일본의 수용소처럼 충격적으로 비치지 않을까?

우리는 커다란 문제를 안고 있고, 또 이런 사실을 알고 있다. 현재 일어나는 살인들 중 많은 부분이 부당하고 비윤리적임을, 또 세상을 위험하게 만들고 있음을 말이다. 그러나 갈등 해결에 있어 지속적으로 더 빠르고 효과적이며 저렴한 대안을 아직 발견하지 못했기 때문에 우리는 거의 언제나 무엇이 잘못된 행동인지 알면서도 계속하고 있다.

전쟁을 멈추겠다는 윤리의 결핍은 우리 모두를 죽일 수도 있다.

과도한 절차가 죽음을 부른다

도를 넘는 행동과 탐욕 그리고 부정행위를 저지른 기업들의 사례를 담은 자료는 도서관이 좁을 정도로 **빽빽**하게 쌓여 있다. 이런 이야기들 대부분은 진실이기에 기업의 편을 드는 사람은 '나쁜 놈'으로, 감독 당국이나 시민 단체를 '좋은 놈'으로 규정하는 것은 쉽고 또 흔히 정당화된다. 그러나 여기에서 잠깐 팩트체크를 하고 지나가자. 당신은 지금

대기업이든 중소기업이든 간에 기업에 고용되어 일하는 수많은 이와 알고 지내며 소통한다. 그렇다면 당신은 그 많은 사람이 아침에 일어날 때마다 늘 당신과 당신 가족에게 해를 끼칠 멋진 아이디어가 없을지 궁리하는 그런 '나쁜 놈'이라고 생각하는가?

그래, 좋다. 케이블 회사와 텔레마케팅 회사 직원,
그리고 항공사 이사진은 제외하고 얘기해보자.

너무나 과하게 조심하는 상황이란 어떤 것일까? 그것은 모든 것이 완벽하게 타당할 때까지 규제 사항이 계속 강화되는 상태를 가리킨다. 각각의 사항은 완벽하게 일리 있게 들린다. 가령 유럽연합의 '사전예방 원칙 precautionary principle'은 어딘지 모르게 관료적인 느낌이 묻어나지만 다른 한편으로는 엄마표 파이처럼 달콤하다.

"인간 활동이 만약 도덕적으로 용인할 수 없는 해로움이나 과학적으로 충분히 가능하지만 확실하진 않은 해로움을 낳는다면 조치를 통해 그런 면을 피하거나 줄여야 한다. 도덕적 용인이 불가능한 해로움이란 곧 인간이나 자연에 나쁜 영향을 주는 것을 말한다. 즉 인간의 수명 혹은 건강을 위협하거나, 원래 상태로 되돌릴 수 없게 만들거나, 현재 세대나 미래 세대에 불공평하거나, 침해받는 인권에 대해 고려하지 않는 것이다."[16]

이런 사전예방 원칙을 일반인이 알아듣기 쉽게 요약하자면 이렇다. 새로운 기술이나 최신식 제품을 내놓을 때는 우선 그것이 모든 사람에게 해롭지 않음을 입증해야 하고, 그런 다음에야 인정을 받을 수 있다.

나중에 후회하는 것보다는 미리 조심하는 편이 나으니까. 좋다. 맞는 말 같다. 그런데 예외도 있지 않을까? 전기가 새로운 기술로 등장했을 때 그 누구도 감전 사고를 당하지 않을 것임을 당신이라면 입증할 수 있었을까? 전기를 사용하다 심각하게 다친 사람이 전기 발명 이전에 있었을까? 강철이나 그 외 다른 금속들, 또 계단, 침대, 욕조까지도 마찬가지다. 만일 식탁 비치용 소금이 최근에 발명되어 출시되었다면 미국 식품의약국FDA의 승인을 받아야 하지 않았을까?

> 화장실 사고로 응급실을 찾는 미국인은 연간 25만 명이다.
> 남성을 다치게 할 가능성이 가장 높은 위험 요소로는 계단과 방바닥이 있고 침대와 매트리스, 베개가 그 뒤를 잇는다.[17]

더불어 새로운 기술은 안전해야 할 뿐만 아니라 궁극적으로는 평등과 인권 문제를 증진시키고 보호한다는 것도 입증해야 한다.

> 헐! 휴대전화 사용자 중 누군가는 언젠가
> 휴대전화를 위험하거나 나쁜 목적으로 사용하지 않을까?

우리는 흔히 위기관리를 '보다 많은 연구를 해야 한다'는 차원이 아니라 무언가를 '차단한다'는 맥락에서 생각한다. 그러나 지나친 조심스러움은 비용을 늘리고 처리속도를 늦춘다. 워싱턴 D. C.의 교통혼잡을 예로 살펴보면 이 점을 한결 쉽게 이해할 수 있다.

지금이야 수많은 교차로들이 그저 모두 (의회의 일처리처럼) 꽉 막혀 있는 상태지만 아주 먼 옛날 워싱턴 D. C.의 교통 흐름은 사실 순환도로를 따라 이뤄졌다. 그런데 그 도로의 특정 구간은 아침마다 정체됐다. 늘 같은 시각, 같은 지점에서 말이다. 교통 전문가들은 도로의 입구와 출구가 어떻게 설계되었는지 살피고 도로 상태와 동물 출몰 등 모든 가능성을 놓고 따져봤다. 하지만 무엇이 문제여서 그런 현상이 일어나는지 도무지 알 수 없었기에 정말 미쳐버릴 지경에 이르렀다. 마침내 이 수수께끼 같은 현상을 설명하기 위해 지역 신문사가 나섰다. 1차선을 느린 속도로 주행하면서 빨리 지나가려는 뒤차에게 양보하지 않는 '1차선 도적'의 소행 때문에 그런 정체 현상이 일어난다고 주장한 것이다. 그러고 보니 날마다 같은 시각, 같은 장소에서 언제나 1차선으로 주행하면서 제한속도보다 딱 시속 1마일 느린 속도로 정속 주행을 하는 운전자가 있었다. 다른 운전자들이 아무리 욕하고 빵빵거리고 꽁무니에 바짝 따라붙거나 상향등을 번쩍여도 이 축복받은 사람은 날마다 똑같은 시각에 똑같은 행동을 했다.

그 기사가 나가고 며칠 뒤 편지 한 통이 신문사에 날아왔다. 편지의 내용을 요약하면 이랬다.

나는 존 네스터John Nestor고, 기사에 실린 바로 그 운전자다. 나는 내가 원하는 어디에서든 제한속도를 넘지 않게 운전할 권리가 있다. 나는 법조문을 정확히 따르고 있는데, 왜 더 빨리 가고 싶은 이들을 위해 굳이 불편함을 감수해야 하는가?

선량하며 인내심 많기로 유명한 워싱턴 D. C. 시민들의 비난이 그에게 폭주한 상황을 상상하기란 그리 어렵지 않을 것이다. 그리고 얼마 뒤에는 '법조문을 정확하게 따름으로써 모든 것을 망쳐버린다'는 뜻의

신조어 동사 '네스터하다NESTORING'가 생겨났다.[18]

재미있는 얘기일 수 있다.

그러나 그다음 내용은 전혀 그렇지 않다.

FDA 소속 의사인 존 네스터는 생명을 구하는 의약품의 승인 업무 담당자였다. 그런데 법조문에는 어떤 의약품이든 승인 이전에 반드시 안전이 입증되어야 한다고 규정되어 있다. 여기에서 사소한 쟁점 하나가 발생했다. 그 어떤 의약품도 완벽하게 안전할 순 없다는 점 때문이었다(의약품 설명서에 온갖 부작용이 깨알 같은 글자로 빽빽하게 나열된 것은 당신도 보았을 것이다). 그래서 우리의 네스터 선생은 단 하나의 의약품도 승인하지 않았다. 허가를 신청하며 올라온 모든 의약품에 퇴짜를 놓은 것이다. 『워싱턴 포스트Washington Post』 기사의 표현을 인용하자면, "그는 제약사들이 들고 온 모르몬교 교회의 웅장한 오르간을 풀피리로 만들어버렸다." 왜냐하면 그에겐 어떤 의약품도 안전하지 않았기 때문이다.

안전을 그 무엇보다 우선시하는 것이 FDA의 성향이긴 하나, 이런 사실을 감안하더라도 네스터의 기준은 너무 엄격했다. 극단적으로 조심스러울 수밖에 없는 감독 기관의 일원으로서 네스터는 자신의 역할에 충실했지만, 그 정도가 매우 심했던 탓에 해고되고 말았다. 랠프 네이더Ralph Nader라는 이름을 키워드로 검색을 해보면 알겠지만, 시민운동가 네이더는 네스터가 "유해한 의약품들로부터 공중의 건강을 지킨 난공불락의 기록을 세웠다"라고 주장하며 그가 복직되어야 한다는 취지의 소송을 제기했다. 결국 FDA는 네스터를 다시 채용할 수밖에 없었

고, 그는 국민 세금으로 급여를 받으며 재임한 기간 동안 단 1건의 의약품도 승인하지 않았다.[19]

> 역설적이게도 그는 나중에 신장이 망가져 사망했는데
> 그가 감독했던 신약 분야에는 신장약도 포함되어 있었다.

현재 미국의 의약품 승인 시스템 중 많은 부분은 무활동 상태에 가깝다. 학자들은 이중 확인 과정이 이루어지길 바라지만 내부검토위원회[IRB]는 삼중 확인을 원하고, 감독자들은 사중 확인을 요구한다. 놀랍지도 않은 사실이지만, 그 결과 신약 개발부터 출시까지 들어가는 비용은 수십 년 동안 수천만 혹은 수억 달러, 몇몇 경우엔 수십억 달러를 훌쩍 넘긴다.

> 약품 시험에 필요한 모든 서류를 출력해서 옮기려면
> 견인 트레일러 여러 대를 불러야 할 것이다.

개발에서 출시까지 드는 비용과 시간을 무시하고 안전에만 초점을 맞추는 사람은 공중의 건강을 보호하는 '좋은 놈'으로 보일 수 있다. 그러나 이 '좋은 놈'은 아무런 행동도 하지 않음으로써 사람을 죽일 수 있다. 이렇듯 오로지 '옳음'과 '그름', '좋은 놈'과 '나쁜 놈' 혹은 '원칙을 지키는 감독자'와 '사악한 장사꾼'이라는 차원에서만 생각하면 놓치곤 하는 진리가 있다. 바로 이것, '좋은 놈들'도 때로는 '나쁜 놈들'만큼이나 당신에게 해를 끼칠 수 있다는 것이다.

더 좋은 의약품을 더 빠르고 싸게 만들어내겠다는 의지나 메커니

즘이 없으면 신약은 점점 더 비싸진다. 비용 감당이 갈수록 어려워져 신약 개발에 나서는 제약 회사가 없으니 신약이 시장에 나올 일도 없을 것이다. 자신의 반려견이 라임병*에 걸리지 않도록 백신을 맞힐 순 있어도 자기 아이에겐 백신을 맞힐 수 없는 여러 이유 중 하나가 바로 이것이다. 비극은 당신 자신과 가족을 라임병으로부터 보호할 수 있었다는 것이다. 라임병 백신에는 2종류가 있었고 효과는 76~92퍼센트였다. 1998년 FDA는 리메릭스LYMErix를 승인했다. 리메릭스엔 심각한 부작용이 전혀 없었다. 그러나 백신 접종 거부자들과 수익 부족 문제 때문에 두 제품 모두 3년 만에 사장됐고, 그 이후 매년 30만 명이 라임병에 걸렸다. 기존 의약품의 특허가 만료되었지만 지금은 그 어떤 기업도 값싸게 라임병을 예방할 수 있는 의약품을 재개발하려 들지 않는다. 미국 국립보건원NIH의 운영자들이나 그곳 직원들이 당신을 보호하려 할까? 글쎄다. 그들이 가장 최근에 표명한 입장을 보자. 2018년 9월 미국 국립알레르기전염병연구소NIAID** 자문위원회는 '진드기 매개 질병을 표적으로 하는 예방'이라는 제목의 'FY 2020'이라는 개념을 승인했다. 그러고는 자신들이 '개념들'이라고 밝힌 것의 의미를 이렇게 정의했다.

"이 표현은 프로그램의 공식적인 발표, 지원 신청 혹은 위원회의 개입에 대한 요청을 위한 초기 계획 단계들을 뜻한다. 우리 위원회가 승인하는 개념이라 해서 그것이 어떤 문제 해결의 확실성을 보장하는 것은 아니다."[20]

●　진드기가 옮기는 세균성 감염증으로 '제2의 에이즈'라 불린다.
●●　미국 국립보건원을 구성하는 27개 하위 기관 중 하나다.

세상에, 고마우셔라! 말만 들어도 병이 겁을 집어먹고 멀리 도망가버리겠네!

대형 제약 회사도 비난을 피할 수 없다. 연구개발과 안전 분야에선 얼마든지 개선이 이루어질 수 있고 또 그렇게 되어야 한다. 제약 회사는 흔히 요금을 크게 부풀려 바가지를 씌우지만 사실 그들에게도 할 말은 있다. 신약 개발에는 엄청난 비용과 시간이 들기 때문이다. 우리가 가진 '윤리적-규제'에 대한 성향은 시간이라는 요소를 우선순위에 두지 않는다. 그저 대상에 대해 생각하고 연구하고 기다리며 지켜볼 뿐이다. 그러나 제약 회사들이 실제로 맞닥뜨리는 현실은 다르다. 제약업계의 신약 개발 비용 분야에서 일어나는 일들을 승마 경기에 참가한 말이 허들을 뛰어넘는 것으로 시각화해서 생각해보자. 낮은 허들은 거의 모든 말이 뛰어넘지만 허들이 높아지면 성공하는 말의 수도 줄어들고, 올림픽 수준으로 허들 높이를 올리면 대부분의 말이 실패한다. 신약 개발은 상대적으로 더 느리고 더 비효율적이며 더 비싼 일이다. 인플레이션율을 고려해서 보정한 수치로 표현하자면, 1950년대에는 10억 달러만 들여도 40~50개의 신약이 나왔다. 그런데 연구개발과 기술에 엄청나게 투자한 뒤로는 상황이 어째 잘못된 방향으로 흘러갔다. 2000년이 되면 신약 하나를 개발하는 데 10억 달러의 비용이, 그리고 시장 출시까지는 14년이란 시간이 걸렸다.[21] 치료 측면에서는 가격이 한층 더 높아진다. 마지막 허들까지 뛰어넘고 결승선을 통과하는 연구개발 프로젝트의 수는 과거보다 훨씬 줄어들었고, 이렇게 개발되는 신약조차도 부유한 나라에서 많이 발생하는 질병의 치료약인 경우가 일반적이다. 말라리아나 뎅기열처럼 가난한 나라에서 창궐하는 풍토병을 치료하는 의약품들은 투자 예산이라는 허들을 깔끔하게 넘지 못한다. 제약업계의 이런 시스템은 이룸의 법칙Eroom's Law에 따라 작동한다. 약 개발의 효율성이 떨어지는 현상을 풍자하는 이 법칙은 컴퓨터의 성능은 일정 시기마다 배가된다는 무어의 법칙Moore's Law의 철자 배열을 뒤집은 것이다.

수천만 명이 죽는다.

이런 모든 상황들이 '의약품이 사라지게 만드는 조치'이다. 실수나 성급한 행동 혹은 관리 부재 등에 따른 비용은 쉽게 측정할 수 있다. 그러나 행동하지 않고 보류한 것이나 전혀 개발되지 않은 어떤 것의 비용을 측정하기란 한층 어렵다. '조심하는 것이 무엇보다 중요하다'는 전통적 윤리학자의 주장은 때때로 많은 사람을 죽일 수 있고 또 실제로 죽이고 있다.

한마디 덧붙이자면, 지나친 조심스러움이 사람을 죽이는 경우가 의약품 분야에서만 발생하는 것은 아니다. 고등학교를 졸업한 뒤 우리 모두는 자신의 윤리의식을 시험당하는 상황과 맞닥뜨리곤 한다. 예를 들면 이렇다. 나는 선로전환기 옆에 서 있다. 그런데 통제를 벗어나 폭주하는 기차가 세 사람이 서 있는 곳으로 돌진한다. 그대로 두면 그들은 기차 때문에 죽을 게 분명하다. 이때 나는 선로전환기를 내려 기차의 진행 방향을 다른 선로로 바꿀 수 있다. 이렇게 하면 세 사람을 살릴 수 있겠지만, 대신 그쪽 선로에 있는 선량한 한 사람을 죽이게 된다. 이럴 때 나는 어떻게 해야 할까? 이 문제는 자율주행 자동차와 관련된 논의에서도 다시 반복된다.

로봇 자동차를 반대하는 사람은 다음과 같은 최악의 극단적 시나리오에 초점을 맞춘다. 강풍이 부는 도로를 자율주행 자동차가 달려 내려간다. 이어서 차는 곡선 구간에 접어드는데, 어린아이 몇 명이 도로 한가운데서 놀고 있다. 이때 선택의 가짓수는 두 개뿐이다. 하나는 아이들을 치어 죽이는 것, 다른 하나는 아이들을 피해 도로 바깥 절벽으로 떨어지게 하여 운전자를 죽이는 것이다. 자, 당신이라면 자동차가 어떤 선택을 하도록 프로그래밍하겠는가? 이런 일이 일어날 가능성은 1,000만 분의 1이다. 하지만 자율주행 자동차가 널리 사용된다면 얼마든지 생길 수 있는 일이고, 어떤 형태로든 비극이 발생할 것이다. 그러나 그것이 논쟁의 핵심이 되어야 할까? 옳은 해답을 얻을 때까지 자율주행 자동차를 그저 차고에 넣어두어야 할까? 어쨌거나 기술은 이미 자동차를 과거보다 빠르고 다양하고 저렴하게 만들었다. 그리고 자동차는 예전보다 훨씬 더 안전해졌다.

"1913년엔 자동차 1만 대당 도로에서 사망한 사람 수가 33.38명이었으나 2017년에는 1.47명이었다. 96퍼센트나 개선된 셈이다."[22]

그런데 왜 아직 안전함이 입증되지 않아 위험할 수 있는 자율주행을 도입하려 하는 걸까?

음, 어쨌든 전 세계에선 하루 평균 3,287명이 자동차 사고로 사망한다. 자동차 사고는 15~44세 사람들의 사망원인 1위다.[23]

휴스턴, 우리에게 또 문제가 생겼다!

자율주행 자동차에 대한 반대와 의문이 생겨나는 것은 널리 퍼져 있는

2가지 전염병 때문이다. 하나는 자신의 능력이 평균보다 높다고 생각하는 워비건 호수 효과 Lake Wobegon effect, 또 하나는 무능력함에도 부정적 결과를 접하면 자신이 여전히 유능한 사람이라 여기는 더닝-크루거 효과 Dunning-Kruger effect다. 모든 연령대의 사람 5명 중 4명은 자신의 운전 실력이 평균치보다 높다고 생각하는 게 이런 현상에 해당한다.[24] 그럼에도 미국에선 1분당 19건의 자동차 사고가 발생한다(참고로 더닝-크루거 효과가 어떻게 작동하는지 궁금한 사람은 보스턴에 와서 운전을 해보면 알게 될 것이다).[25]

　그러므로 자율주행 자동차와 관련된 핵심 질문은 '어떻게 하면 완벽하게 안전하게 만들까?'가 아니다. 설령 자율주행 자동차가 아직 완벽하지 않다 해도 '실제로 도로에 이 자동차를 내놓으려면 얼마나 기다려야 할까?'가 우리가 던져야 할 질문이다. 운전자가 직접 모는 자동차는 해마다 수만 명의 목숨을 앗아간다.[26] 이런 상황에서 우리는 자율주행 자동차가 일반 자동차보다 2배 안전해질 때까지 기다려야 할까? 혹은 5배? 아니면 10배? 물론 테슬라Tesla의 자율주행 자동차는 가끔 이상하고 멍청한 짓들을 하는 데다 심지어 사람을 죽이기도 하는데, 이런 일들은 앞으로도 한동안 이어질 것이다. 그러나 핵심 질문은 '허용오차의 기준을 어느 선으로 정해야 하는가?'이다. 자율주행 자동차의 운전 실력이 설령 평균적인 일반 운전자보다 나아진다 해도 그때가 되면 더 많은 질문에 대답하기 위해, 또 가능한 한 모든 딜레마를 해결하기 위해 당신은 해마다 이 결정을 연기할 것이다. 그리고 결과적으로 보다 많은 사람을 죽이게 될 테고.

　현재 채택하고 있는 제도보다 자율주행 자동차가 합리적인 비용으로 더 많은 목숨을 구할 수 있을 것이라 거의 확신하게 되면, 자율주행 자동차 도입 여부에 대한 결정은 곧 윤리적 차원의 문제가 될 것이다. 그러나 많은 윤리학자가 근본적인 시스템 안전성이라는 핵심 문제 대신 엉뚱하게도 극단적인 경우에만 초점을 맞추기 때문에 10대 청소년과 노인이 무거운 쇳덩이를 조종하는 열쇠를 집 밖으로 갖고 나가는 것이 얼마나 위험한 일인지 우리는 잊어버린다.

7
장

그래서… 결론은?

상황이 점점 더 좋아지고 있지만 절대적으로 옳은 해답을 찾는 일은 어렵다. 윤리는 앞으로도 계속해서 진화할 것이다. 윤리가 바뀜에 따라 이전 세대는 이후 세대로부터 비난을 받을 수 있으니, 우리도 겸손한 마음으로 과거 세대의 행동을 대하는 것이 좋다. 우리 역시 미래에는 다른 이들로부터 비판을 받을 테니까.

윤리 2.0, 3.0, 4.0

당신은 낙관주의자인가? 앞으로 모든 것이 지금보다 더 좋아질 거라 생각하는가? 아니면 우리가 지금 사회적·윤리적 죽음의 소용돌이 속으로 빨려들어가는 중이라고 여기는가? 우선 이 질문에 대답해보자. 당신은

300년 뒤까지 살아남아 지금의 세상이 과연 어떻게 바뀌는지 보고 싶은가?

불행하게도 점점 더 많은 사람이
'NO'라고 대답한다.

SF 소설이나 영화는 종종 거대한 윤리적 과제들을 다룬다. 지구 전체가 뜨거워지면 어떤 일이 일어날까? 핵무기에 의한 대량학살이 일어나면 인간에게는 어떤 상황이 벌어질까? 또 한층 높아진 지능의 로봇이 나타난다면? 훗날 인간은 다른 누군가의 정신을 통제하거나 유전자를 편집하지 않을까? 자본주의와 민주주의가 무너지면 어떤 경제 체제와 정치 체제가 들어설까? 이런 SF적인 주제에 대해 학생들은 기숙사 방에서 밤늦게 토론을 하고, 사람들은 지금 자기가 하는 일들이 미래에 어떤 결과를 빚어낼지 상상한다. 그런데 오늘날의 SF 작가들 혹은 할리우드의 시나리오 작가들과 대화를 나누다 보면, 현실 그 자체는 사실 우리가 현재 예측하고 또 두려워하는 것들을 매우 빠른 속도로 앞지르고 있음을 알 수 있다.

밀레니얼 세대*에 속하는 많은 이는 이 세상이 이미 돌이킬 수 없을 정도로 망가졌다고 확신한다. 인간은 자원을 무분별하게 사용하고 핵무기까지 갖고 있는 데다 환경오염은 이미 심각한 수준에 이르렀기 때문이다. 소수의 사람들은 신기술을 장악하여 다수를 염탐하고 통제한다. 이

● 1980년대 초~2000년대 초에 출생한 세대.

런 얘기들은 이 책의 마지막 장에서 당신이 기대하는, '그래서 우리의 영웅은 이러저러한 일을 했고, 결국 모든 게 좋아졌다'라는 식의 행복한 결론이 아니다.

2018년 5월 구글은 인적자원HR 매뉴얼의 근본이 되는
어떤 원칙을 삭제했는데,
이 일이 혹시 그런 비관론적 시대를 암시하는 조짐은 아닐까?
삭제된 그 원칙은 "사악해지지 말자"였다.[1]

공포는 흔히 잔인함을 부추긴다. 공포에 휩싸인 상태에선 과거의 사건에 대해, 자기와 의견이 다른 사람에 대해, 혹은 빠르게 바뀌는 변화에 대해 너그럽게 마음을 열기가 어렵다. 현대의 정치는 물론이거니와 많은 현대 미디어는 "겁을 먹어라. 벌벌 떨리도록 잔뜩!"이라는 단 하나의 관념에만 기대어 지금까지 번영한 듯하다. 웨더 채널Weather Channel이나 트위터, CNN, 폭스 뉴스Fox News 등의 미디어에 종사하는 사람들은 뉴스특보를 기반으로 하여 사람들을 끌어모은다. 예를 들면 이렇게 말이다.

위험이 다가오고 있다. 만일 뭔가를 본다면 꼭 말해라. 주변에 있는 모든 것에 대한 정보를 우리에게 제공해라. 그들을 믿지 마라. 그들을 주의 깊게 살피고 그 내용을 우리에게 알려라. 그들로부터 당신을 구분짓는 경계선은 뚜렷하지 않고, '다른 사람들'은 그 경계선을 넘나든다. 당신이 하는 일은 안정적이지 않으며, 사회도 그렇고 도덕도 그렇다. '다른 사람들' 때문에 모든 게 지옥으로 떨어지고 있다.

대통령들도 바로 이런 인식 아래 선출된다. 우리가 윤리적인 현상(現狀, 현재 상태)에서 진행되는 거대한 변화들을 헤치며 길을 찾아나가려는 것도 바로 이런 맥락에서다.

모두가 그런 것은 아니지만 대부분의 '윤리'는 제품−수용 주기product-adoption cycle를 거친다. '새로운' 윤리적 규범의 경우 초기에는 열정적인 사람들 덕에 받아들여지고, 점차 다수가 지지하는 규범이 되며, 한두 세대 이후에는 대부분의 사람이 이 규범을 지지하는 쪽에 합류한다. 그러나 기술이 지속적으로 빠르게 발전함에 따라 윤리의 수명주기는 점점 짧아지고 있다. 처음에는 이러저러하게 행동할 것을 요구하던 윤리 규범이 이후 어느 순간에 이르면 그것과 거의 정반대되는 행동을 우리에게 요구한다. 오늘날의 다양한 마케팅 활동에서 여성의 특성이 어떻게 바뀌어왔는지 살펴보면 이를 잘 알 수 있다. 일단, 다음을 전제하고서 시작해보자.

대부분의 마케팅 담당자는 소비자 대중의 다수를 소외시킬 마음이 애초부터 없다(이는 '모든 마케팅 담당자는 영악하고 음흉하며 잔인하고 비윤리적인 동물이다'라는 것과 정반대되는 전제다).

이런 맥락에서 그들은 자신이 판매하는 어떤 것을 당신이 사고 또 그것에 만족하기를 바란다. 그렇다면 1950년대와 1960년의 많은 광고에서 암시되었던 극단적 여성혐오와 인종차별 그리고 소아성애증은 어떻게 설명할 수 있을까?[2] 지금의 우리는 이런 광고들이 어떤 점에서 문제적인지 바로 파악한다. 이런 광고에 대한 오늘날의 반응이 즉각적이면서도 인정사정없는 것은 그 때문이다. 2012년의 벨베데레Belvedere 보드카 광고에 대한 반응이 그랬듯 말이다. 광고에는 한 남성이 공포에

질린 여성을 뒤에서 끌어안고 가슴을 더듬는 장면과 함께 "다른 이들과 달리 벨베데레는 언제나 부드럽게 내려간다"라는 문구가 들어가 있었다.³*

성차별주의와 인종차별주의는 여전히 광고와 '농담' 그리고 생각 없이 끄적이는 댓글 속에 녹아들어 있다. 미투 시대의 시각에서 보자면 이러한 예는 상스러운 것부터 불법적인 것, 심지어 살기등등한 것까지 과거와 현재의 행동에서 수없이 찾을 수 있다. 그리고 스스로 어느 정도는 깨어 있다고 자부하는 남자들조차도 미래 세대가 고개를 절레절레 흔들 정도의 쟁점들에 대해선 도대체 무엇이 문제인지 감도 못잡고 있다.

만일 오늘 허용되는 것들이 내일은 처벌받을 일로 금지된다면 어떻게 될까? 노예제도, 인종분리정책, 여성혐오, 홀로코스트……. 이 모든 것들은 과거에 '합법적'이었고 그런 관행에 반대한 사람들은 오히려 '범죄자'가 되었다. 인간성은 진화하는 윤리에 의해 주로 규정된다. 인류 역사는 곧 다른 부족들과 온갖 관행을 부수고 받아들이고 합치는 과정의 역사다. 진화하는 윤리는 수십 명이 넘는 큰 규모의 사람들이 부족으로 모여 두 개 이상의 종교가 있는 도시에서 함께 사는 법을 배우게끔 한다. 그런데 이 과정은 선형적이지 않다. 이런저런 제국이 형성되었다가 해체됨은 물론 특정 종교와 문장(紋章)이 새겨진 방패, 특정 국가주의 등과 같은 일련의 공통된 믿음을 지향하는 사람들의 공동 목표도 얼마든지 쇠락하고 소멸할 수 있다. 그러나 전반적인 추세는 분명

하다. 우리는 예전에 비해 규모가 한층 커진 도시에 모여 살면서 함께 먹고 읽고 보고 소통하며 전 세계와 교역한다. 이런 과정에서 우리는 이탈리아인, 아일랜드인, 가톨릭 신자, 흑인, 아시아인, 여성, 동성애자, 성전환자 등 과거에 추방 혹은 매도당했던 부족들의 '존재'를 점점 더 많이 인식하게 된다.

과거에 기피되었거나 소외당했던 이런 집단의 대표가 권력을 잡으려 할 때는 종종 심각한 반동이 나타나곤 한다. 때로는 누가 옳고 누가 그른지가 너무나 확실한 탓에 나라 전체가 양극화되는가 하면, 과거에 강했던 문명이 스스로 찢어 해체되기도 한다. 그러나 세계 전반의 추세는 분명하다. 성공한 나라나 기업에서는 과거에 소외되고 버려졌던 사람들이 점점 '그들'이 아닌 '여럿으로 이루어진 하나'로 다가선다. 우리는 더 너그럽고 덜 폭력적이 되는 방법을 조금씩 배워나간다. 파괴적인 핵무기와 생물무기 그리고 사이버무기의 시대에 사는 우리에게 이것은 무엇보다 큰 강점이다.

당신에게 무엇이 옳고 무엇이 그른지 일러주겠다는 명백한 목적하에 집필된 학구적 법규집은 많다. 하지만 이 책은 그런 책이 아니다. 나는 진리를 알고 있을 만큼, 또 그것을 당신에게 전달할 만큼 똑똑하진 않다. 이 책은 "다음의 내용을 따르면 당신은 영원히 옳은 행동을 할 것이라 보장받게 된다"라는 명백한 논리적 결론으로 명쾌하게 처방하는 책이 아니다. 우리가 무언가에 대해 '확신'을 갖는 것은 윤리와 믿음과 규범이 언제까지고 바뀌지 않을 때에만 가능한 일이다. 그리고 지금 당장 유일하게 확신하는 한 가지는 내가 모든 해답을 다 갖고 있는 게 아니라는 점이다.

그렇다면 나는 왜 이 책을 쓴 걸까? 바로 당신이 윤리에 다시 한 번 더 관심을 갖기를, 친구들과 적들을 상대로 질문을 던지고 토론을 하기를 바라기 때문이다. 여기까지 꼼꼼히 읽었다면 당신이 들고 있는 이 책의 여백 여기저기에는 메모와 질문이 적혀 있고 느낌표도 곳곳에 찍혔을 것이다. 당신은 지금까지 읽은 내용을 두고 전체적으로나 부분적으로 동의할 수도 있고 그렇지 않을 수도 있으며, 혹은 분노할 수도 있다. 그리고 내가 결정적인 중요 사항들을 빠뜨렸거나 이런저런 실수를 하고 말았음을 지적할 것이다. 더불어 지금이야 우리가 아무렇지도 않게 행하지만 미래에는 충격으로 받아들여질 다른 것들을 혹시 당신이 알고 있다면 언제든 나에게 메일을 보내주길 바란다. 이 책의 원고와 관련해서 논평, 편집, 교열, 추가하고 싶은 내용 등등을 나는 모두 환영하며 그 모든 것을 언제든 배우고자 한다.[4] 이 책이 제대로 잘 만들어져 쇄를 거듭할수록 더욱 강력한 책이 되게끔 도와준다면 좋겠다. 보다 많은 사람이 윤리에 관심을 가지게 하는 작업, 또 세월의 흐름에 따라 자기를 바꾸어나가는 방식에 흥미를 느끼게 하는 작업에 도움의 손길을 보태주길 바란다.

만일 당신이 '옳음 대 그름'을 둘러싼 온갖 본질적 질문들을 고민하면서 스스로를 더 많이 의심하고 더 많이 묻고 더 많은 것을 듣는다면 나로서는 정말 큰 기쁨이 될 것이다. 할아버지나 친구들이 윤리에 대해 당신에게 가르쳐준 내용을 무조건 고집하려는 태도를 버려라. 그리고 누군가가 당신과 의견이 다를 때는 당신이 믿지 않는 것을 그가 믿는 이유가 무엇인지부터 물어라.

수많은 화제 중 관련 의견이 양극단으로 많이 나뉜 것일수록 경청하고 학습하고 토론하고 판단할 가치 또한 크다. 진정으로 복잡한 주제를 놓고서 학교나 직장에서 그리고 친구와 가족을 상대로 정치적·종교적·윤리적 토론을 할 수 있는, 그래서 조금은 더 안전한 공간을 내가 이 책으로 제공했기를 기대한다. 나는 당신이 생각하길, 깊고 끈질기게 생각하길 바란다. 다른 사람들이 역사적으로 했거나 하지 않은 것들뿐 아니라 우리가 지금 하고 있는 것들에 대해서도 함께 생각해보면 좋겠다. 우리가 '옳다'고 생각하는 것과 우리가 허용하는 것에 대해서도 마찬가지다. 바로 이런 것들이 훗날 우리의 후손들이 우리에게 분노하는 지점일 수 있기 때문이다. 미래 세대가 심각하게 비윤리적이라고 여길 행동들을 우리는 지금도 여전히 하고 있다. 그래서 하는 말인데, 당신이 과거 세대를 판단할 때는 한층 더 이해심과 겸손함을 가져야 하지 않을까싶다.

우리 뒤를 이을 세대는
우리가 보는 책과 그림들 가운데 몇몇을 금지하거나
우리의 조각상을 끌어내리고 우리의 이름을 벽에서 떼어낼 수도 있다.
그리고 우리 후손들 중 많은 이는
우리의 페이스북, 트위터, 인스타그램을 보고선 너무도 당혹스러워서
그것들을 지워버릴지도 모른다.

어떤 사람들이 했거나 하고 있는 행동을 '옳다'거나 '그르다'고 섣불리 판단하기 전에 다음과 같이 전혀 다른 질문을 스스로에게 먼저 던져보는 건 어떨까?

나는 이 사람들의 반대편에 서서 이들의 견해에 반박하고 반대할 수 있다. 하지만 이들도 알고보면 좋은 사람이기도 하지 않을까? 이 사람들은 자기 신념이라는 맥락 속에서 우아하고 알맞게 행동하고 있는 게 아닐까?

어려운 주제들에 대해 이런 식으로 질문을 던지며 파고드는 접근법을 취한다면, 의견이 뚜렷하게 갈리는 주제들을 놓고 서로 함께 앉아 대화를 나눌 때 양쪽의 의견이 완벽히 일치해야 할 필요는 없다. 만일 당신이 한 우아한 인간으로서 다른 이들에게 접근한다고 치자. 그러면 아마도 당신은 다음 사실에 대해 더 많은 것을 배우고 또 그 사실을 더 잘 이해하게 될 것이다. 상대는 인간적으로 좋은 사람이지만, 당신이 엄청나게 열정적으로 임하는 어떤 것들에 대해서는 (당신의 각성된 시각으로 볼 때) 끔찍할 정도로 잘못된 생각을 가질 수 있다는 사실을 말이다.

다음은 공화당을 지지하고 있는 나의 친구들에게 던지고 싶은 질문이다.

당신은 버락 오바마의 정책에 절대적이고도 근본적으로 반대할 것이다. 그러나 설령 그렇다 하더라도 이런 사고실험 하나를 해보길 권한다. 급한 용무로 회사의 호출을 받은 당신은 목숨이 얼마 남지 않은 두 베이비시터 중 1명에게 당신의 12살짜리 딸을 맡겨야 한다. 그 두 사람은 오바마와 트럼프다. 당신은 누구를 선택하겠는가?

똑같은 질문을 이번에는 민주당 지지자인 친구들에게 해보겠다.

당신 딸을 폴 라이언Paul Ryan에게 맡기겠는가,

아니면 앤서니 위너^{Anthony Weiner}에게 맡기겠는가?[*]

대다수의 사람이 기본적으로 우아한 인간이라는 전제하에서 대화를 시작하면 한결 편안하고 행복할 것이다.[5] 설령 지금까지 인생을 살아오는 동안 (현재 당신이 돌이켜보고 판단할 때) 극악무도한 나쁜 짓을 했거나 또 현재 하고 있는 사람이라 치더라도 말이다. 만약 타인이 하는 말에 귀를 기울이지 않는다면, 또 타인을 무죄 추정의 원칙에 입각해 대하지 않는다면 이는 곧 당신이 '저쪽 편(진영)'에 있는 모든 이들은 근본적으로 사악하고, 그들이 하는 말을 듣거나 그들과 말을 섞을 가치가 전혀 없다고 생각한다는 뜻이나 매한가지다.

이 이야기를 들은 당신이 마음속으로 외치는 소리가 내 귀에 들리는 것 같다.

"아니, 그럼 나치 당원에게도 무죄 추정의 원칙을 전제로 대하란 말이오?"

충분히 그렇게 고함칠 수 있다. 2019년의 그 어디에도 '선량하고 우아한' 나치 당원은 존재하지 않는다. 그 쟁점은 이미 역사적으로 철저하게 입증되었으며 모호하게 남은 부분 또한 하나도 없다. 만일 당신이 티키 횃불을 들고 거리를 행진한다면^{**}, 홀로코스트 역사를 부정한다면, 또 유대인과 동성애자와 흑인과 멕시코인 등을 죽여야 한다고 목소

---

* 폴 라이언은 공화당 의원이었으나 시리아 난민을 수용하려는 오바마 정책에 동의하는 등 2016년 대선 때 트럼프와 각을 세웠던 인물이고, 앤서니 위너는 무분별한 섹스 스캔들을 달고 다녔던 민주당 의원이다.

** 2017년 8월 11일 밤, 미국 버지니아의 샬러츠빌에선 약 100명의 백인우월주의자들이 대나무로 만든 티키 횃불을 들고 나치의 슬로건이었던 "피와 땅"을 외치며 거리를 행진했다.

316

리를 높인다면 바로 그 자리에서 주먹으로 얼굴을 맞아도 싸다.[6] 그러나 만일 1940년경의 독일에서였다면 어땠을까? 사이코패스가 이끄는 그 끔찍한 체제하의 나치당원들은 모두가 한마음 한뜻이었을까? 우리가 그들 모두를 동일하게 평가하는 건 아닐까? 획일성을 강요하는 온갖 극단적인 사회적 압박이 있진 않았을까? 동부전선***에서 어떻게든 살아남기 위해 발버둥친 사람이 수없이 많았던 건 아닐까? 그럼에도 독일인이라면 당연히 대니얼 골드하겐Daniel Goldhagen이 낸 책의 제목처럼 '히틀러에 기꺼이 동조한 집행자들Hitler's Willing Executioners'로 묘사되는 것이 옳은 걸까?[7]

사람이 다른 사람을 용납할 수 없는 방식으로 다루는 일은 시대와 문화권을 초월하여 늘 벌어졌다. 전쟁 포로였던 이들이 남긴 기록들에는 항상 온갖 끔찍한 생활 환경과 굶주림, 구타, 고립, 강제노동 등이 항상 등장한다. 제2차 세계대전 당시 일본군이 운영했던 죽음의 수용소에도 끔찍하기 짝이 없는 감시병이 있었고, 다른 한편으론 상당히 인간적인 감시병이 있었다. 그리고 그 양극단 사이의 제각기 다른 지점에 놓이는 감시병들도 물론 있었다. 이탈리아와 베트남 그리고 이라크 아부그라이브 교도소‡‡에서도 마찬가지였다. 심지어 황폐함과 굶주림의 소련 수용소에 있던 독일 수감자들조차도 품위 있는 소련군 감시병의 모습을 적지 않게 보곤 했다.

노예제도로 화제를 다시 돌리면, 토머스 제퍼슨과 샐리 헤밍스 사

●●● 제1차 세계대전 당시 독일, 오스트리아, 헝가리 동맹군이 러시아군과 대치했던 전선이다.
‡‡ 이라크를 침공했던 미군이 수감자들에게 비인간적인 가혹행위를 했던 곳.

이의 관계는 속성상 '합의의 관계'가 될 수 없었다. 그러나 서로를 보살 핀 것처럼 보였던 그 불평등한 관계를 두고 노예에 대한 주인의 강간이 제도적으로 허용되었던 시기의 관계와 동일하다고 판단할 수 있을까? 노예제도라는 비열하고 용서받을 수 없는 관행이 수천 년 동안 이어지 던 가운데, 그래도 몇몇 노예 소유주는 다른 소유주들보다 더 좋게 혹 은 더 나쁘게 행동하지 않았을까? 지금 노예를 거느리는 괴물들을 판 단할 때 우리는 18세기의 노예 소유주들을 판단할 때와 동일한 방식을 적용하는 건 아닐까? 현대를 살아가는 사람들이라면 당연히 더 많은 것을 알고 있을 테니 그만큼 더 철저하고 엄정한 잣대를 들이대는 것이 옳지 않을까?

흠, 이쯤 되니 거친 고함이 들려오는 듯하다.

"%@$#%! 이 도덕적 상대주의자야!"

그렇지 않다. '옳은 것'과 '그른 것'이 무엇인지에 대한 발견과 재발 견은 늘 이어져온 일이다. 수백 년의 세월이 흐르는 동안 우리는 숱한 시행착오를 저지르면서 더 윤리적이고 더 따뜻한 세상을 만들어왔다. "나는 그걸 알아. 그러니 그들도 그걸 진작 알았어야지!"가 윤리에 대 한 당신의 태도라면, 당신은 앞으로도 이런 절대적 규칙에 따라 기꺼이 살고 또 이 규칙을 따르는 미래 세대의 평가도 흔쾌히 받겠는가? 사회 와 사회를 지배하는 규범은 다가올 200~300년 동안 보다 나은 쪽으로 진화하지 않을까?

윤리는 시대에 따라 시시때때로 상대적일까? 우리는 과연 지금 그 시대의 맥락에 비춰 당대 사람들의 행동과 믿음을 판단하는 걸까, 아 니면 우리가 지닌 절대적인 '옳음/그름'의 잣대로 그들의 윤리를 판단하는 걸까?

　내가 굳이 나 자신을 드러내면서까지 이런 질문을 던지는 이유는 뭘까? 아주 커다란 윤리적·도덕적 모자를 근엄하게 쓰고서 노예 소유주 한 명 한 명을 모두 비난하고, 편견에 사로잡혔던 과거의 모든 사람을 비판하고, 그런 이들의 동상을 끌어내리고, 또 오늘날의 각성된 관점이라는 잣대에 비춰 과거의 모든 잘못을 인정하고 규탄하는 편이 훨씬 쉽고 마음 편하며 간단한데 말이다.

　　오늘날 대학 교정에서는
　　학생들이 생각의 미묘한 차이나 예전 경험에 대해
　　자유롭게 이야기한다.

나는 2가지를 완수하고 싶다. '옳음과 그름'에 대한 엄격한 잣대가 영원불변하게 존재한다는 발상에서 자유롭게 해방된 상태로 서로 대화를 나누고 무언가를 촉구하기도 하면서 상대를 이해하고 인도하는 일이 지금보다 한결 쉬워지게 만들고 싶다. 이 책을 다 읽은 당신이 "너처럼 생각하는 사람과는 절대 말도 섞지 않을 거야" 혹은 "지금부터 나는 너와 담을 쌓고 쳐다보지도 않을 거야"라 말하기보다는 쟁점에 대한 의견이 다른 상대와도 뜨겁게 토론하고 한결 좋은 사이를 유지한다면 좋겠다.

　　그렇지 않으면 예이츠Yeats가 웅변했던 것처럼 되고 말 것이다.
　　"모든 것이 뿔뿔이 흩어진다. 중심이 힘을 잃고 무너진다.

(…)

혼돈의 세상이 펼쳐진다"*

지금 하고 있는 행위들 중에 잘못된 것이 있지만 그 점을 우리가 전혀 깨닫지 못하고 있음을 나는 안다. 그리고 기술 발전 덕분에 우리는 한층 관대하게 행동하면서도 현재의 생활방식을 유지할 수 있는 여러 선택권을 누릴 것이다. 그렇기에 윤리도 계속해서 진화할 테고 말이다. 우리는 우리가 한 일들이 나중에 돌이켜보니 끔찍한 짓이었다는 이유로 욕을 먹을 텐데, 사실 그것도 당연한 일이다.

미래의 어떤 시점에서 봤을 때 변명의 여지가 없는 것으로 판명될 현재의 행위 중에도 좀 더 좋은 게 있고, 또 좀 더 나쁜 게 있을 것이다. 오늘날의 법률은 '어떤 것'을 허용하고, 당신 주변의 모든 사람은 그 '어떤 것'을 지지할 수 있다. 하지만 이것이 곧 당신은 아무런 의심도 없이 그 행위를 해야 한다거나, 설령 그렇게 행동한다 해도 의도적으로 잔인하게 구는 것까지 허용된다는 뜻은 아니다. 모든 사람이 영웅적으로 행동하거나 그런 선택을 한다는 건 과거나 지금이나 불가능하다. 그러나 절대적 개차반(거친 용어라면 용서를 빈다)들은 당연히 고립시켜야 함은 물론, 그런 이들이 "뭐 어때, 모든 사람이 다 그렇게 했는데" 따위의 변명을 입에 올리지 못하게 만들어야 한다. 올바르지 못한 제도의 껍데기를 뒤집어쓰고서 극단적으로 잔인하게 행동하는 사람들은 사회적 비판을 통해 부끄러움을 느껴야 한다. 그러나 우리는 이런 이들이 전체 중

● 윌리엄 버틀러 예이츠(William Butler Yeats)의 시 「재림(The Second Coming)」 중 일부다.

지극히 소수임을 기억하고 나머지 사람들에 대해서는 다른 태도를 가져야 한다. 행동을 바꾸고 싶다면, 변화의 선두에 서고 싶다면 버려야 할 태도가 있다. 경멸스러운 이들과는 두 번 다시 만나거나 대화하지 않겠다는, 혹은 그들에게 간결한 표현으로 모욕만 줄 뿐 말을 섞진 않겠다는 태도가 그것이다. 에이브러햄 링컨의 합리적인 토론 방식을 배워보자. 미국 내 여론이 과거 그 어느 때보다 심각하게 양분되어 있던 시기에 링컨은 다음과 같이 말했다.

> 만일 A라는 사람이 자기에겐 B를 노예로 삼을 권리가 있음을 입증한다면, 거꾸로 B 역시 자신이 A를 노예로 삼을 수 있음을 입증할 수 있지 않을까? 그럼 당신은 'A는 백인이고 B는 흑인'이라는 반박을 할 수 있다. 요컨대 피부색이 기준이라는 뜻에서 말이다. 그렇다면 피부색이 옅은 사람에겐 자기보다 피부색이 진한 사람을 노예로 삼을 권리가 있다는 걸까? 그렇다면 당신도 조심해야 한다. 이 규칙에 따르면 당신보다 피부색이 옅은 사람을 만나는 순간 당신 역시 그 사람의 노예가 될 테니까. 정확히 말하자면 피부색이 기준인 건 아니라고? 그러니까 당신이 하고자 하는 말은 '백인은 흑인보다 지능이 우수하다'는 것인가? 그래서 백인에겐 흑인을 노예로 삼을 권리가 있다고? 자, 그렇다면 이것 또한 조심해야 한다. 이 규칙에 따르면 당신은 당신보다 지능이 우수한 사람을 만나는 순간 그 사람의 노예가 될 테니 말이다. 그런데 또 당신은 이것이 '이익 실현'의 문제라고 말한다. 이익을 실현할 수 있으면 다른 사람을 노예로 삼을 권리가 있다는 것이다. 그럴듯한 말이긴 하나, 이는 다른 누군가도 당신을 노예로 삼아 이익을 실현할 권리를 가진다는 뜻이다.[8]

(트위터에 누군가가 올린 "더럽고 사악한 인종주의자, z*#▶^&@$%!!"라는 댓글보다는 이런 방식의 대응이 더 우아하지 않은가? 분명 효과도 더 있을 것 같고.)

소비재 제품 대부분의 수명주기가 극적으로 짧아지는 것과 마찬가지로, 한층 더 빨라진 글로벌 커뮤니케이션은 분노하고 각성한 상태의 '윤리적' 얼리어답터들을 결집시킨다. 그리고 오늘날의 기술은 한층 더 많은 도구를 우리에게 가져다줄 것이다. 오랜 믿음과 행동을 바꾸도록 우리에게 엄청나게 무거운 압박감을 주는 도구들을 말이다. 이런 시대적 현상은 사회에서 수용되고 있는 근본적인 관념과 정치를 계속해서 위협할 것이다.

알렉사 Alexa, 고펀드미 GoFundMe, 인스타그램, 리프트 Lyft,

핀터레스트 Pinterest, 시리 Siri, 스냅챗 Snapchat, 틱톡 TikTok, 틴더……

10년 전까지만 해도 이런 것들은 세상에 없었다.

우리는 바뀔 수 있고 또 바뀐다. 데릭 블랙 Derek Black *은 백인이지만 '블랙'이라는 성을 갖고 있다. 그의 아버지는 인종주의 웹사이트인 스톰프론트 Stormfront를 설립했으며 그의 대부는 KKK단의 우두머리로 그랜드 위자드 Grand Wizard라 불리던 데이비드 듀크 David Duke였다. 데릭은 가문의 전통을 이어받아 소년 시절에 이미 백인 민족주의 운동 White Nationalist Movement에 힘을 보탰고 인종차별주의적인 라디오 프로그램을 진행하며

---

* 1989년생으로 플로리다주에서 태어났다.

백인우월주의자들의 분노를 조직했다. 그러다가 대학에 진학했는데, 그곳에서 그전까지 자신이 증오하고 멸시했던 부류의 사람들과 친구가 되었고, 또 유대인 여자친구도 생겼다. 3년이라는 세월 동안 데릭은 인종과 종교가 제각각인 자신의 친구들이 자기가 존경할 만한 사람들임을 깨달았다. 그래서 그는 증오와 차별을 반대하는 기관인 남부빈곤법률센터Southern Poverty Law Center에 특별한 편지 한 통을 보냈다. 이 편지에서 그는 자기가 각성한 과정을 설명하며 백인민족주의 운동을 포기했고, 자신의 뿌리를 자르고 가족과 절연하는 고통을 받아들였다고 말했다.[9]

이와 똑같은 양상을 타라 웨스트오버Tara Westover의 저서 『배움의 발견Educated: A Memoir』에서도 볼 수 있다. 외부 세계의 극단적 편견에서 벗어나 박사 학위를 받을 때까지 그녀가 걸었던 끔찍한 여정은 당신이 아는 그 어떤 것보다 용감한 이야기일 것이다. 또한 고통과 희망의 순례인 그 이야기는 당신이 절대 동의할 수 없는 의견을 가진 사람들과도 얼마든지 함께할 수 있는 이유, 그리고 판단과 비판은 덜 하고 경청은 더 열심히 해야 하는 이유를 들려준다.

간단한 설문조사 등을 통한 짧은 접촉도 진영을 자기편과 '그 사람들'로 철저히 나눠 생각하는 이들의 편견을 줄이는 데 강력한 효과를 발휘한다. 우리는 서로의 인간성을 제대로 알아볼 수 있도록 말과 행동 하나하나를 신중하게 선택할 필요가 있다.[10] 또한 서로를 파괴하고 지구 전체를 말살할 수 있는 시대에 살고 있는 만큼 상대를 향한 고함과 비난을 자제할 필요도 있다. 윤리, 즉 우리가 받아들이고 있는 관행들은 앞으로 얼마든지 개선될 수 있다는 믿음을 집단적으로 가져야 한다.

존 롤스가 강조한 근본적인 금언을 가슴에 새기고 기억해야 하는 것이다.

자신이 갖게 될 재능과 사회적 지위가 무엇인지 전혀 모른 채 무작정 태어난다면, 당신은 어떤 사회에 태어나고 싶은가?

우리가 거기까지 가려면 아직 한참 멀었다. 그렇기에 "나는 다 알고 있어. 그러니까 내 말에 동의해. 그렇지 않으면 너는 잘못된 거야"라 말해선 안 된다. 단 하나의 실수, 단 하나의 엉뚱한 말, 단 하나의 생각 없는 댓글도 인터넷 공간에선 순식간에 수백만 번에 걸쳐 수많은 사람에게 퍼진다. '깨어 있고 계몽되었으며 신의 선택을 받은' 우리는 당신이 쌓아온 경력 전체와 당신이 가진 모든 사회관계망을 날려버릴지도 모른다.

이 순간 사회에는 '복수의 천사들'이 너무 많은 데 반해 '간디들'은 아무리 찾아도 잘 보이지 않는다. 훗날 미래 세대에게 비판받을 것이며 심지어 우리 중 가장 각성되고 옳은 이들조차도 그 세대의 기대에 미치지 못하리라 깨닫는 것이 우리가 내디뎌야 할 첫걸음이다. 기술은 강력한 촉매제고, 불가역적인 변화를 한 단계씩 높여간다. 이 변화는 심지어 윤리의 차원에서도 일어난다. 윤리는 우리가 배우고 적응하는 속도보다 더 빠르게 변한다. 모든 사람이 동시에 각성해서 올바른 존재가 될 순 없다. 그러니 우리의 토론에선, 또 서로를 대하는 우리의 방식에선 특정 시대의 법률이나 종교적인 잣대에 얽매이지 말자. 대신 수수함, 관대함, 공감, 공손함, 겸손함, 연민, 예의 바름, 진실함 등의 여러 핵심 원리를 가운데 놓고 판단하자. 이것들이 바로 우리가 윤리적이기 위해, 즉 조금이나마 더 '올바르기' 위해 궁극적으로 발견해야 하는 덕목임과 동시에 우리의 인간성과 시민사회를 유지하는 데 반드시 필요한 가치들이다.

남은 이야기

이제 '누가' 판도를
바꿀 것인가

우리는 대부분 단 하나의 가정을 근거로 현재의 윤리 구조와 믿음 들이 옳다고 여긴다. 인간, 특히 서구의 인간과 그들이 가진 믿음이 가장 위대하다는 가정이 그것이다. 생각할수록 흥미로운 사실인데, 현재 우리가 인식하는 윤리적 질서를 완전히 뒤집을 수 있는 건 대체 어떤 유형의 믿음들일까? 과연 우리는 지금의 것과는 완전히 다른 새로운 윤리 체계를 만나거나 만들 수 있을까?

이러한 근본적인 변화에 대해 생각해보는 한 가지 방법은 다음과 같은 것들이 초래할 결과를 떠올려보는 것이다. 새롭게 떠오른 세계적인 강대국, 인간을 넘어서는 독립적인 인공지능^AI, 전 세계적인 팬데믹, 심지어 우리와는 전혀 다른 윤리 척도를 가진 외계 문명과의 접촉…… 이런 것들은 과연 어떤 결과를 가져다줄까?

중국은… 나홀로 윤리?

이 책의 내용은 미국-서구 윤리에 편향되어 있다. 그러나 사실 중국은 거의 모든 미래 예측 시나리오에서 미래 기술의 윤리를 결정하는 핵심 당사자로 지목된다. 수백 년간 주변국들을 지배하는 제국으로서 위대한 문명을 일군 중국이었음에도 기술을 외면하고 세상과 담을 쌓은 뒤로는 쇠락의 길을 걸었다. 경고는 있었다. 1793년 조지 3세^{George III}가 보낸 일련의 발명품들을 중국은 무시하고 외면했다. 그로부터 수십 년 뒤 서구의 전함은 무력으로 중국을 굴복시켰고 중국인이 가장 소중히 여겼던 천문 도구들까지 훔쳐갔다.

> 고대에 천문관측소를 세우고 운영할 당시 중국은 자국이 바빌로니아 문명, 미케네 문명 그리고 심지어 고대 이집트 문명까지 포함하는 여러 위대한 청동기 문명의 유일한 계승자라 여겼다. 틀린 생각은 아니었다. (…) 명나라 왕조 이후로 쇠퇴를 거듭해온 중국이 서구에게 침탈당한 때부터 지금까지가 '100년의 굴욕기'이자 최악의 시기라는 것, 이것이 중국의 아이들이 지금도 여전히 배우는 내용이다.[1]

여기에서 중국이 얻은 가장 큰 교훈은 무엇일까? 과학과 기술을 지배하면 세계를 지배한다는 것이다. 그래서 중국에선 몇 달이 멀다 하고 세상 사람들을 깜짝 놀라게 하거나 두려움에 떨게 만드는 온갖 실험 결과가 쏟아져 나온다. 중국의 많은 기관들은 세계 최초가 되겠다는 열망으로 이런저런 윤리위원회나 동물권리보호 운동가들 그리고 개인정보 보호조치 등을 무시하면서까지 연구에 연구를 거듭한다. 그래서 중국엔 "생물학 분야에서의 '황야의 동부Wild East of biology'"라는 별명까지 붙었다.

> 세계 최초의 인간-토끼 배아.
> 세계 최초의 유전자 편집 원숭이.
> 생존 불가능한 인간 배아를 대상으로 한 세계 최초의 유전자 편집.
> 생존 가능한 인간 배아를 대상으로 한 세계 최초의 유전자 편집.

새롭고 지배적인 중국의 윤리가 등장하기엔 아직 거대한 장애물들이 놓여 있다. 수천 년 동안 중국 학생들은 스승이 하는 말들을 베끼고 외워야 한다고 배워왔는데, 현재 중국 학술지에 실린 논문의 3분의 1이 표절일 정도로 그 그림자는 여전히 남아서 어른거린다.[2] 그러나 중국의 대학생들과 대학들 그리고 연구자들 사이에선 거대한 규모의 다양한 프로젝트가 진행 중이다. 서구는 위기를 맞은 중국의 과학을 무시하지만, 중국은 이미 연구 분야에 대한 투자를 세계에서 두 번째로 많이 하는 국가일 뿐 아니라 높은 인용횟수를 기록하는 논문들도 꾸준히 내놓고 있다.[3]

> 유전자 이식 관련 예산을 사용하는 논문의 95퍼센트가 중국에서 나온다.[4]

많은 중국인에게 과학은 새롭고 지배적인 종교 대용물이다. 개종의 열성으로 "나는 과학을 신봉한다"라 말하는 이가 많고, 과학을 믿지 않는 사람은 무지한 이단자 취급을 받으며 '배운 사람들'의 모임과 기술 분야의 직업 그리고 엘리트 학교에서 배제된다. 그러나 윤리라는 뿌리를 갖지 못하는 종교와 이데올로기는 끔찍한 결과를 낳는다.

기술도 마찬가지다. 세계에서 기술이 가장 발달했던 나라들도 이런 사실을 제1차 세계대전 때 확인했다. 불과 몇 주 만에 경험한 패배의 충격은 한 세대 전체를 망가뜨리는 어마어마한 참사가 되었다. 그리고 양차 대전 사이의 기간 동안 사람들은 과학이 가져다줄 미래에 대한 절대적 믿음을 의심하기 시작했다. 심지어 산업혁명이 맨 처음 일어났던 나라에서조차도 말이다.

오늘날 기술의 전망과 위기에 대한 당신의 느낌은 상당히 깊은 믿음 체계를 반영한다. 일반적으로 볼 때 새로운 발견들을 안달하며 기다리는 이들, 또 그 발견들에 두려움보다 매력을 느끼는 이들은 분명 낙관주의자다. 그러나 우리는 역사를 돌아보며 그런 기대를 누그러뜨려야 한다. 기술이 윤리와 동떨어질 때는 위험한 결과가 빚어지기 때문이다.

기술을 공유하고 적용하는 방법은 지역에 따라 다르다. 중국과 유럽과 미국은 윤리적으로 바람직한 것에 대해 각기 다른 관념을 갖고 있다. 일반적으로 중국의 경우엔 다수를 위한 보다 큰 공동선, 공동체, 안정성, 통제 등을 우선시하고 유럽은 개인의 사생활 보호를, 그리고 미국은 기술 분야의 거대 기업과 사업가를 중요하게 생각한다.

중국은 개인의 권리나 보호가 아닌 사회의 총체적 복지를 우선시하는 경향이 있다는 사실을 전제로 할 때, 만약 중국이 미국과 더불어 경제·문화 면에서 지배적인 국가가 된다면 전 세계에는 예전과는 전혀 다른 윤리적 우선순위와 법칙이 확산될 것이다.

SF 작가 다니엘 수아레즈Daniel Suarez는 모든 사람의 사회적 통화social currency를 다른 모든 이가 볼 수 있는 사회를 소재로 디스토피아적 작품을 썼다. 이 소설에서 무언가를 할 수 있는 개인의 지위와 능력은 각자가 항상 갖고 다니고 또 남들 눈에 늘 보이는 그 통화에 따라 결정되었다. 사용설명서를 목적으로 집필된 소설은 아니었지만 중국은 이 점을 몰랐던 것이 분명하다. 베이징의 몇몇 지역에서는 공동임대 건물에 들어갈 때 열쇠가 없어도 된다. 들어오는 사람의 얼굴을 카메라가 인식하기 때문이다. 너무도 간편한 접근성이 아닐 수 없다. 적어도 자신이 임대한 아파트를 타인에게 재임대하지 않는 한 말이다. 재활용 쓰레기를 배출할 때도 자동카메라들이 눈에 불을 켜고 지켜보기 때문에 어떤 물건이 됐든 총 26종의 분리수거통에 제각기 정확히 넣어야 한다. 분리배출을 잘하는 사람에게 버스 무료승차권을 주고 제대로 하지 않는 사람에게 벌금을 부과하는 일도 모두 자동으로 이뤄진다. 중국 전역 거의 어느 곳에서든 사람들은 잘한 이에겐 칭찬이, 못한 이에겐 부끄러움이 돌아가는 철저한 보상-처벌 체계 안에서 살아간다.[5] 지금 모든 중국인들에게는 자신에게 맡겨진 일을 얼마나 잘 수행했는가에 따라 '성실성 점수'가 매겨진다. 그 사람이 크고 작은 법률 또는 규정을 위반했다거나 다른 사람과 다투었다는 등의 내용을 보여주는 것이다. 그런데 이게 전부가 아니다. 그 사람이 인터넷에서 했던 말, 구입하는 상품 목록, 그리고 친구로 지내는 이들까지도 그 점수 산정에 고려된다. 이 점수가 높은 사람은 여행할 수 있고, 승진도 할 수 있으며, 주택을 살 수 있는가 하면 대출금을 받을 수도 있다. 그에 반해 점수가 낮은 사람은 어딘가 멀리 떨어진 장소에서 재교육을 받아야 할 대상이 된다.[6]

개인 사생활에 대한 중국 정부의 이런 개념을 '잊힐 권리'까지도 누구에게나 보장하는 유럽의 훨씬 엄격한 법률과 비교해보자.[7] 당신은 자신이 과거에 발설했던 허튼소리를 다른 이들이 여전히 읽고 있는 상황이 괜찮은가? 그렇지 않다면 당신의 기록을 지워달라고 요구하자(그러나 이는 유럽연합에서만 가능한 일이다). 중국과 유럽이라는 양극단 사이 어딘가에 있는 미국은 사생활과 관련된 개인의 권리를 때로는 제한하다가도 때로는 내버려둔다. 그러나 설령 당신이 개인적으로 공동체보다는 사생활을 우선한다 해도 '지워진' 데이터의 양이 워낙 어마어마하기 때문에 이것을 토대로 하면 당신의 성적 지향, 정치적 성향, 금융 상태, 생활습관, 욕망 등을 쉽게, 그리고 갈수록 정교하게 찾아낼 수 있다.

어느 독서토론회 멤버들이 이 책에서 제시한 여러 질문을 놓고 토론하는 상황을 떠올려보자. 일반적인 독서토론회에선 옳은 질문과 옳은 대답 관련하여 매우 다양한 견해가 나올 것이다. 다양한 견해가 나오는 양상은 이 토론이 진행되는 장소, 즉 대륙에 따라 달라질 수밖에 없다. 또한 미디어와 교육과 인터넷이 점점 더 따로 노는 현상을 전 세계가 허용하고 키워감에 따라 한 사회 구성원들이 윤리적으로 용인하고 또 용인된다고 배우는 내용들이 일치하지 않는 현상도 얼마든지 나타날 수 있다. 특히나 동양과 서양이 어떤 점에서 서로 다른지를 발견하는 면에선 더욱 그렇고 말이다. 이것은 엄청난 윤리적 차이의 출발점이 되지 않을까?

인공지능이 인간을 넘어설 때

SF 작가 버너 빈지Vernor Vinge는 다음과 같은 아주 단순한 발상 하나만 갖고서 1993년 미국 항공우주국 콘퍼런스를 열었다.

"앞으로 30년 안에 우리는 초인적인 수준의 지능을 창조해낼 기술을 갖게 될 것이다. 그리고 그 직후에 인간의 시대는 끝날 것이다."[8]

그래? 일단 계속 말해보지 그래.

당시 빈지는 우리가 지금 '특이점 singularity'이라 일컫는 것을 머릿속에 그렸다. 특이점은 기계의 지능이 발전해서 인간의 지능을 뛰어넘는 지점인데, 빈지는 그곳에 이르는 경로로는 잠재적으로 다음과 같은 4가지가 있다고 보았다.

* 생물학이 발전해서 인간의 뇌를 획기적으로 업그레이드한다. 즉, 설정된 목표에 따라 빠른 진화가 이루어진다.
* 인간이 기계와 공생하게 된다. 즉, 인간 생체에 기계를 이식하고 기계와 인간이 뇌를 공유한다.
* 대규모 컴퓨터 연결망들이 갑자기 하나로 통합돼 의식을 가진 초지능의 실질적 존재가 되며, 이 존재는 인간이 인식하거나 이해할 수 없는 논리로 무장한다. 즉, 인터넷은 살아 있는 존재가 된다.
* 우리는 인간적 지능이 탑재된 기계를 만들 것이고, 그러고 나면 그 기계는 저 혼자 알아서 자기 지능을 빠르게 성장시킬 것이다.

인간을 쏙 빼닮았지만 그보다 한층 강력한 지능으로 말이다.

그러나 인공지능이 어떤 경로를 따르든 간에 그 결과로 나타나는 지능은 인간으로서는 도저히 이해 불가능한 수준일 것이기에, 결국은 마치 플라톤의 『국가론Republic』을 생쥐에게 설명하는 꼴이나 마찬가지의 결과가될 것이라고 빈지는 생각했다.[9]

이런 예측들의 몇몇 부분이 궁극적으로는 맞을 수 있다. 아니, 어쩌면 모든 부분이 그럴지도 모른다. 그럼에도 우리는 시간을 두고 기다려야만 한다. 미래학자 레이 아마라Ray Amara는 '아마라의 법칙Amara's Law'으로 알려진 논리 위에서 "우리는 기술의 효과를 단기적으로 과대평가하고 장기적으로 과소평가하는 경향이 있다"라고 주장했는데, 이런 주장을 가장 잘 보여주는 것이 인공지능이 아닐까 싶다. MIT에서 인공지능 연구소를 운영했던 컴퓨터 분야의 선지자 마빈 민스키Marvin Minsky조차도 단기적인 전망에 사로잡힌 적이 있다. 1970년 그는 『라이프Life』와 인터뷰를 하면서 다음과 같이 주장했다.

"앞으로 짧으면 3년, 길면 8년 뒤엔 평균적 인간에 버금가는 일반지능●의 기계가 나타날 것이다. 셰익스피어를 읽고, 세차 작업을 하며, 사내 정치를 하고, 농담을 건네는가 하면 싸우기도 하는 기계가 등장할 거란 뜻이다. 그 시점에서 기계는 엄청나게 빠른 속도로 스스로 학습하기 시작할 테고, 몇 달 안에 사람으로 치자면 천재의 반열에 올라설 것이며, 다시 또 몇 달이 더 지난 뒤엔 도무지 계산조차 불가능한 수준으

● 특정 조건에서가 아닌 모든 상황에서 대응하는 지능.

로 그 능력이 향상되어 있을 것이다."[10]

그래서 많은 대학생이 민스키의 전망에 자기 경력을 걸었다. 그리고 민스키가 말했던 1973년이, 또 1978년이 왔다 갔다. 그리고…… 내가 민스키의 인공지능연구소와 접촉을 시작했던 1970년대 후반 무렵엔 그의 전망을 따랐던 거의 모든 학생이 환멸만 안은 채 그 연구소를 떠나고 없었다. 인공지능은 그 뒤로도 어둡기만 한 20년을 더 보내야 했다.

기계는 지금도 여전히 멍청한 행동을 한다. 2016년 마이크로소프트는 테이Tay라는 이름의 인공지능 트위터 로봇을 내놓았다. 테이가 트위터의 세상에 잘 어울리도록 연구진은 테이에게 다른 사람들의 트윗을 수집하고 여러 반응의 패턴을 살피며 인간이 하는 행동을 모방하도록 지시했다. 그러나 이렇게까지 했음에도 테이가 '일반지능'을 갖추기엔 턱도 없이 부족하단 사실이 금방 드러났다. "인간은 정말 멋져!"에서 시작해 "히틀러가 옳았어"라는 결론에 도달하는 데 단 하루밖에 걸리지 않았던 것이다.

우리는 그런 테이를 보고 웃지만 다른 학습 패턴들 역시 잘 관찰해야 한다. 이런 상상을 해보자. 당신은 평소 즐겨 찾는 옷가게에 들어간다. 그런데 유난히 똑똑하고 조심성이 많으며 빈틈없는 점원이 당신을 졸졸 따라다니면서 당신의 모든 것을 기억해둔다. 어느 지점에서 발걸음을 멈추는지, 무슨 옷을 만져보는지, 어떤 매대에서 옷을 집어드는지, 무슨 옷을 입어보고 무슨 옷을 사는지 등을 말이다. 그리고 다음번에 다시 그 옷가게에 간 당신은 매장이 당신의 기호에 맞춰 완전히 새롭게 꾸며져 있는 걸 발견한다. 그런데 그 점원이 모든 고객 한 명 한 명에게 이런 일을 똑같이 한다고 상상해보자. 실제로 이런 일은 아마존의 고객 수백만 명에게 날마다 일어나고 있다.[11]

　다만 한 가지 명심해야 할 점이 있으니, 인공지능이 진화상의 핵심으로 자리잡은 것은 아주 최근의 일이라는 사실이다. 인공지능이 지구를 지배하려면 그 능력에 필요한 칼로리를 충분히 섭취해야 한다. 그러나 그 칼로리 제공에 드는 비용 때문에 인공지능은 지금까지 지구를 지배할 수 없었다. 인간의 뇌는 전체 체중의 약 2퍼센트를 차지할 뿐이지만 신체가 사용하는 전체 에너지의 약 20퍼센트를 소비한다(물론 대부분의 사람이 이렇다는 것이고, 아무리 봐도 그렇게나 많이 소비하는 것 같진 않은 이들도 있다).

　인공지능의 진화에 대한 이런 모험적인 투자가 보상을 받기까지는 많은 시간과 실패가 따랐지만 온전한 보상은 거의 이루어지지 않았다. 적어도 현생 인류의 전임자들이었던 32개 종은 커다란 뇌 대신 근육에 투자한 다른 동물들에 비해 열등했다. 그러나 사냥 잘하는 방법, 그리고 요리를 통해 칼로리를 집중시키는 방법을 배우고 난 뒤 인간은 훨씬 강한 종이 될 수 있었다. 그래서 우리는 지구에서 지배적인 종이 되었다. 적어도 지금까지는…….

　'지능을 가진' 기계를 가동시키는 데 필요한 에너지가 점차 줄어들자 이제 사람들은 다른 형태의 지능이 빠르게 진화하길 기대했다. 이런 맥락 속에서 '지난 60년 동안 고정적 연산작업량에 필요한 에너지는 거의 18개월마다 절반씩 줄어들었다'[12]는 사실을 생각해보자. 기계 가동에 들어가는 비용이 이렇게 꾸준히 감소하자 그런 기계들을 구축하고 키우고 먹이고 강화하고 개선하는 데다 규모까지 늘려나가려는 우리의 의지는 기하급수적으로 커졌다.

> 1990년에 1테라바이트의 데이터를 저장할 수 있었다면
> 그 비용은 3억 4,900만 달러에 달했을 것이다.
> 그러나 지금 그 정도의 데이터는 9달러짜리
> USB 메모리스틱에 저장할 수 있다.

일찍이 헤밍웨이는 소설 『태양은 다시 떠오른다*The Sun Also Rises*』에서 파산을 묘사하면서 "파산하는 방법엔 2가지가 있다. 점진적인 방법과 갑작스러운 방법이다"[13]라 했는데, 우리가 인공지능과 맺는 관계도 이와 비슷하지 않을까 싶다. 2013년에 출시된 노트북은 1990년대 중반 무렵 지구에서 가장 강력했던 컴퓨터와 처리 능력이 비슷했다.[14] 2015년에 컴퓨터의 성능은 생쥐의 뇌를 따라잡았고, 인간 뇌의 약 1,000분의 1 수준까지 다다랐다.

"1,000분의 1 정도 수준이라는 게 별로 대단하게 들리지 않을 수도 있겠다. 그렇지만 1985년에는 1조 분의 1, 1995년에는 10억 분의 1, 2005년에는 100만 분의 1 수준이었다는 사실을 알아야 한다. 또 2015년에는 1,000분의 1 수준까지 개선되었는데, 이는 말하자면 계속 이런 속도로 진행될 경우 2025년쯤엔 보통 사람도 쉽게 구매해서 사용할 수 있는 컴퓨터의 성능이 인간의 뇌 수준과 비슷해질 거란 뜻이다."[15]

그래, 좋다. 이런 전망이 지나치게 낙관적이라 치자. 실제로 그런 수준까지 이르려면 앞으로 10년이나 20년, 혹은 30년이 걸릴 수도 있다. 하지만 무슨 상관인가? 지금 우리를 위협할 정도로 빨라지는 컴퓨터

의 처리속도도 무시하고 있는데 말이다. 이와 관련해서 작가 팀 어번^{Tim Urban}은 다음과 같이 설명한다.

최초의 인공지능 시스템은 수십 년이 걸려서야 낮은 수준의 일반지능을 가질 수 있었다. 그토록 오랜 시간이 걸리긴 했으나 어쨌든 컴퓨터는 4살짜리 어린아이 정도의 수준으로 자기 주변 세상을 이해할 수 있었던 것이다. 그런데 그 엄청난 기록을 달성한 지 1시간도 채 지나지 않아 컴퓨터는 일반상대성이론과 양자역학을 통합한 대통일장이론이라는 물리학 이론을 쏟아냈다. 사람으로서는 도저히 할 수 없는 일을 한다는 뜻이다. 그로부터 90분이 더 지나면 인공지능은 사람보다 17만 배나 더 똑똑한 초인공지능^{ASI}이 된다. (…) 우리 인간으로선 그 정도 수준의 초지능을 도저히 파악할 수 없다. 호박벌 한 마리가 케인스 경제학을 달달 외우는 것보다 더 어려운 일이라고 비유하면 이해가 될지……. 다른 말로 표현해보자면 이렇다. 지능지수가 130이면 똑똑하다 여기고 85면 멍청하다 여기는 게 현재 우리의 수준인데, 과연 1만 2,952라는 지능지수에 대해선 뭐라고 표현할 수 있을까?[16]

인공지능의 수준이 한층 높아지자 여러 결과도 뒤따랐다. MIT의 컴퓨터공학자 에드워드 프레드킨^{Edward Fredkin}은 다음과 같이 지적한다.

"이런 기계들은 계속 진화하고, 몇몇 똑똑한 기계는 다른 기계들을 설계하며, 그 기계들은 또 점점 더 똑똑해진다. 인간 중 가장 똑똑한 사람보다 수백만 배나 더 똑똑한 기계를 우리가 소유한다는 것을, 또 그런 상황에서 우리의 노예가 정말 우리가 원하는 일들을 해줄 것인지를 상상하기란 정말 어렵다."[17]

컴퓨터에 우리가 지금 설정하는 변수와 여러 지시는 언젠가 거대한 허리케인으로 돌아올 나비의 날갯짓일 수 있다. 오늘날의 프로그래밍 스타일은 장기적으로 복합적인 효과를 불러일으킬 수 있다. 단 1명의 프로그래머가 갖는 의견이나 편견이 바이럴 제품*들을 통해 전 세계로 퍼질 수 있기 때문이다. 가령 마이크로소프트 워드Microsoft Word의 프로그램 매니저였던 조 프렌드Joe Friend는 사람들의 읽기 방식에 다른 어느 누구보다 큰 영향을 끼친 인물이라 할 수 있다. 그는 '오피스 2007'의 디폴트 폰트를 정할 때 '타임스 뉴 로먼Times New Roman'이 아닌 '산 세리프 칼리브리san serif Calibri'를 선택했다. 그리고 이런 워드 프로그램에서 대개의 사람은 그냥 디폴트 폰트를 사용하기 때문에 많은 문서가 이 글씨체로 표준화되었고, 결과적으론 개개인의 많은 특성이 묻혀버리고 말았다.

"손글씨와 마찬가지로 폰트에도 개인적 특성이 담겨 있다. (…) 각각의 폰트는 제각기 뚜렷한 개성이 있기에 저마다 확신, 우아함, 무심함, 대담함, 낭만, 친근함, 아득한 그리움, 현대적 느낌, 섬세함, 거만함 등의 느낌을 풍길 수 있다."18

이 말이 의심스러운가?

윤리란 무엇인가?
윤리란 무엇인가?
윤리란 무엇인가?

● 입소문으로 마케팅하는 제품을 말한다.

윤리란 무엇인가?

어떻게, 또 무엇을 최우선순위로 설정할 것인지, 또 그 설정은 어떻게 할 것인지를 정하는 과정은 사실 시민과 성직자, 국회의원, 국왕에 의해 행해진 총체적 혼란의 과정이었다. 기술 기업들은 '수학+기계= (굳이 시민들의 감독이 필요 없는) 객관적이고 윤리적인 해법'이란 발상을 사람들에게 이해시키고 설득하려 노력한다. 그러나 인간의 의사결정과 편견은 그 설계와 결과물의 기저에서 작동한다. 모든 기술의 토대가 되는 프로그램 코드code에 인간의 실수와 편견이 녹아들어 있음을 인정하면 우리는 우리가 배운 알고리듬을 수정할 수 있다. 하지만 만일 그 코드를 순수하게 '중립적이고 객관적'인 것으로 여긴다면 매우 파괴적이고 복합적인 정책들을 아무런 의심도 하지 않은 채 계속 고집할 것이다.

그러나 알고리듬의 가치가 점점 높아진다는 점에서 기업들은 기계가 의사결정을 내리는 방식을 '기업 비밀'이라며 의도적으로 숨긴다. 또한 정부는 '안보'를 내세우고, 개인은 '개인정보 보호'를 요구한다. 그리고 이런 과정을 거치면서 편견 혹은 편향은 개인화되고 모호해진다. 수십억 개의 의사결정이 초 단위로 이루어지고 집행되지만 이 과정에 인간의 감독과 개입은 거의 없다. 인공지능이 특정 추천 결과를 내놓을 수 있게끔 데이터는 어떻게 분류되고 가중치는 어떻게 설정되는지, 또 인풋과 아웃풋 사이의 관계가 어떤지는 블랙박스 안에 감춰지고 만다.[19]

독일의 사회학자 울리히 벡Ulrich Beck은 사람들이 알고리듬에 의존하는 경향이 늘어나면 리스크도 그만큼 커진다고 주장한다. 어떤 내용을 담은 계약서인지도 모르면서 그저 그것에 서명하고 있다는 뜻이다.[20] 즉각적이고 자동화된 의사결정의 논리와 근거를 이해하지 못하면 파괴적인 왜곡이 나타날 수 있다. 심지어 우리는 현재 일어나고 있는 일들에 대해 아무 단서도 없기 때문에 무언가 끔찍하게 잘못되기라도 하면 그저 공포와 분노와 혼란에만 휩싸일 뿐이다. 많은 기계와 프로그램은 이미 예측할 수 없는 여러 방식으로 상호작용 하고 있다. 예를 들면 이런 식이다.

"2010년 5월 6일 오후 2시 32분에 S&P500 지수가 아무런 이유도 없이 8퍼센트 넘게 떨어졌는데, 36분 뒤에는 갑자기 이전에 떨어졌던 만큼 곧바로 상승해 원래 수준을 회복했다."

2015년 8월 24일에도 지수가 갑자기 기록적으로 폭락하는 바람에 서킷브레이커*가 발동된 적이 있었다.[21]

기계가 어떻게 의사결정을 내리고 또 무엇을 하겠다고 선택했는지 전혀 모르는 경우는 점점 더 많아지고 있다. 게다가 인공지능을 설계하는 이들은 자신이 만드는 프로그램이 장기적으로 어떤 충격과 편향을 가져다줄지 세심히 계산하진 않는 듯하다.

"인공지능 개발은 모든 산업 발전이 걸었던 길과 똑같은 길을 걷게 될 것이다. (…) 더 싸고 더 빠르며 비용효율적인 해법을 추구하는 치열한 바닥치기 방식의 경쟁**이 전개될 것이다. '결과야 어떻게 나오든 간

- 주식 매매 일시 정지 제도.
- 제 살 깎아먹기 식의 과열된 무한 경쟁을 뜻한다.

에 일단 그냥 시장에 빨리 내보내!'라는 표현이 잘 어울리는 그런 경쟁 말이다."[22]

또한 실제론 그렇지 않지만 설사 모든 프로그램 개발자들이 동일한 도덕적 기조를 갖고 있다 해도 그 결과물들은 완전히 달라질 수 있다. 프로그래밍 과정에서 그들이 가진 기술과 창의성 수준이 다양하게 반영되기 때문이다.

그래서 자동화된 모든 알고리듬은 단일한 도덕적 코드로 통합되기보다는 각각의 지역적local 편향과 맹점을 반영하고 숨겨진 윤리적 결과물들의 패치워크(조각보)를 만들어내는 경향을 보인다. 다시 말해 "개발자의 가치관이 의도적이든 아니든 간에 코드 속에 녹아들어가 그 가치관을 제도화하는" 결과가 빚어지는 것이다.[23] 어떤 개발자가 리스크 값을 매기고 순위를 정하고 또 평가할 때, 그는 자신에게 중요한 요소와 자신이 생각하는 결과에 대한 개인적 기준을 프로그램 안에 녹여두게 된다. 우편번호에 의한 분류처럼 사소하고 아무 잘못 없는 어떤 변수가 의도치 않게 '민족성, 성별, 성적 취향 등과 관련된 프로필'과 겹쳐지거나 연동될 수 있는 것이다.[24]

끊임없이 학습하고 진화하는 기계를 인간이 갖게 되면 결국, 기계를 기반으로 하는 '윤리적' 논리는 최초에 인간이 설정한 것과는 전혀 다른 논리를 나타낼 것이다. 그런가 하면 기계 인공지능의 윤리가 진화 과정에서 인간과 독립적으로 전개될 수도 있다. 하지만 지금으로선 이 모든 것이 명확하지 않다.

바이러스와 인간의 공존

세상의 판도를 바꾸는 것들에 대해 이야기해보자면, 윤리학자와 설교자 들이 고민하던 그 모든 추상적 관념들은 2020년 초 현실이 되었다. 풍요와 자유를 누리던 사회들은 갑자기 누구를 살릴지 고민하는 딜레마에 빠졌다. 뉴욕 퀸스에 있는 엘름허스트Elmhurst 병원의 545개 병상은 코로나19 환자로 가득 차서 여유분의 인공호흡기가 겨우 수십 개밖에 남지 않았다. '전차가 빠르게 다가오고 있다. 선로전환기를 이쪽으로 젖힐 것인가, 저쪽으로 젖힐 것인가? 이렇게 하면 X가 죽고 저렇게 하면 Y가 죽는다' 하는 식의 전차 사고실험은 이제 이렇게 바뀌었다. '우리에겐 산소호흡기가 하나밖에 없고, 이걸 필요로 하는 사람은 10명이다.' 유럽의 몇몇 병원은 여러 질병을 동시에 가진 65세 이상의 환자들에게서 산소호흡기를 떼어내기 시작했다. 기존의 체계와 사회가 재앙과 맞닥뜨림에 따라 윤리도 매우 빠른 속도로 진화할 수 있음을 잔인하게 상기시키는 현실이다.

이 책이 설정한 기본 전제는 이것이었다. '과학은 우리가 직면하는 윤리적 선택들에 영향을 주고 또 그 선택들을 바꾸어놓을 수 있다.' 만약 이 전제에 의심이 간다면, 우리가 앞으로도 핵심 기술에 계속 투자해나갈 경우 세상은 어떤 모습이 될지 생각해보기 바란다. 초기에 필요했던 감사 예산을 삭감하고 국제 공조를 생략한 탓에 한 지역의 팬데믹은 전 세계적인 재앙으로 커져버렸다. 자유로운 정보 흐름을 제한하고 과학과 의학 분야의 조언을 차단한 탓에 대부분의 국가에선 코로나19 대응이 늦어졌고, 그로 인해 죽지 않아도 되었을 수천수만 명이 세상을 뜨고 말았으며, 그간 예방 백신이나 항생제가 아니라 비용이 많이 들어가는 여러 희귀질환에 투자를 계속한 결과 사람보다 개가 먼저 코로나바이러스 백신을 맞는 세상이 되었다. 만일 우리가 예방 측면에 좀 더 투자하고 정보를 좀 더 많이 가졌다면 지금 펼쳐지는 의료적·재정적 파괴 가운데 많은 부분을 피할 수 있었을 것이다. 백신 거부 운동을 벌이던 사람들은 백신이 없는 세상에 산다는 게 무엇인지 갑자기 깨닫게 되었다.

격리된 상태로 여러 달을 지내다 보면 자신이 중시하는 가치들과 가족, 친구, 일자리 등을 놓고 진지한 고민을 하게 되고 다른 사람들의 고통과 영웅적인 행동을 자세히 바라볼 기회도 갖게 된다. 질병은 우리에게 많은 후유증과 죽음을 남기며 궁극적으로 중요한 것이 무엇인지도 선명히 보여준다. 뒤늦게 깨닫는 통찰이지만 팬데믹은 재설계와 재건설을 하지 않을 수 없게 만든다.

『신성한 경제학의 시대Sacred Economics』의 저자이기도 한 찰스 아이젠슈타인Charles Eisenstein은 이렇게 썼다.

"코로나19는 중독 치료와 비슷하다. 중독된 상태를 정상으로 받아들이는 습관을 깬다는 점에서 말이다. 나쁜 습관을 끊으려면 우선 그 습관을 눈에 보이게 만들고, 그 습관이 충동에서 선택이 되게끔 바꾸어놓아야 한다. 한동안 들이닥쳤던 위기가 가라앉고 나면 사람들은 과거의 정상적인 상태로 돌아갈 것인지, 아니면 위기 시기에 접한 어떤 것을 새로운 정상으로 받아들일 것인지 고민하게 된다."[25]

진화하는 윤리라는 관점에 적절한 질문 몇 가지가 갑자기 떠올라 다음의 내용을 적어봤다. 이 질문들에 대한 답변에 따라 우리가 앞으로 수십 년 내 무엇을 당연한 것으로 받아들일지 판가름 날 것이다.

미국

이 위기가 지나고 나면 지금의 미국은 더 친절하고 부드럽고 연민이 넘치는 나라로 진화할까? 미국 사람들은 예전보다 더 기꺼이 이웃을 돕겠다고 나설까? 대량 실업과 경제 불황하에서 도움의 손길들은 더 많아질까? 아니면 보다 격렬하게 분노하고 두려워하는 가운데 '내 것은 내가 챙기는' 미국이 될까? 그렇게 해서 주와 주 사이에, 카운티와 카운티 사이에 또 이웃집과 이웃집 사이에 한층 더 높은 담이 세워질까? 이와 똑같은 질문은 유럽연합에도 적용된다.

장벽

2008년 금융위기 당시 미국, 유럽연합, 일본, 중국 그리고 그 밖의 여러 나라 사이에선 엄청나게 많은 협력과 조정이 진행되었다. 각국의 내각 구성원들 사이에서도 마찬가지였다. 과거 대부분의 세계적 위기들에 비해 코로나19 위기가 갖는 뚜렷한 차이점은 나라 사이에 협력과 조정 노력이 부족하다는 점이다. 심지어 한 국가 안의 주와 주 사이, 관료와 관료들 사이에서도 그랬다. 많은 지도자가 '코로나19는 우리 탓이 아닌 ○○의 탓'이라는 논리에 기대 자신의 정당함을 주장할 수 있다고 생각했다.

○○를 우리 국경선 안으로 들어오지 못하게만 막으면 되는데…….

엄청난 경제적 내핍을 감당할 수밖에 없는 사람들에겐 '다른 사람-국가'에 대한 공포가 자연스러운 현상일 수 있다. 그러나 장벽 너머에서 고통받는 이웃을 그냥 방치하는 선택은 나중에 보건 위기, 범죄, 테러 그리고 전쟁을 가속화할 가능성이 있다. 팬데믹은 장벽을 따지지 않는다. 다른 사람이 아프거나 말거나, 굶주리거나 말거나, 절망적이거나 말거나 관심 없이 내버려둘 때 결국 위험해지는 것은 우리다.

세계 질서

장벽들이 계속 높아져간다면 우리는 각국의 인터넷·금융·무역 체계를 보게 될 것이다. 그런데 이렇게 되면 사람들은 전 세계의 사회(국가)가 제각기 전혀 다른 윤리적 기준과 우선순위를 갖고 있음을 어느 한순간에 갑자기 깨달을 것이다. 특히나 중국이 세계에서 한층 더 주도적인 역할을 차지함에 따라 말이다.

부채

건강한 사회를 갖는 것 그리고 사람들의 목숨을 지키는 것이 나라의 근본임을 많은 이가 동의할 것이다. 그러나 우리는 지금 수십 년의 과잉 부채 시기에 있다. 미국의 재정적자는 아직 위기 이전이지만 그럼에도 이미 연간 1조 달러를 넘어섰고, 미국 정부는 몇 조 달러의 부채를 가볍게 추가했다. * 유럽도 사정은 마찬가지다. 부채의 짐이 워낙 무겁다 보면 지방자치단체와 주 정부, 그리고 국가는 예산을 극단적으로 감축할 수밖에 없을 테고 세금 또한 늘릴 텐데, 예산 삭감 시 그러한 조치들이 누구에게 또 무엇에 유리한가에 따라 그 나라의 미래 모습이 달라질 것

---

* 2020년 4월 기준 미국 정부가 짊어진 부채는 17조 9,000억 달러다.

이다. 미국과 유럽연합 모두 현재의 사회보장 수준을 앞으로도 계속 유지할 수 있을 것 같진 않고, 연금과 공무원 봉급도 마찬가지다. 적어도 군사비 지출과 세금 우대 조치 그리고 부자에게만 편향된 정책이 근본적으로 바뀌지 않는 한은 그렇다.

필수 노동자들

물이 모두 빠져나간 뒤엔 누가 수영복을 안 입고 있는지 금방 알아볼 수 있듯, 위기가 닥치면 누가 우리 사회에 꼭 필요한지 금방 알아볼 수 있다. 주방 보조원, 택배 노동자, 운전사, 병원 노동자, 미화원 들……. 우리가 흔히 무시하는 이런 이들이야말로 우리 사회에 꼭 필요하다는 것이 확인되었다. 화이트칼라에 속하는 많은 사람이 바이러스가 무서워 집에 콕 박혀 있을 때 서비스산업에 종사하는 이들, 특히 고객을 상대로 하는 이들은 바이러스에 일상적으로 노출되었다. 이러한 필수 노동자들에 대한 임금과 존중은 새롭게 균형점을 찾아갈 것이다. 제2차 세계대전 때 전쟁터에서 돌아온 흑인 병사들을 대하는 시선과 태도가 달라졌듯 '예전의 시선과 태도' 역시 더는 용납되지 않을 것이다.

지배적인 기업들

그동안 많은 사람은 강력한 몇몇 기업이 승승장구하는 것에 대해 우려를 표했고, 또 이런 우려는 정당한 것으로 받아들여졌다. 그런데 코로나 위기는 이 우려를 가속화했다. 대부분의 기업이 쓰러져갈 때 아마존은 10만 명을 고용하겠다고 선언했으며 월마트는 15만 명을 추가로 고용했다. 구글, 넷플릭스Netflix, 『뉴욕 타임스』 그리고 인터넷 사업자는 누구나 찾는 믿음직한 자원이 되었으며 그 기업 대부분은 소비자들의 요구에 훌륭히 대응했다. 이 위기가 끝나고 나면 당신은 그 기업들을 박살내려 들거나 더는 성장하지 못하도록 끄집어내릴 수 있겠는가?

중앙집권적인 권력

정부는 이제 사람들이 어디에 있고 어디로 가며 또 누구와 접촉하는지 등을 보건 안전이라는 이름으로 추적 가능하다. 코로나 전파자 추적에 동원되는 많은 수단이 개인의 자유와 개인정보를 궁극적으로 침해할 수 있게 된 것이다. 9·11이 유례 없는 공권력 행사를 불렀듯 코로나 사태는 과거에 상상도 못했던 법적 권한을 시행하게 했다. 일례로 헝가리 의회는 수상이 비상사태 발동권을 무기한으로 부여하는 안건을 72 대 28로 의결했다. 이제 헝가리 수상은 법률에 따라서 의회를 해산할 수 있고 선거를 연기할 수도 있으며 '격리를 위반했을 경우'엔 누구에게든 8년 형을, 가짜뉴스를 퍼트리는 사람에겐 5년 형을 내릴 수 있다.[26]

보다 종교적인 세상?

'신의 행동'이라 여겨지는 어떤 일로 누군가가 졸지에 목숨을 잃는 것을 목격하며 두려움에 떨었던 이들은 역사적으로 봤을 때 대개 근본주의자로 돌아선다. '여우굴에서는 누구나 신을 찾게 된다'란 속담 그대로 말이다. 1세대 내에서 성서에나 나올 법한 유례 없는 전염병이 창궐하는 상황은 여러 지역에서 근본주의적인 종교가 나타날 조건이 된다. 이런 현상은 특히 이중, 삼중의 어려움을 겪는 나라에서 생겨난다. 코로나 바이러스가 전 세계를 휩쓸고 있는 상황에서 동아프리카는 성서에서나 나올 법한 메뚜기 떼의 극성에 고통을 당하고 있다. 어떤 기자는 이것이 의미하는 바를 다음과 같이 생생하게 묘사한다.

> 메뚜기 떼는 단 하루 만에 거의 160킬로미터를 이동하는데, 메뚜기 한 마리는 나뭇잎이며 씨앗이며 과일이며 채소를 자기 몸무게만큼 먹어치운다. 그리고 메뚜기 떼가 이렇게 먹어치우는 양은 3만 5,000명이 소비할 수 있는 어마어마한 양이다. 메뚜기 떼는 보통 약 80제곱킬로미터 면적을 뒤덮고 있다. (…) 유엔 식량농업기구FDA에 따르면, 1월까지 메뚜기 떼는 소말리아의 주요 작물인 옥수수 및 수수에 100퍼센트의 피해를 입혔다. 이웃 국가인 케냐는 목초지 30퍼센트를 잃었고 그 서쪽에 있는, 그렇지 않아도 벌써 여러 해째 이어지는 내전과 굶주림 때문에 피폐해질 대로 피폐해진 남수단에서도 메뚜기 떼는 마구잡이로 작물을 먹어치웠다. 또 이 곤충 떼는 에티오피아, 에리트레아, 지부티, 우간다에도 새로 알을 낳았다.[27]

질병, 궁핍, 굶주림, 폭력에 직면한 많은 이들은 근본주의로 눈을 돌릴 수 있다. 점점 더 많은 사람이 극단적인 지진, 태풍, 팬데믹 그리고 그 외 여러 재앙을 지구라는 거대한 존재 혹은 신의 분노로 해석한다. 게다가 절망적인 기후 난민들의 수까지 늘어남에 따라 묵시록 예언자들의 출현도 쉽게 볼 수 있다. 중세 이후 전염병이 창궐했을 때 그랬던 것처럼 말이다.

가난한 나라들
사회보장 체계가 변변치 않은, 즉 복지나 보건과 관련된 정부 지원이 거의 없는 나라에서는 노숙자의 쉼터를 정하려 할 때 다른 윤리적 기준을 가진 사람들의 저항이 있을 수 있다. 생활의 불편함을 전혀 느끼지 않는 계층은 모든 노숙자가 자기 눈앞에서 사라져주길 바랄 것이다. 그러나 하루 벌어 하루 먹고사는 비슷한 처지의 이웃들 10명 이상이 허름하기 짝이 없는 집에서 함께 산다면 굶주림과 온갖 질병 그리고 폭력은 마치 전염병처럼 엄청난 기세로 빠르게 퍼질 것이다. 코로나19의 사망률이 1~4퍼센트라는 사실을 알았을 때 당신은 다른 사회 구성원들에게 어떤 태도를 취하겠는가?

팬데믹은 이 책에서 제기한 여러 쟁점과 갈등 가운데 많은 것을 지금 당장 해결해야 할 현실적 문제로 갑작스럽게, 또 선명하게 드러냈다. 몇 달 안에 우리는 그에 대한 장기적 차원의 기술적 해결 방안들을 찾겠지만, 팬데믹 위기 동안 우리가 취한 행동들은 오랫동안 기억될 테고, 개인과 사회(국가)는 다른 방식으로 반응할 것이다. 작가 수전 손택Susan Sontag이 관찰했듯 "어느 사회에서든 인구집단의 10퍼센트는 어떤 경우에도 잔인하고, 10퍼센트는 어떤 경우에도 자비로우며, 나머지 80퍼센트는 잔인해질 수도 있고 자비로울 수도 있다."[28]

코로나19는 사회를 빠르게 분열시켰다. 어떤 이들은 최소한의 보호장비도 없이 날마다 병원으로 달려가 환자를 돌보는가 하면 어떤 이들은 그 와중에도 가난하고 약하고 가진 것 없는 사람들을 속이고 이용해 자기 잇속을 채우려 한다는 사실을 이 바이러스는 생생히 보여주었다. 낙태에 반대하던 극단적 목소리의 주인공들은 경제가 붕괴하는 상황에서 갑자기 생존주의자로 돌변해 자신만 살아남겠다며 늙고 병들고 약한 사람들뿐 아니라 자기 할머니까지 떠밀어냈다. "내가 먼저야!"

는 공포를 조장하는 방식으로 사람들의 연금과 퇴직금 그리고 생계수단을 깡그리 파괴한 헤지펀드 매니저들의 슬로건이 되었다. 몇몇 금융 전문가들은 시장이 붕괴할 것이라 했던 자기 예측과 투자가 맞아떨어져 수십억 달러를 벌었다며 자랑질을 했다. 미디어를 이용해 어리숙한 투자자들에게 공포심을 주입해서 번 돈임에도 그들은 양심의 가책이나 부끄러움을 손톱만큼도 느끼지 않음은 물론 오히려 다른 사람들의 투자금이 깨져나가는 것을 즐기면서 자신이 얼마나 똑똑했는지 공공연하게 떠들어댄다.[29]

코로나 위기 때 대부분의 사람은 집에 앉아 투덜거리며 음식을 먹고 영화를 봤다. 바로 이 다수의 대중이 코로나 위기 이후 "내가 먼저야!" 하는 식의 지도자들 혹은 동정심을 가진 보수주의자와 자유주의자의 연합, 이 둘 중 하나에 힘을 실어주면서 어떻게든 살아나갈 사람들이다. 그런데 코로나 위기에 따른 결과는 어떤 점에서 중요한 걸까? 설령 팬데믹 사태가 우리를 향하고 있음을 생생히 목격했더라도 만약 우리가 예전처럼 행동한다면 인간성의 존재론적 위협을 직시할 수 없을 거란 점에서 그러하다. 대량살상무기와 기후변화 같은 쟁점을 직시하지 않을 때 우리가 당할 수 있는 고통은 코로나19 팬데믹의 고통에 비하면 작은 규모다. 이 2가지야말로 우리의 생존을 궁극적으로 위협하는 윤리적 과제다.

기후변화

팬데믹 상황에서 널리 퍼졌던 재미있는, 그러나 슬프기도 하고 끔찍하기도 한 밈meme 동영상들 중엔 특히나 통렬한 한 가지가 있다. 중세 시대의 병사 2명이 성문을 지키고 있던 중 한 사람이 멀리 있는 숲 쪽을 바라보며 "저기 저거, 저게 뭐지?" 하고 묻는다. 저 멀리에서 다가오는 점 하나가 보인다. 이쪽을 향해 달려오는 적군 기사다. 그러나 거리는 굉장히 멀다. 이때 화면 하단에는 '1월'이란 자막이 나타난다. 적병은 계속 달려온다. 그러나 탁 트인 들판을 건너오려면 아직도 멀었다. 다시 하단에 자막이 뜬다. '2월'. 그런데 갑자기 적이 코앞에 나타났고 '3월'이라는 자막이 뜬다. 이어 이 적은 순식간에 보초병 하나를 죽이고 성 안으로 들어가고, 살아남은 병사는 넋을 잃은 채 그 모습을 지켜본다.

코로나19를 경고하는 신호는 이미 많았다. 경보를 울리고 성문을 닫아걸고 또 대비책을 마련할 시간이 충분했다는 뜻이다. 그러나 각 나라의 지도자들은 믿을 수 없을 정도로 늑장을 부렸고, 그러다가 결국 너무 늦고 말았다. 팬데믹이 뿌리를 내리자 대규모 사망의 씨앗이 뿌려졌다. 미국 정부가 한 주만 빨리 조치를 취했어도 2,400건의 감염은 600건에 그쳤을 것이다(2020년 3월 기준).[30]

그러나 코로나19 사망자 수십만 명도 기후변화와 같은 것이 몰고 올 충격에 비하면 아무것도 아니다. 앞서 소개한 밈에 비유하자면 기후변화라는 적군의 기사는 시베리아 벌판을 절반 정도 지난 상황이다. 그래서 사람들이나 각국 정부는 아직 시간이 많이 남았다고 여기거나 적이 온다는 얘기는 가짜뉴스라고 주장한다. 그러나 그 기사의 발걸음은 하루가 다르게 빨라졌고, 언제부터인가는 달려오는 대신 아예 날아오는 중이다. 접근 속도가 그야말로 기하급수적으로 증가하고 있는 것이다. 남극 대륙과 그린란드 그리고 대양 해류들에서 기후변화가 돌이킬 수 없이 진행되고 나면 그 어떤 시도도 아무런 소용이 없어질 것이다. 팬데믹 때처럼 몇 달의 격리와 차단으로 해결할 수 있는 문제가 아닌 것이다. 아무런 조치도 없이 한 해, 또 한 해가 흘러갈 때마다 문제는 눈덩이처럼 점점 커진다. 우물쭈물하다가 행동 시점을 놓쳐버리기라도 하면 기후변화 문제의 해결엔 수백 년, 혹은 수천 년이 걸릴 수도 있다. 그 시점에 다다르면, 무엇을 어떻게 하든 전체 인류 중 다수는 이미 너무 늦어버린 상황을 맞이해야 한다.

코로나 팬데믹은 우리에게 분명한 경고 메시지를 주었다. 중요한 것의 우선순위를 다시 설정하라는 메시지, 즉 어쩌면 대량살상무기와 함께 인류가 지금까지 치러온 전쟁들 가운데 가장 큰 윤리적 전쟁인 기후변화에 어떻게든 대처하라는 메시지 말이다. 과연 우리는 이 메시지를 제대로 알아들었을까? 과연 우리는 행동으로 나설까?

외계 생명체와 미래의 문명

일찍이 우주물리학자 스티븐 호킹Stephen Hawking은 이렇게 말했다.

"인류는 수천억 개의 은하계 중 하나의 변방에 있는 평균 크기의 별(태양) 둘레를 공전하는 중간 크기의 행성(지구), 거기에 존재하는 유기물 찌꺼기에 불과합니다. 우리 인류는 너무도 미미한 존재이므로 나로선 우주 전체가 우리를 위해 존재한다고는 믿을 수 없습니다."[31]

한층 강력해진 망원경 덕에 인간의 의미는 더 쪼그라들었다. 갈릴레오는 우주의 중심인 흰 수염을 기른 엄격하면서도 공정함을 잃지 않는 신이 자신의 창조물이 하는 모든 모습과 행동을 굽어보고 판단하며 마음에 둔다는 그 멋지고 편안한 인식의 요람에서 우리를 들어냈다. 그런데 지구 아닌 다른 행성들을 관찰하는 것이 인간의 일상이 되자 종교가 끝장났다. 지구를 그저 작은 조각으로만 품는, 훨씬 더 큰 우주를 신학자들이 이해하기까지는 시간이 좀 걸렸다.

갈릴레오는 결국 교황청으로부터 사면받았다.
350년이 지난 뒤에야.

망원경은 우리를 왜소하게 만든다. 달에 있는 자동차의 헤드라이트까지 볼 수 있는 현재의 망원경 덕분에 우리는 시간과 우주의 많은 부분을 이해하게 되었다. 이런 종류의 힘을 갖게 되면서 우리는 비로소 여러 광년이나 떨어져 있는 별들 사이로 이동하는 작은 그림자들을 보기 시작했고, 그래서 다른 행성들이 존재한다는 사실도 확인했다.

태양계 바깥의 행성을 처음 확인한 것은 1988년이다.
그리고 2020년 현재는 4,135개를 확인했고
5,047개는 확인 중에 있다.[32]

2020년대의 망원경은 그 성능이 한층 더 강력해져 달에 놓인 촛불까지도 관찰할 수 있다. 그 정도로 뛰어난 망원경을 갖고 있다는 사실은 무엇을 의미할까. 우선 태양계 바깥에서 우리는 앞으로 수만 혹은 수십만 개의 새로운 행성을 확인하게 될 테고, 또 몇몇 경우엔 그런 행성들 각각이 공전하는 별 곁을 지날 때 각 행성들의 대기 상태를 살펴볼 수 있을 것이다. 다른 행성들에 대해 더 많은 것을 알게 되면 다음의 2가지 가능성이 열린다.

- 결과 1: 우리뿐이다.

  우리는 우주 유일의 지적 생명체고, 우주 저 바깥에는 아무것도 없으며, 모든 윤리는 인간의 윤리다. 이런 결과는 기존의 종교들로서는 무척이나 다행스러운 일이다. 우주는 광대하지만 우리는 신이 선택한 신의 창조물이다. 사실 우리는 신의 유일한 창조물이고, 우주는 우릴 위해 존재한다. 이럴 때 '그들(사회 지배층)'은 자기의 지위와 권위를 굳건히 할 목적으로 우리 인간 존재의 이 특별함을 가리키며 그것을 지탱하는 일련의 믿음, 관습, 금언, 법률 등을 강화할 것이다.

나는 이러한 결과 1이 또 다른 결과를 초래한다고 생각한다. 이것은 절대적으로 끔찍한 이야기다. 이는 우리가, 아니 우리만이 우주에 있는 모든 생명체에 책임을 진다는 뜻이고 만일 우리가 귀여운 생명체인 우리 자신과 지구를 멸망시킨다면 그걸로 끝이란 의미다. 귀여운 나비족, ET, 초록색의 작은 인간, 벌칸족, 에일리언, 제다이, 그리고 우리의 지구를 차지하려는 적들이나 우리의 외계인 친구 등은 존재할 수도 없고 말이다.＊ 하나의 초신성, 태양 표면에서 일어나는 한 번의 폭발, 하나의

- 나비족과 벌칸족은 영화 〈아바타(Avatar)〉에 등장하는 외계 종족이며 제다이는 영화 〈스타워즈〉에 등장하는 가상의 조직이다.

블랙홀 혹은 잘못된 길로 들어선 지도자 한 사람만으로 모든 게 끝장날 수 있다.

여기에서 대두되는 명백한 결론은 우리는 지금 당장 생명체의 다양성을 추구해야 한다는 것이다. 지구에서 그리고 우주를 통틀어 멸종이란 것이 얼마나 일상적으로 일어나는 일인지는 우리도 이미 잘 알고 있다. 그렇기에 우리가 지고 있는 윤리적 책임들 중 가장 큰 것은 지금 당장 생명체들을 가능한 한 멀리 또 빠르게 퍼트리려 노력하는 것이다. 참고로 덧붙이자면 이를 위한 전제는 당신이 바위나 그 밖의 생명 없는 물질을 숭배하지 않아야 한다는 것이다. 우주에 있는 모든 생명체가 결딴난다면 상관없지만 말이다.

- 결과 2: 생명체는 우주에 널려 있다. 우리가 아직 못 봤을 뿐이다. 만일 우리가 현재 존재하는 행성들을 볼 수 없었다면 우주에 생명체가 존재할 거란 사실을 어떻게 기대할 수 있었을까?[33] 망원경의 성능이 점점 더 개선되고 있으니 멀리 떨어져 있는 행성에 생명체가 존재한다는 신호를 우리가 볼 날도 그리 멀지 않았을 것이다. 푸른색이 감도는 초록색의 지구 사진을 맨 처음 바라보았을 때 우리는 그때까지 몰랐던 사실을 깨달았다. 광합성 생명체가 우리 말고도 우주에 널려 있을 거라는 사실을…….

우주에 존재하는 또 다른 광합성 생명체를 우리가 발견할 가능성은 매우 희박하다.

358

때문에 외계 생명체의 발견은 획기적 사건이 될 것이다. 우주 저 너머에 생명체가 있음을 발견하기 전과 후는 완전히 다른 세상이 될 테니까. 따라서 그 발견이 이루어지는 날은 모든 문화권에서 앞으로 영원히 기억될 것이다. 이 사건은 지구가 우주 유일의 행성이 아니라는 사실, 우리의 태양계가 우주 유일의 태양계가 아니라는 사실, 혹은 우리의 은하계가 우주 유일의 은하계가 아니라는 사실을 발견했을 때보다 훨씬 더 근본적이고 새롭게 인류를, 그리고 인류의 위상을 재설정할 것이다.

어떤 사람들은 외계 문명을 만날지 모른다는 생각에 몸서리를 칠 수도 있다. 외계 문명의 윤리가 우리 문명의 파괴적 윤리와 다르지 않을 것이라 생각하기 때문이다.

> 그 어떤 문명사회도 지금까지 자신의 존재를 우주를 향해 공표한 적이 없었다. (…) 우주 외계인의 존재를 깨달은 문명사회는 그들을 자신들의 영토 확장을 위협하는 존재로만 인식할 것이다. 투쟁을 통해 경쟁자를 끊임없이 제거하고, 그러다 결국 자신보다 우월한 기술을 가진 경쟁자를 만나 제거당하는 것이 모든 문명사회였으니 말이다. 이런 암울한 우주적 관점은 '암흑의 숲 이론dark-forest theory'으로 불린다. (…) 이 이론에 따르면 우주의 모든 문명은 달빛 한 점 없는 숲에 몸을 숨긴 채 경쟁자가 부스럭거리는 소리를 내기만을 기다리며 귀를 기울인다.[34]

이 이론이 가정하고 있는 것은 '그들'은 우리가 누구이며 우리가 무엇을 하는지 신경 쓸 거라는 점이다. 우리는 우리가 제대로 잘하고 있다고 생각한다. 우리 모두는 의미를 추구하고, 더 위대한 대의와 목적을 신봉하려 한다. 인류의 시간이 처음 시작된 이래 줄곧 그랬다. 우리는 바위, 물, 식물, 동물 그리고 다른 여러 신에 의미를 부여해왔다. 잠재적인 외부의 적을 공동으로 가진다는 것은 목적과 공동의 과제, 두려움, 가능성 등에 대한 전 세계적인 차원의 감각을 발생시킨다. 바로 이 지점에서 모든 인류는 하나가 된다. '우리'는 하나가 되어 상대를 바라본다. 그런데 상대는 누구일까? 그 수는 얼마나 많을까? 또 얼마나 똑똑할까? 어쩌면 우리는 우주 폭발과 지구방어 계획뿐 아니라 묵시록을 설파하는 예언자 무리를 보게 될지도 모른다.

다른 한편, 새로운 생명체와 평화적으로 의사소통을 할 수 있다면 우리는 새로운 형태의 윤리적 법률과 조건 들만이 아니라 전혀 다른 기술들을 발견하게 될지도 모른다. 다양성이라고는 찾아볼 수 없는 작은 생태계 안에 갇혀 있을 때는 도저히 상상할 수 없었던 것들을 말이다. 그리고 그 '다른 존재들'이 가진 이런저런 믿음과 관습은 궁극적으로 이 세상의 판도를 완전히 흔들어놓을 수 있다. 이것이야말로 '충분한 시간이 지나고 기술이 빠르게 개발되면 윤리는 어떻게 진화할 수 있을까?'라는 의문에 대한 거의 결정적인 전망일 듯하다.

주

들어가며

1. 그건 그렇다 쳐도, 저자는 자신도 죄가 없진 않다고 선언한다. 이에 대해선 그의 트위터(@EvolvingJuan) 피드 '완벽하게 중립적이며 비당파적인'이나 그의 페이스북 게시물들을 참조하자. 진화를 통제 혹은 인도하는 것에 따른 결과와 관련된 훨씬 더 깊고 심층적인 토론을 원한다면 다음을 참조하자. Juan Enriquez and Steve Gullans, *Evolving Ourselves: Redesigning the Future of Humanity One Gene at a Time* (Portfolio/Penguin, 2016).
2. 이 책의 개정판을 보다 낫게 만드는 작업에 도움을 주고 싶다면 jenriquez@excelvm.com로 이메일을 보내거나 내 페이스북 페이지에 (점잖은) 댓글을 달아주면 된다.

1장 인간을 다시 설계하는 것은 옳은가

1. 381 U.S. 479, Griswold v. Connecticut (No. 496), June 7, 1965.
2. Roper Center, "Public Attitudes about Birth Control blog," July 27, 2015.
3. Lisa McClain, "How the Catholic Church Came to Oppose Birth Control," *The Conversation*, July 9, 2018.
4. Pew Research Center, "Where the Public Stands on Liberty versus Nondiscrimination," September 28, 2016.
5. Andrew Dugan, "US Divorce Rate Dips, but Moral Acceptability Hits New High," Gallup, July 7, 2017.
6. A. W. Geiger and Gretchen Livingston, "8 Facts about Love and Marriage in America," Pew Research, February 13, 2019.
7. Max Roser, "Fertility Rate," *Our World in Data*, December 2, 2017, https://ourworldindata.org/fertility-rate.
8. Roser, "Fertility Rate."
9. Lisa Schencker, "World's First and America's First IVF Babies Meet in Chicago for First Time," *Chicago Tribune*, June 17, 2017.
10. Heather Mason Kiefer, "Gallup Brain: The Birth of In Vitro Fertilization," Gallup, August 5, 2003.
11. Megan Garber, "The IVF Panic: 'All Hell Will Break Loose, Politically, and Morally, All Over the World,'" *The Atlantic*, June 25, 2012.
12. Michael Hopkin, "Left-Handers Flourish in Violent Society," *Nature*, December 7, 2004.
13. Andrea Ganna et al., "Large-Scale GWAS Reveals Insights into the Genetic Architecture of Same-Sex Sexual Behavior," *Science*, August 30, 2019.
14. Michael Balter, "Homosexuality may be caused by chemical modifications to DNA," *Science*, October 8, 2015.
15. J. D. Bosse and L. Chiodo, "It Is Complicated: Gender and Sexual Orientation Identity in LGBTQ

Youth," *Journal of Clinical Nursing* (December 25, 2016). Gender fluidity seems especially prevalent amongst females.

16. Melinda C. Mills, "How Do Genes Affect Same-Sex Behavior?," *Science*, August 30, 2019.

17. Hillary B. Nguyen et al., "Gender-Affirming Hormone Use in Transgender Individuals: Impact on Behavioral Health and Cognition," *Current Psychiatry Reports* (October 11, 2018).

18. E. Partridge et al., "An Extra-Uterine System to Physiologically Support the Extreme Premature Lamb," *Nature Communications* (April 25, 2017).

19. Partridge et al., "An Extra-Uterine System."

20. R. E. Behrman (chair) et al., *Committee on Understanding Premature Birth and Assuring Healthy Outcomes* (Washington, DC: National Academies Press; 2007).

21. C. D. Kusters et al., "The Impact of a Premature Birth on the Family; Consequences Are Experienced Even after 19 Years," *Nederlands Tijdschrift voor Geneeskunde* (November 16, 2013).

22. R. J. Reinhart, "Moral Acceptability of Cloning Animals Hits New High," Gallup, June 6, 2018.

23. Laura Hercher, "Designer Babies Aren't Futuristic. They're Already Here," *MIT Technology Review*, October 22, 2018.

24. Antonio Regalado, "Chinese Scientists Are Creating CRISPR Babies," *MIT Technology Review*, November 25, 2018.

25. Dietram A. Scheufele et al., "US Attitudes on Human Genome Editing," *Science* (August 11, 2017).

26. Karin Hubner et al., "Derivation of Oocytes from Mouse Embryonic Stem Cells," *Science* (May 23, 2003).

27. Sonia M. Suter, "In Vitro Gametogenesis: Just Another Way to Have a Baby?," *Journal of Law and the Biosciences* (April 1, 2016).

28. 몇몇 독자에게 이런 의견이 퇴행적이고 어둡게 비칠 거란 점은 나도 잘 안다. 그러나 나는 어머니란 존재를 좋아하고, 이 세상에 그 존재가 없어선 안 된다고 생각한다.

29. Joe Duncan, "Polyamory and the Sexual Revolution of Women; How Polyamory Shaped My Views on the Human Sexes," *Medium.com*, April 24, 2019.

30. M. L. Haupert et al., "Prevalence of Experiences with Consensual Nonmonogamous Relationships: Findings from Two National Samples of Single Americans," *Journal of Sex and Marital Therapy* (April 20, 2016); A. C. Moors, "Has the American Public's Interest in Information Related to Relationships beyond 'the Couple' Increased over Time?," *Journal of Sex Research* (2017).

31. Joel Shannon, "Proposed 'Sex Robot Brothel' Blocked by Houston Government: 'We Are Not Sin City,'" *USA Today*, October 8, 2018.

32. Mika Koverola et al., "Moral Psychology of Sex Robots: An Experimental Study," *PsyArXiv Preprints* (November 12, 2018).

33. American Society of Plastic Surgeons Report, "New Plastic Surgery Statistics Reveal Trends toward Body Enhancement," March 11, 2019.

34. David S. Thaler and Mark Y. Stoeckle, "Bridging Two Scholarly Islands Enriches Both: COI DNA Barcodes for Species Identification versus Human Mitochondrial Variation for the Study of Migrations and Pathologies," *Ecology and Evolution* (September 4, 2016). 모두 다 그런 건 아니다. 살아 있는 개체들 가운데 다양한 다른 개체들이 존재했거나, 심지어 조상들 가운데 그런 개체들이 있었을 수도 있다. 다음을 참조하라. Ann Gauger, "Does Barcoding DNA Reveal a Single Human Ancestral Pair?," *Evolution News*, December 5, 2018.

35. 'Hominid'란 "인간과 인간의 화석 조상들 및 (최근의 계통 체계에서) 적어도 일부 유인원 종까지 포함하는 인류의 원시 조상"을 가리킨다. Google Dictionary.

36. Ewen Callaway, "Evidence Mounts for Interbreeding Bonanza in Ancient Human Species: Nature Tallies the Trysts among Neanderthals, Humans, and Other Relatives," *Nature* (February 17, 2016).

37. 정말 특이한 사실 중 하나는 사실 수성이 평균적으로 지구와 가장 가까운 행성이라는 것이다. 다음을 참조하라. Avery Thompson, "What's the Closest Planet to the Earth? Surprise, It's Mercury," *Popular Mechanics*, March 15, 2019.

38. Edward W. Schwieterman et al., "A Limited Habitable Zone for Complex Life," *The Astrophysical Journal* (June 10, 2019).

39. "'Pale Blue Dot' Images Turn 25," https://www.nasa.gov/jpl/voyager/pale-blue-dot-images-turn-25.

40. Glorie Martinez, "Beyond the Galileo Experiment," NASA Astrobiology Institute, July 18, 2019.

41. Max Roser and Hannah Ritchie, "Technological Progress," https://ourworldindata.org/technological-progress: "미국 국립인간게놈연구소NHGRI의 DNA 염기서열 정보 해독 프로그램인 게놈 시퀀싱 프로그램Genome Sequencing Program이 보고한 내용에 따르면, DNA 분석 비용은 최초로 이 작업이 시작된 뒤로 지금까지 무려 17만 5,000배나 떨어졌다. 그런데 이 비용은 DNA 배열의 원본 염기쌍을 분석하는 데 들어간 비용임을 알아야 한다. 인간 게놈 전체를 분석하는 데 들어가는 비용은 3만 개의 원본 배열쌍들의 합계로 추정되는 것보다 훨씬 더 높다. 게놈 전체 서열을 밝히려면 염기서열의 반복이 필요하기 때문이다. 그럼에도 비용이 가파르게 떨어지는 이 현상은 완전한 인간 게놈의 염기서열 분석 분야에서도 관찰된다. 비용 감소 현상은 또한 다른 방식으로도 관찰 가능하다. 즉, 여기에 제시된 그래프에 따라 우리는 미화 1달러로 분석 가능한 인간 게놈 염기쌍들의 수를 이미 파악할 수 있으니 말이다. 2000년대 초엔 1달러로 수백 개의 염기쌍들을 배열할 수 있었지만, 2008년 이후 비용이 급격히 줄어들어 지금은 1달러로 3,300만 개 이상의 원본 쌍들을 배열할 수 있다."

42. 해당 분야의 전반적인 설명은 다음을 참조하라. Ben Panko, "Can Humans Ever Harness the Power of Hibernation?," *Smithsonian*, January 18, 2017.

43. "The Storey Lab: Cell and Molecular Responses to Stress," www.kenstoreylab.com.

44. K. B. Storey and J. M. Storey, "Molecular Physiology of Freeze Tolerance in Vertebrates," *Physiological Reviews* (April 2017).

45. M. E. Kutcher, R. M. Forsythe, and S. A. Tisherman, "Emergency Preservation and Resuscitation for Cardiac Arrest from Trauma," *International Journal of Surgery* (September 2016).

46. Mike Wall, "'Hibernating' Astronauts May Be Key to Mars Colonization," *Space.com*, August 30, 2016.

47. Herbert Benson et al., "Three Case Reports of the Metabolic and Electroencephalographic Changes during Advanced Buddhist Meditation Techniques," *Behavioral Medicine* (July 9, 2010).

48. Sheena L. Faherty et al., "Gene Expression Profiling in the Hibernating Primate, Cheirogaleus Medius," *Genome Biology and Evolution* (August 2016).

49. 우즈홀 해양 연구소Woods Hole Oceanographic Institute의 온라인 사이트에는 열수구(화산 활동 지역 근처에서 주로 발견되는 행성 표면의 균열—옮긴이) 발견의 연대기가 잘 정리되어 있다.

50. G. S. Lollar et al., "'Follow the Water': Hydrogeochemical Constraints on Microbial Investigations 2.4 km Below Surface at the Kidd Creek Deep Fluid and Deep Life Observatory," *Geomicrobiology Journal* (July 18, 2019).

51. 하버드—스미스소니언 천체물리학센터의 찰스 R. 앨콕Charles R. Alcock은 동료들을 대상으로 한 비공식적 설문조사 뒤 이런 통계수치를 언급했다. HBS reunion talk, September 22, 2019.

52. Marc Kaufman, "Agnostic Biosignatures and the Path to Life as We Don't Know It," *Astrobiology at NASA*, August 13, 2019.

53. Aaron W. Feldman et al., "Optimization of Replication, Transcription, and Translation in a Semi-Synthetic Organism," *Journal of the American Chemical Society* (June 26, 2019).

54. J. G. Dalyell, *Observations on Some Interesting Phenomena in Animal Physiology, Exhibited by Several Species of Planariae* (Edinburgh, 1814).

55. J. V. McConnell, A. L. Jacobson, and D. P. Kimble, "The Effects of Regeneration upon Retention of a Conditioned Response in the Planarian," *Journal of Comparative and Physiological Psychology* (February 1959).

56. Courtesy of Michael Levin, Vannevar Bush Professor Biology Department and Director, Allen Discovery Center at Tufts University, and Dr. Junji Morokuma, Levin Lab, Tufts University.

57. Douglas J. Blackiston, Elena Silva Casey, and Martha R. Weiss, "Retention of Memory through Metamorphosis: Can a Moth Remember What It Learned As a Caterpillar?" *PLOS One* (March 5, 2008).

58. K. Takahashi and S. Yamanaka, "Induction of Pluripotent Stem Cells from Mouse Embryonic and Adult Fibroblast Cultures by Defined Factors," *Cell* (August 25, 2006).

59. K. Okita, T. Ichisaka, and S. Yamanaka, "Generation of Germline–Competent Induced Pluripotent Stem Cells," *Nature* 448 (July 19, 2007).

60. M. A. Lancaster et al. "Cerebral Organoids Model Human Brain Development and Microcephaly," *Nature* (August 28, 2013).

61. Cleber A. Trujillo et al., "Complex Oscillatory Waves Emerging from Cortical Organoids Model Early Human Brain Network Development," *Cell Stem Cell* (August 29, 2019).

62. Giorgia Quadrato et al., "Cell Diversity and Network Dynamics in Photosensitive Human Brain Organoids," *Nature* (May 4, 2017).

63. A. A. Mansour et al., "An In Vivo Model of Functional and Vascularized Human Brain Organoids," *Nature Biotechnology* (April 28, 2018).

64. Carl Zimmer, "Organoids Are Not Brains. How Are They Making Brain Waves?" *New York Times*, August 29, 2019. Make sure you read the comments section as well as the article.

65. Nita A. Farahany, Henry T. Greely, et al., "The Ethics of Experimenting with Human Brain Tissue: Difficult Questions Will Be Raised as Models of the Human Brain Get Closer to Replicating Its Functions," *Nature* (April 25, 2018). (우리가 알고 있는 것 그리고 실질적인 쟁점이 되는 것들에 대한 가장 좋은 개관은 바로 지금의 모습이다.)

66. Peter Wehrwein, "Astounding Increase in Antidepressant Use by Americans," *Harvard Health Blog*, October 20, 2011.

67. National Institute of Drug Abuse, "Opioid Overdose Update," National Institutes of Health, January 2019.

68. Geoff Mulvihill and Matthew Perrone, "Data Show Many Companies Contributed to US Opioid Crisis," *Associated Press*, July 17, 2019.

69. Josh Katz and Margot Sanger–Katz, "'The Numbers Are So Staggering': Overdose Deaths Set a Record Last Year," *New York Times*, November 29, 2018.

70. Donna Murch, "How Race Made the Opioid Crisis," *Boston Review*, August 27, 2019.

71. 우리가 뇌를 수정해야 할지, 또 그렇게 한다면 어떻게 해야 할지를 살피고 토론하는 흥미진진하고 중요한 보고서들은 많이 나와 있다. 다음의 것들이 그 예다. Presidential Commission for the Study of Bioethical Issues, *Grey Matters: Topics at the Intersection of Neuroscience, Ethics, and Society*, Washington, DC, March 2015; J. Sandel, "What's Wrong with Enhancement," presented to the President's Council on Bioethics, 2003; The President's Council on Bioethics, *Beyond Therapy: Biotechnology and the Pursuit of Happiness*, Washington, DC, 2003; C. Elliot, *Better Than Well: American Medicine Meets the American Dream* (W. W. Norton, 2003).

72. P. J. Zak, A. A. Stanton, and S. Ahmadi, "Oxytocin Increases Generosity in Humans," *PLOS One*

(November 7, 2007); M. Crockett et al., "Serotonin Selectively Influences Moral Judgment and Behavior through Effects on Harm Aversion," *PNAS* (October 5, 2012).

73. Christof Koch, Marcello Massimini, Melanie Boly, and Giulio Tononi, "Neural Correlates of Consciousness: Progress and Problems," *Nature Reviews Neuroscience* (May 2016).

74. 이 장의 중요한 부분은 다음을 근거로 했다. chapter 4, "Neuroscience and the Legal System," in *Grey Matters: Topics at the Intersection of Neuroscience, Ethics, and Society*, compiled by the Presidential Commission for the Study of Bioethical Issues, Washington, DC, March 2015. 이 논문은 꼼꼼히 읽을 가치가 있다. 아울러 다음도 참조하라. G. R. Burr, *Medico-Legal Notes on the Case of Edward H. Ruloff: With Observations upon and Measurements of His Cranium, Brain, etc.* (D. Appleton, 1871).

75. United States v. Rothman, 2010 U.S. Dist. LEXIS 127639 (S.D. Fla., August 18, 2010).

76. R. J. Blair, "The Neurobiology of Psychopathic Traits in Youths," *Nature Reviews Neuroscience* (October 9, 2013).

77. S. Fazel and K. Seewald, "Severe Mental Illness in 33588 Prisoners Worldwide: Systematic Review and Meta-Regression Analysis," T*he British Journal of Psychiatry* (2012); S. Fazel and J. Danesh, "Serious Mental Disorder in 23,000 Prisoners: A Systematic Review of 62 Surveys," *The Lancet* (2002); E. J. Shiroma, P. L. Ferguson, and E. E. Pikelsimer, "Prevalence of Traumatic Brain Injury in an Offender Population: A Meta-Analysis," *Journal of Head Trauma Rehabilitation* (2012).

78. Jay G. Hosking et al., "Disrupted Prefrontal Regulation of Striatal Subjective Value Signals in Psychopathy," *Neuron* (July 5, 2017).

79. Arlisha R. Norwood, NWHM Fellow, "Dorothea Dix: 1802 – 887," National Women's History Museum, 2017.

80. E. Fuller Torrey et al., "More Mentally Ill Persons Are in Jails and Prisons Than Hospitals: A Survey of the States," Treatment Advocacy Center, May 2010.

81. Sam Dolnick, "The 'Insane' Way Our Prison System Handles the Mentally Ill," *New York Times*, May 22, 2018 (a book review of Alisa Roth's *Insane: America's Criminal Treatment of Mental Illness* [Basic Books, 2018]).

82. R. D. Hare, S. E. Williamson, and T. J. Harpur, "Psychopathy and Language," in *Biological Contributions to Crime Causation*, ed. T. E. Moffitt and S. A. Mednick (Springer, 1998); Charles Q. Choi, "What Makes a Psychopath? Answers Remain Elusive," *Live Science*, August 31, 2009.

83. Joanne Intrator et al., "A Brain Imaging (Single Photon Emission Computerized Tomography) Study of Semantic and Affective Processing in Psychopaths," *Biological Psychiatry* (July 15, 1997).

84. John Seabrook, "Suffering Souls: The Search for the Roots of Psychopathy," *The New Yorker*, November 2, 2008.

85. E. Aharoni et al., "Neuroprediction of Future Rearrest," Proceedings of the National Academy of Sciences (2013); K. A. Kiehl, P. F. Liddle, and J. B. Hopfinger, "Error Processing and the Rostral Anterior Cingulate: An Event-Related fMRI Study," *Psychophysiology* (2000).

86. R. J. Blair, "The Amygdala and Ventromedial Prefrontal Cortex: Functional Contributions and Dysfunction in Psychopathy," *Philosophical Transactions of the Royal Society B* (August 12, 2008).

87. H. T. Greely, "Mind Reading, Neuroscience, and the Law," in *A Primer on Criminal Law and Neuroscience: A Contribution of the Law and Neuroscience Project*, ed. S. J. Morse and A. L. Roskies (Oxford University Press, 2013); K. A. Kiehl, "Without Morals: The Cognitive Neuroscience of Criminal Psychopaths," in Moral Psychology, Volume 3: *The Neuroscience of Morality: Emotion, Brain Disorders, and Development*, ed. W. Sinnott-Armstrong (MIT Press, 2018).

88. 몇몇 기업은 자신들이 이 일을 정말 잘한다고 주장한다. 여기에 대해서는 다음 웹페이지를 보면 된다.

http://www.noliemri.com. 그러나 동료평가를 보면 그 내용은 상당히 낡고 확실하지도 않은 듯하다.

89. Alex Johnson, "Alabama Becomes Seventh State to Approve Castration for Some Sex Offenses: The New Law Requires the Procedure for Anyone Convicted of Sex Crimes with Children under 13 as a Condition of Parole," NBC News, June 11, 2019.

90. Anthony S. Gabay et al., "Psilocybin and MDMA Reduce Costly Punishment in the Ultimatum Game," *Scientific Reports* (May 29, 2018).

91. M. J. Crockett et al., "Dissociable Effects of Serotonin and Dopamine on the Valuation of Harm in Moral Decision Making," *Current Biology* (July 2, 2015).

92. H. T. Greely, "Direct Brain Interventions to "Treat" Disfavored Human Behaviors: Ethical and Social Issues," *Clinical Pharmacology & Therapeutics* (December 28, 2011).

93. Roberta Sellaro et al., "Reducing Prejudice through Brain Stimulation," *Brain Stimulation* (April 24, 2015).

2장 기술이 윤리를 바꾸는 것은 옳은가

1. D. J. Wuebbles et al., Executive summary, in "Climate Science Special Report: Fourth National Climate Assessment, Volume I," US Global Change Research Program, Washington, DC, 12 – 34.

2. US National Oceanographic and Atmospheric Administration, "2018 State of U.S. High Tide Flooding with a 2019 Outlook." Technical Report NOS CO—OPS 090, June 2019.

3. E. Robinson and R. C. Robbins, "Sources, Abundance, and Fate of Gaseous Atmospheric Pollutants," OSTI, United States, January 1, 1968.

4. D. J. Wuebbles et al., "Climate Science Special Report: Fourth National Climate Assessment," Volume I, Washington, DC, 2017.

5. Lijing Cheng, John Abraham, Zeke Hausfather, and Kevin E. Trenberth, "How Fast Are the Oceans Warming?" *Science* (January 11, 2019).

6. LuAnn Dahlman and Rebecca Lindsey, "Climate Change: Ocean Heat Content," NOAA, August 1, 2018.

7. National Snow & Ice Data Center, "Quick Facts on Ice Sheets."

8. 캐서린 모어Catherine Mohr에게 고맙다는 말을 전한다.

9. By Delphi234, https://commons.wikimedia.org/w/index.php?curid=40387656.

10. World Meteorological Association, "Unprecedented Wildfires in the Arctic," July 12, 2019.

11. Fred Pearce, "Geoengineer the Planet? More Scientists Now Say It Must Be an Option," *Yale 360* (May 29, 2019).

12. 이와 관련된 관리 업무가 얼마나 복잡한지 조금만 알아보고 싶다면 지구공학 관리를 위해 초기 지도 원리로 제시된 옥스퍼드 대학교 지구공학과의 'Oxford Principles' 프로그램을 참조하라.

13. Shannon Hall, "Venus Is Earth's Evil Twin—nd Space Agencies Can No Longer Resist Its Pull in So Many Ways—Size, Density, Chemical Make-up—Venus Is Earth's Double," *Nature*, June 5, 2019. "최근에 이루어진 연구는 심지어 금성이 마치 지구처럼 생겼을지도 모른다고 주장했다. 생명체가 서식하기 좋았을 대양이 여러 곳에 있기 때문이다."

14. "Graph of Human Population from 10000 BCE to 2000 CE," https://commons.wikimedia.org/w/index.php?curid=1355720.

15. FAO, "Agriculture and Food Security," Food For All Summit, Rome, November 13 – 17, 1996.

16. Max Roser, "Economic Growth," https://ourworldindata.org/economic-growth.

17. MDG Monitor, "Millennium Development Goals, 2019."

18. Milton Friedman, Capitalism and Freedom (University of Chicago Press, 1962).

19. Andrew Edgecliffe-Johnson, "Beyond the Bottom Line: Should Business Put Purpose before Profit?," *The Financial Times*, January 24, 2019.

20. Christopher Ingraham, "The Richest 1 Percent Now Owns More of the Country's Wealth Than at Any Time in the Past 50 Years," *Washington Post*, December 6, 2017.

21. Data provided by Opportunity Insights, "Earn More Than Your Parents." 아울러 다음을 참조하라. Lawrence Mishel, Elise Gould, and Josh Bivens, "Wage Stagnation in Nine Charts," Economic Policy Institute Report, January 6, 2015.

22. Mishel, Gould, and Bivens, "Report: Wage Stagnation in Nine Charts"; Board of Governors of the Federal Reserve, "Report on the Economic Well-Being of U.S. Households in 2015," May 2016; Sarah A. Donovan and David H. Bradley, "Real Wage Trends, 1979 to 2018," Congressional Research Service report, 2019. 그러나 모든 게 암울한 것만은 아니다. 여성의 급여는 점진적으로 남성의 급여 수준과 비슷해지고 있다. 시급을 기준으로 보면 1979년에는 여성의 급여가 남성의 63퍼센트 수준이었으나 2018년에는 83퍼센트까지 올라갔다.

23. David Harrison, "Historic Asset Boom Passes by Half of Families: Scant Wealth Leaves Families Vulnerable If Recession Hits, Economists Say," *The Wall Street Journal*, August 30, 2019.

24. 캘리포니아 대학교 버클리캠퍼스의 이매뉴얼 사에즈Emmanuel Saez와 가브리엘 주크만은 함께 집필한 『불의의 승리The Triumph of Injustice: How the Rich Dodge Taxes and How to Make Them Pay』에서 2018년 미국에서 가장 부자인 400가구의 평균 실효세율(법정 세율에 대한 실제 조세 부담률의 비율—옮긴이)이 23퍼센트인데 이 수치가 미국 가구 하위 50퍼센트의 24.2퍼센트보다 오히려 1퍼센트 낮다는 사실을 밝혔다.

25. Frank Newport, "Democrats More Positive about Socialism than Capitalism," Gallup, August 13, 2018. 71 percent of Republicans liked capitalism and 16 percent liked socialism.

26. "Major Private Gifts to Higher Education," *The Chronicle of Higher Education*, March 4, 2020.

27 National Bureau of Economic Research, "The Housing Market Crash and Wealth Inequality in the US," March 20, 2020.

28. Jacqueline Lee, "RV Dwellers Brace for Palo Alto's 72-Hour Parking Crackdown," *Mercury News*, June 30, 2017.

29. Katelyn Newman, "Homelessness Spike in California Causes National Rise," *US News and World Report*, December 26, 2019.

30. Pete Earley, "When Did It Become Acceptable for Americans with Mental Illnesses to Freeze to Death?," http://www.peteearley.com.

31. Richard Conniff, "What the Luddites Really Fought Against," *Smithsonian Magazine*, March 2011.

32. Bruce Barcott, "No Country for Old Men," *New York Times Book Review*, August 4, 2019 (a book review of *Hunter's Moon* by Philip Caputo).

33. Howard R. Gold, "Never Mind the 1 Percent, Let's Talk about the 0.01 Percent," *Chicago Booth Review* (winter 2017).

34. Gabriel Zucman, "Global Wealth Inequality," NBER Working Paper No. 25462, January 2019.

35. Shelly Hagan, "Billionaires Made So Much Money Last Year They Could End Extreme Poverty Seven Times," *Money/Bloomberg*, January 22, 2018.

36. 캐서린 모어에게 고맙다는 말을 전한다.

37. 윌리엄 블룸William Blum의 포스터 〈영감〉 인용.

38. David Biello, "Cultured Beef: Do We Really Need a $380,000 Hamburger Grown in a Petri Dish?," *Scientific American*, August 5, 2013.

39. Carsten Gerhardt et al., "How Will Cultured Meat and Meat Additives Disrupt the Agricultural and Food Industry," AT Kearney report, n.d.

40. Kelsey Piper, "Mississippi Is Forbidding Grocery Stores from Calling Veggie Burgers "Veggie Burgers,"" Vox.com, July 3, 2019, https://www.vox.com/future-perfect/2019/7/3/20680731/mississippi-veggie-burgers-illegal-meatless-meat.

41. https://www.atlasobscura.com/places/monument-to-the-laboratory-mouse.

42. Alfred, Lord Tennyson, "In Memoriam A. H. H.," Canto 56. (1850).

43. Marc Bekoff and Jessica Pierce, *Wild Justice: The Moral Lives of Animals* (University of Chicago Press, 2009).

44. Nicole Henley, "Gentle Giant, Hero: The Gorilla That Saved a Boy Shatters Previously-Held Negative Public Opinion on a Misunderstood Species Forever," *Medium.com*, April 29, 2019. 이런 일은 한 번만 일어난 게 아니었다. 그로부터 10년 뒤 일리노이의 한 동물원에서 있었던 일이다. 그날따라 유독 덥고 사람이 많아 동물원은 혼란 그 자체였고, 그 바람에 이제 막 아장아장 걷기 시작한 아이의 엄마는 잠깐 한눈을 팔았다. 아이는 15피트(약 4.6미터) 아래의 고릴라 우리에 떨어졌다. 콘크리트 바닥의 우리 안에는 고릴라 7마리가 있었다. 고릴라들이 아이를 곧 죽일 것이라는 생각에 사람들은 비명을 질러댔다. 그런데 빈티 주아Binti Jua라는 이름의 암컷 고릴라는 자기가 낳은 새끼 고릴라를 등에 업은 채 아이에게 다가갔다. 그러고는 아이를 부드럽게 안아들고 우리 문 쪽으로 다가가 사육사에게 아이를 건네주었다.

45. Juan Carlos Izpisua Belmonte et al., "Brains, Genes, and Primates," *Neuron* (May 6, 2015).

46. Lei Shi et al., "Transgenic Rhesus Monkeys Carrying the Human MCPH1 Gene Copies Show Human-Like Neoteny of Brain Development," 匚National Science Review (May 2019).

47. Juan Enriquez and Steve Gullans, *Evolving Ourselves: Redesigning the Future of Humanity One Gene at a Time* (Portfolio/ Penguin, 2016).

48. K. Kyrou et al., "A CRISPR-Cas9 Gene Drive Targeting Doublesex Causes Complete Population Suppression in Caged Anopheles Gambiae Mosquitoes," *Nature Biotechnology* (September 24, 2018).

49. Kelly Servick, "Study on DNA Spread by Genetically Modified Mosquitoes Prompts Backlash," 匚Science 匚, September 17, 2019.

50. Jerry Adler, "Kill All the Mosquitoes," *Smithsonian*, June 2016.

51. Alice Klein, "To Kill or Not to Kill?," *New Scientist*, October 22, 2016.

52. Antonio Regalado, "We Have the Technology to Destroy All Zika Mosquitoes," *MIT Tech Review* (February 8, 2016).

53. Kent S. Boles et al., "Digital-to-Biological Converter for On-Demand Production of Biologics," *Nature Biotechnology* (July 1, 2017).

54. The Poynter Institute, "Politifact," https://www.politifact.com/personalities/donald-trump/statements/byruling/pants-fire.

55. https://www.washingtonpost.com/politics/2018/11/02/president-trump-has-made-false-or-misleading-claims-over-days/?noredirect=on&utm_term=.d3506f8e6bb5.

56. 원래 주고받은 트윗은 이랬다. "지금 캐나다인으로 산다는 건 3년 내내 자동차 경적을 시끄럽게 울려대는 사람의 옆집에서 이웃으로 사는 것과 마찬가지다."(@bradcollins128. 2019년 9월 10일.) "그 자동차 안에 꼼짝없이 갇혀 있는 사람은 어떤 느낌일지 상상해보시길."(@Stahlmat. 2019년 9월 11일.)

57. Lee McIntyre, "Why Does President Trump Get Away with Lying?," *Newsweek*, November 20, 2018.

58. Masha Gessen, "Trump and Putin's Strong Connection: Lies," *Rolling Stone*, October 19, 2017.

59. "Confidence in Institutions," Gallup poll, https://news.gallup.com/poll/1597/confidence-institutions.aspx.

60. Edelman.com, "Trust Barometer," January 20, 2019, https://www.edelman.com/research/2019-edelman-trust-barometer.

61. "Majority of Voters say Climate Change Is an Emergency; 72% Say Congress Needs to Act to Reduce Gun Violence," Quinnipiac University poll, August 29, 2019.

62. @MichaelSkolink, tweet from November 8, 2018.

63. https://en.wikipedia.org/wiki/Modern_flat_Earth_societies.

64. 제임스 머피James Murphy가 번역한 히틀러의 『나의 투쟁』. 다음에서 재인용했다. Charles M. Blow in "Trump Isn't Hitler. But the Lying...," *New York Times*, October 19, 2017.

65. Ralph Waldo Emerson, "Prudence," *Essays*, First Series, 1841.

66. Patrick Chappatte, TED talk, at 9:22.

3장 어제의 세계는 지금도 옳은가

1. Mrs. Henry R. (Mary Howard) Schoolcraft, *The Black Gauntlet: A Tale of Plantation Life in South Carolina* (J. B. Lippincott & Co., 1860).

2. Rev. Dr. Richard Furman's *EXPOSITION of The Views of the Baptists, RELATIVE TO THE COLOURED POPULATION in the United States IN A COMMUNICATION to the Governor of South-Carolina*, 2nd ed. (A. E. Miller, 1838), 24.

3. 이것은 복잡한 이야기다. 다음 두 개의 상반되는 관점을 읽어보라. D. Ojanuga, "The Medical Ethics of the 'Father of Gynaecology,' Dr. J. Marion Sims," *Journal of Medical Ethics* (March 1993); and L. L. Wall, "The Medical Ethics of Dr. J. Marion Sims: A Fresh Look at the Historical Record," *Journal of Medical Ethics* (June 2006).

4. Thomas Cooper, *Letters on the Slave Trade* (C. Wheeler, 1787), 28.

5. "Thomas Cooper," https://en.wikipedia.org/wiki/Thomas_Cooper_(American_politician,_born_1759).

6. 다음에서 인용되었다. David W. Blight's Yale course, https://oyc.yale.edu/history/hist-119., Ta-Nehisi Coates in "What Cotton Hath Wrought," *The Atlantic*, July 30, 2010.

7. Abraham Lincoln, "Letter to Albert B. Hodges," April 4, 1864.

8. Dan MacGuill, "Did Abraham Lincoln Express Opposition to Racial Equality?," Snopes.com, August 16, 2017. 각성한 의식을 가지고 있던 지도자들 중 하나였던 링컨조차도 때로는 얼버무리고 말았던 이유, 그리고 그가 성장했던 시대가 그의 사고 틀을 어떻게 형성했는지를 밝혀주는 흥미로운 글이다.

9. 롭 레이드Rob Reid에게 고맙다는 말을 전한다.

10. Leah Asmelash and Brian Ries, "On this Day 55 Years Ago, America Finally Outlawed Segregation," CNN. July 2, 2019.

11. 링컨이 1854년 10월 16일 일리노이주의 페오리아에서 했던 연설이다.

12. Susan Snyder, "Bryn Mawr Confronts Racist Views of Former Leader," *Philadelphia Enquirer*, August 24, 2017.

13. 조너선 짐머만Jonathan Zimmerman은 그 논란에 대해 『필라델피아 인콰이어러The Philadelphia Inquirer』에 멋진 기사를 실었다. "Bryn Mawr Wrong to Cleanse Some References to Former President," August 29, 2017.

14. 이런 이야기들이 얼마나 복잡하고 또 서로 뒤얽혀 있는지 조금이라도 알고 싶다면 『뉴욕 타임스』의 다음 기사를 읽어보라. Tobias Holden, "The Right Call: Yale Removes My Racist Ancestor's Name from Campus," February 10, 2017.

15. 예일 대학교의 역사 왜곡 문제는 이것이 처음이 아니다. 타일러 힐Tyler Hill은 2007년 2월 7일 『예일 데일리뉴스Yale Daily New』에 '인종차별주의적인 초상화를 은퇴시키는 대학교Univ. to Retire 'Racist' Portrait'라는 제목의

글을 써서 "예일의 발아래에 있는 얼굴빛 검은 사람은 그의 하인이었다"고 주장했다. 물론 '하인들'의 목에는 보통 맹꽁이자물쇠가 마치 옷깃처럼 채워져 있었다. 또 2015년 조너선 할로웨이 학장이 2015년 졸업생들에게 했던 졸업연설에선 예일의 초상화와 이것의 의미에 대한 보다 솔직한 논의가 있었다. *Yale Alumni Magazine*, November/December 2015.

16. 16. Annette Gordon-Reed, "At Long Last, Sally Hemings in the Spotlight," *New York Times*, June 16, 2018.

17. 만일 트럼프 재임 기간에 사람들이 인종에 대해 얼마나 분노했고 분열했으며 또 암울함을 느꼈는지 조금이라도 알고 싶다면 다음의 충격적인 퓨Pew 리서치를 살펴보기 바란다. Juliana Menasce Horowitz and Anna Brown, Kiana Cox, "Race in America 2019: Public has Negative Views of the Country's Racial Progress; More Than Half Say Trump Has Made Race Relations Worse," Pew Research, April 9, 2019, https://www.pewsocialtrends.org/2019/04/09/race-in-america-2019.

18. A. W. Geiger and Gretchen Livingston, "8 Facts about Love and Marriage in America," Pew Research, February 13, 2019.

19. Geiger and Livingston, "8 Facts about Love and Marriage in America."

20. Parul Sehgal, "Lines of Combat," *New York Times Magazine*, July 22, 2018.

21. J. Drescher, "Out of DSM: Depathologizing Homosexuality," *Behavioral Sciences* (December 2015).

22. "Phillips Academy GSA: 20 Years of Friendship and Activism," *Mombian*, March 16, 2009.

23. 벤은 한층 더 의미 있는 일을 위해 계속 나아갔다. 다음의 예를 참조하라. Clara Bates, "A Dragapella Star with a Law Degree," *The Harvard Crimson*, September 20, 2018. 또 인종차별이 얼마나 잘못된 것인지 그 이유를 유쾌하고도 통렬하게 설명하는 글을 원한다면 다음을 보라. Jason Wakefield, "31 Arguments against Gay Marriage (and Why They're All Wrong)," *New Humanist*, January 16, 2012.

24. Geiger and Livingston, "8 Facts about Love and Marriage in America"; Justin McCarthy, "US Support for Gay Marriage Edges to New High," Gallup, May 15, 2017.

25. Larry Gross, *Up From Invisibility: Lesbians, Gay Men, and the Media in America* (Columbia University Press, 2002); Celin Carlo-Gonzalez, Christopher McKallagat, and Jenifer Whitten-Woodring, "The Rainbow Effect: Media Freedom, Internet Access, and Gay Rights," *Social Science Quarterly*, August 30, 2017; Phillip M. Ayoub and Jeremiah Garretson, "Getting the Message Out: Media Context and Global Changes in Attitudes toward Homosexuality," Western Political Science Association Annual Meeting, April 3, 2015. 미네소타 대학교의 에드워드 시아파Edward Schiappa 교수는 다양한 논문들을 통해 동성애적 특성들이 TV 시청자들의 편견을 어떻게 줄여주는지 보여주었다.

26. Tanya Mohn "The Shifting Global Terrain of Equal Rights," *New York Times*, June 24, 2018.

27. Mat dos Santos and Kelly Simon, "LGBT Students Face Heartbreaking Treatment at an Oregon High School," ACLU of Oregon, May 20, 2018.

28. "Goodbye Sarah Palin: Former Vice-President Contender and Highest-Paid Cable News Contributor Is Dumped by Fox News," *The Daily Mail*, June 24, 2015.

29. Raymund Schwager, *Must There Be Scapegoats? Violence and Redemption in the Bible* (San Francisco: Harper, 1987).

30. 그 포도주는 아비뇽의 분파주의 교황들을 위해 제조된 것이었다.

31. 지난 100년 동안 초기 영어판 성서는 150개 판본에 걸쳐 진화의 길을 걸어왔다. 한편으론 달라진 사회에 종교적 문서가 적응하는 것으로, 다른 한편으론 사람들의 입을 거쳐 메시지가 이동하는 '전화 게임'과 같은 것이라 볼 수 있다. https://en.wikipedia.org/wiki/Geneva_Bible.

32. Resa Aslan, *Zealot: The Life and Times of Jesus of Nazareth* (Random House, 2013). 이 책은 논쟁의 여지가 많았으나 예수가 정통 유대인이었고 그의 형제인 제임스는 예수의 뒤를 이어받았으며, 또 로마에 살

면서 로마인들과 가깝게 지냈던 '사도들'에 의해 그의 가르침이 상당히 수정되었다는 것에 대한 증거도 많이 담고 있다. 이 이야기가 얼마나 복잡하며 또 역사적으로 재해석되어왔는지 알고 싶다면 우선 https://en.wikipedia.org/wiki/Brothers_of_Jesu부터 읽기 바란다. 그런 다음에 수없이 많은 종교 문서를 파고들어라, 아마 여러 해가 걸리겠지만 말이다.

33. 이것이 보수적인 학자에게는 얼마나 난해한 이야기인지 알고 싶은가? Fresh Air, "Jesus and the Hidden Contradictions of the Gospels," NPR, March 12, 2012.

34. Daniel Dennett conversation, Tufts Tallberg Seminar, November 17, 2017.

35. Timur Kuran, "The Islamic Commercial Crisis: Institutional Roots of Economic Underdevelopment in the Middle East," *The Journal of Economic History* (June 2003). 전체 글을 읽어볼 가치가 있다.

36. Letter from Cardinal Jorge Mario Bergoglio, S.J. to the Carmelite Nuns of Buenos Aires Buenos Aires, June 22, 2010.

37. James Carroll, "Who Am I to Judge? A Radical Pope's First Year," *The New Yorker*, December 23 and 30, 2013.

38. Andrew Sullivan, "The Gay Church," *New York Magazine*, January 21, 2019.

39. Carroll, "Who Am I to Judge?"

40. "The Charter for Compassion," https://charterforcompassion.org/charter.

4장 SNS 속 무제한 자유는 옳은가

1. Ben Tinker, "How Facebook 'Likes' Predict Race, Religion and Sexual Orientation," *CNN*, April 11, 2018; Michal Kosinski, David Stillwell, and Thore Graepel, "Private Taits and Attributes Are Predictable from Digital Records of Human Behavior," *PNAS* (April 9, 2013); Wu Youyou, Michal Kosinski, and David Stillwell, "Computer-Based Personality Judgments Are More Accurate Than Those Made by Humans," *PNAS* (January 27, 2015); Munmun De Choudhury, Scott Counts, and Eric Horvitz, "Social Media as a Measurement Tool of Depression in Populations," Microsoft Research, Proceedings of the 5th Annual ACM Web Science Conference. Paris, France—May 2–4, 2013.

2. "감시자 단 한 명이 모든 감방의 재소자를 동시에 감시하는 것은 물리적으로 불가능하겠지만, 자신이 언제 감시받는지 모른다는 점이 재소자들로 하여금 사실 늘 감시받고 있는 것처럼 행동하게 만드는 동기로 작용한다는 점만은 분명하다." https://en.wikipedia.org/wiki/Panopticon.

3. Janet Vertesi, "My Experiment Opting Out of Big Data Made Me Look like a Criminal," *Time*, May 1, 2014; Jessica M. Goldstein, "Meet the Woman Who Did Everything in Her Power to Hide Her Pregnancy from Big Data," *Think Progress*, April 29, 2014.

4. Edwin Black, *IBM and the Holocaust: The Strategic Alliance between Nazi Germany and America's Most Powerful Corporation* (Dialogue Press, 2012).

5. "Was It Worth Losin' a Full-Ride Scholarship 4 This Freestyle?," https://www.youtube.com/watch?v=lvzWhlX9TKs.

6. Drew Jubera, "Redskins to Give Jarboe an Opportunity in Minicamp," *New York Times*, April 30, 2013.

7. Thomas Allmer, *Towards a Critical Theory of Surveillance in Informational Capitalism* (H. Peter Lang, 2012).

8. Jennifer Valentino-DeVries, Natasha Singer, Michael H. Keller, and Aaron Krolik, "Your Apps Know Where You Were Last Night, and They're Not Keeping It Secret," *New York Times*, December 10, 2018. 위치 기반 앱의 감시와 관련된 전반적인 내용을 이해하기에 굉장히 좋은 글이다.

9. 모든 게 다 그렇듯 '15분 명성'이라는 워홀의 개념은 꾸준히 진화해왔다. 이것과 관련된 재미있는 연대기가 있다. https://quoteinvestigator.com/2012/04/04/famous-15-minutes.

10. Valentino—DeVries, Singer, Keller, and Krolik, "Your Apps Know Where You Were Last Night."

11. Steve Lohr, "Facial Recognition Is Accurate, If You're a White Guy," *New York Times*, February 9, 2018.

12. Clare Garvie, Alvaro Bedoya, and Jonathan Frankle, "Perpetual Line—up: Unregulated Face Recognition in America," Georgetown Law Center on Privacy & Technology, October 18, 2106, https://www.perpetuallineup.org; and Val Van Brocklin, "As Commercial Use of Facial Recognition Expands, What Are the Implications for Police? If Citizens Willingly Permit Widespread Use of FRT Outside of Law Enforcement, You Could Argue They No Longer Have Any Reasonable Expectation of Facial Privacy," December 7, 2017, www.policeone.com.

13. Ben Gilbert, "Amazon Sells Facial Recognition Software to Police All over the US, but Has No Idea How Many Departments Are Using It," *Business Insider*, February 21, 2020.

14. Jamie Condliffe, "Amazon Urged Not to Sell Facial Recognition Technology to Police," *New York Times*, June 19, 2018.

15. 빅데이터와 윤리에 관련해서 심화된 내용을 알고 싶으면 다음을 보라. "Introduction to Data Ethics" by the Turing Institute's Brent Mittelstadt.

16. Cathy O'Neill, *Weapons of Math Destruction: How Big Data Increases Inequality and Threatens Democracy* (Broadway Books, 2016).

17. John Thornhill, "Formulating Values for AI Is Difficult When Humans Do Not Agree," *Financial Times*, July 22, 2019.

18. Roberto Alifano, *Borges, Biografía Verbal* (Plaza & Janes, 1988), 23.

19. Elly Cosgrove, "One Billion Surveillance Cameras Will Be Watching around the World in 2021, a New Study Says," CNBC, December 6, 2019.

20. "How the Internet Has Changed Dating," *The Economist*, August 8, 2018.

21. 데이트 플랫폼의 규모가 작으면 작을수록 자신과 생각이 비슷한 사람과 그런 사람의 위치를 찾는 서비스의 가치는 한층 높아진다. 2017년에 동성애자 커플의 65퍼센트 가까운 사람들이 온라인에서 만났다. 스탠퍼드 대학교의 연구자들은 이런 추세를 추적하고 분석하는 멋진 작업을 해냈다. Michael J. Rosenfeld, Reuben J. Thomas, and Sonia Hausen, "How Couples Meet and Stay Together 2017" (HCMST2017).

22. Joanna Moll, "The Dating Brokers: An Autopsy of Online Love," https://datadating.tacticaltech.org/viz.

23. "Income and Tax Transparency in Norway and Sweden," *Daily Scandinavian*, August 4, 2017.

24. Curtis Silver, "2018 Year in Review Insights Report Will Satisfy Your Data Fetish," *Forbes*, December 11, 2018.

25. 앨리슨 슈미트Allison Schmit에게 고맙다는 말을 전한다.

26. Mark Pattison, "Americans' Acceptance of Porn Hits New High This Decade," *The Crux*, June 7, 2018.

27. Benjamin Edelman, "Red Light States: Who Buys Online Adult Entertainment?," *Journal of Economic Perspectives* (winter 2009), table 2.

28. M. Diamond, "Pornography, Public Acceptance and Sex—Related Crime: A Review," *International Journal of Law and Psychiatry* (September – October 2009).

29. Tim Alberta, "How the GOP Gave Up on Porn," *Politico Magazine*, November – December 2018.

30. Peter Johnson, "Pornography Drives Technology: Why Not to Censor the Internet," *Federal Communications Law Journal* 49 (1996).

5장 지금의 사회구조 시스템은 옳은가

1. Alan B. Krueger, "An Interview with William J. Baumol," *Journal of Economic Perspectives* (summer 2001).

2. Michael Cooper, "It's Official: Many Orchestras Are Now Charities," *New York Times*, November 15, 2016.

3. Steven Pearlstein, "Why Cheaper Computers Lead to Higher Tuition," *Washington Post*, October 9, 2012.

4. US Bureau of Labor Statistics, "Price Changes in Consumer Goods and Services in the USA, 1997–2017", https://ourworldindata.org/grapher/price-changes-in-consumer-goods-and-services-in-the-usa-1997-2017.

5. NHTSA, "Passenger Vehicle Occupant Injury Severity by Vehicle Age and Model Year in Fatal Crashes," *Traffic Safety Facts*, April 2018.

6. X. Hua, N. Carvalho, M. Tew, E. S. Huang, W. H. Herman, and P. Clarke, "Expenditures and Prices of Antihyperglycemic Medications in the United States: 2002–2013," JAMA (April 5, 2016).

7. 이 업체들은 표시된 가격이 실제 가격이 아니며 오히려 자기들은 피해를 본다고 주장한다. 당뇨병 환자들에게 그런 약품의 가격이 얼마나 터무니없는지 알고 싶다면 다음 글을 읽어보면 된다. William T. Cefalu et al., "Insulin Access and Affordability Working Group: Conclusions and Recommendations," Insulin Access and Affordability Group, *Diabetes Care*, June 2018.

8. Jennifer Barrett, "Driven by Surging Prices, Patient Spend on Insulin Nearly Doubles Over 5 Years," *Pharmacy Times*, January 29, 2019.

9. Nicholas Florko, "'Everyone Is at Fault': With Insulin Prices Skyrocketing, There's Plenty of Blame to Go Around," *STAT*, February 19, 2019, https://www.statnews.com/2019/02/19/no-generic-insulin-who-is-to-blame.

10. Robert Gunderman, "Why Are Hospital CEOs Paid So Well?," *The Atlantic*, October 16, 2013.

11. Bob Herman, "Health Care CEO Pay Tops $1 Billion in 2018 So Far," *Axios*, April 8, 2019.

12. Lena K. Makaroun et al., "Wealth-Associated Disparities in Death and Disability in the United States and England," *JAMA* (December 2017).

13. Dhruv Khullar and Dave A. Chokshi, "Health, Income, and Poverty: Where We Are and What Could Help," *Health Affairs*, October 4, 2018.

14. Bradley Sawyer and Daniel McDermott, "How Does the Quality of the US Healthcare System Compare to Other Countries?," Peterson-KFF Chart Collections, March 28, 2019.

15. Sam Baker, "Average Insurance Deductibles Keep Rising," Axios, August 7, 2018.

16. Drew Altman, Kaiser Family Foundation, "The Silent Affordability Crisis Facing Sick People," *Axios*, May 8, 2019.

17. Katherine J. Gold, Ananda Sen, and Xiao Xu, "Hospital Costs Associated with Stillbirth Delivery," *Maternal and Child Health Journal* (December 2013).

18. Josh Owens, "Medical Bankruptcy Is Killing the American Middle Class," Safehaven.com, February 14, 2019.

19. Avik Roy, "Improving Hospital Competition: A Key to Affordable Health Care: Reversing a Decades-Long Trend towards Hospital Consolidation Will Reduce Health Costs for Patients," Freeopp.org, January 16, 2019.

20. Avik Roy, "RAND Study: Hospitals Charging the Privately Insured 2.4 Times What They Charge Medicare Patients," *Forbes*, May 11, 2019.

21. James C. Robinson, "More Evidence of the Association between Hospital Market Concentration and Higher Profits and Profits," NIHCM Foundation, November 2011. 이런 사실이 알려진 뒤로 상황은 점

점 나빠지고 있다. 인플레이션을 고려해서 보정한 2005~2015년의 비용을 참조하라.

22. Rabah Kamal, Daniel McDermott, and Cynthia Cox, "How Has U.S. Spending on Healthcare Changed over Time?," Peterson-KFF, December 20, 2019.

23. https://quoteinvestigator.com/2017/11/30/salary.

24. Warren Fiske, "Brat: U.S. School Spending Up 375 Percent over 30 Years but Test Scores Remain Flat," *Politifact*, March 2, 2015.

25. Preston Cooper, "The Exaggerated Role of 'Cost Disease' in Soaring College Tuition," *Forbes*, May 10, 2017.

26. Elka Torpey, "Measuring the Value of Education Data Are for Persons Age 25 and Over," US Bureau of Labor Statistics, Current Population Survey, April 2018. 전업 노동자의 수입을 대상으로 했다.

27. 이런 발상들의 '적법성'을 밝히려는 노력의 일환으로 그 발상들은 다음 책으로 출간되었다. *The Code of Virginia and The Declaration of Independence and the Constitution of the United States and the Declaration of Rights and the Constitution of Virginia* (William F. Ritchie, 1849).

28. Zak Friedman, "Student Loan Debt Statistics in 2018: A $1.5 Trillion Crisis," *Forbes*, June 13, 2018.

29. United States Census Bureau, "CPS Historical Time Series Tables on School Enrollment," December 3, 2019, Table A7.

30. Michelle Ye Hee Lee, "Does the United States Really Have 5 Percent of the World's Population and One Quarter of the World's Prisoners?," *Washington Post*, April 30, 2015.

31. "In the twenty years from its peak in 1991, the violent crime rate has fallen from an annual 759 crimes per 100,000 people to 387 crimes per 100,000 people. Property crime has fallen from 5140 to 2905 crimes per 100,000 people." 다음을 참조하라. UCR Data Online, Uniform Crime Reporting Statistics.

32. 뉴욕 대학교 로스쿨 산하 브레넌 정의센터Brennan Center for Justice는 무엇이 범죄를 줄여주고 투옥이 언제 효과를 발휘하는지 분석하며 탁월한 의견을 제시했다. 다음은 꼼꼼하게 읽을 가치가 있는 참고문헌이다. Oliver Roeder, Lauren-Brooke Eisen, and Julia Bowli, "What Caused the Crime Decline?," Brennan Center, NYU, 2015.

33. Jason Furman, "Why Mass Incarceration Does Not Pay," *New York Times*, April 21, 2016.

34. 워싱턴 D. C. 소재의 연구기관 센텐싱 프로젝트Sentencing Project의 다음 글에서 인용. "Still Life: America's Increasing Use of Life and Long-Term Sentences," 2017. "미국 교도소에서 종신형을 사는 사람의 수는 최고치를 기록하고 있다. 16만 2,000명에 가까운 사람이 종신형으로 수감 중인데, 이 수치는 수감자 9명 가운데 1명꼴이다. 게다가 50년 이상의 징역형으로 사실상 종신형과 마찬가지인 재소자가 4만 4,311명이다. 이들까지 종신형을 사는 사람으로 포함하면, 실질적으로 종신형 재소자는 2016년 현재 무려 20만 6,268명이나 된다. 이는 전체 수감자 가운데 13.9퍼센트, 7명 가운데 1명꼴이다.

35. 예술가인 모나 찰라비Mona Chalabi는 이 어마어마한 숫자가 무엇을 암시하는지 그림으로 표현하기 위해 노력했다. 다음 웹페이지를 참조하라. https://www.prisonpolicy.org/blog/2018/03/22/chalabi.

36. "1 in 2 Adults in America Has Had a Family Member in Jail or Prison," https://everysecond.fwd.us.

37. "How Louisiana Became the World's 'Prison Capital,'" *NPR*, June 5, 2012.

38. Peter Wagner and Bernadette Rabuy, "Following the Money of Mass Incarceration," *Prison Policy Initiative*, January 25, 2017.

39. Ruth Weissenborn and David J Nutt, "Popular Intoxicants: What Lessons Can Be Learned from the Last 40 Years of Alcohol and Cannabis Regulation?," *Journal of Psychopharmacology* (September 17, 2011).

40. Drug Policy Alliance, Drug War statistics, n.d. 2018년에 미국에서 마약 법률 위반으로 체포된 사람은 165만 4,282명이었는데, 그중 단순히 마약을 소지했다는 이유로 체포된 이는 142만 9,299명이었다. 2018년에 마리화나 법률 위반으로 체포된 사람은 66만 3,367명, 마리화나를 소지했다는 이유로 기소

된 사람은 60만 8,775명이었다.

41. Tana Ganeva, "In a World of Legal Weed, Michael Thompson Languishes in Jail for Selling It in 1994," *The Intercept*, May 22, 2019.

42. "Deep Dive: Weed, Inc.," *Axios*, June 22, 2019.

43. Elizabeth Williamson, "John Boehner: From Speaker of the House to Cannabis Pitchman," *New York Times*, June 3, 2019.

44. 더 끔찍한 내용을 읽고 싶으면 다음을 참조하라. Shane Bower, *American Prison: A Reporter's Undercover Journey into the Business of Punishment* (Penguin, 2018).

45. Wendy Sawyer, "How Much Do Incarcerated People Earn in Each State?," *Prison Policy Initiative*, April 10, 2017.

46. Jill Tucker and Joaquin Palomino, "Juvenile Hall Costs Skyrocket," *San Francisco Chronicle*, April 26, 2019.

47. United States General Accounting Office Asset Forfeiture Programs (GAO/HR-95-7), Washington, DC, 1995.

48. Vanita Saleema Snow, "From the Dark Tower: Unbridled Civil Asset Forfeiture," *Drexel Law Review* (2017).

49. Southern Poverty Law Center, *Civil Asset Forfeiture: Unfair, Undemocratic, and Un-American*, October 2017.

50. 이 내용은 주로 롤랜드가 2018년 가을에 로스앤젤레스 현대미술관(MOCA)에서 열렸던 전시회와 카탈로그를 토대로 했다.

51. "Greenpeace Slams Coca-Cola Plastic Announcement as 'Dodging the Main Issue,'" Greenpeace, January 19, 2018.

52. "How Much Plastic the World Has Produced since 1950," *Axios*, June 15, 2019.

53. EPA, *National Overview: Facts and Figures on Materials, Wastes and Recycling*, n.d.

54. National Geographic, "The Great Pacific Garbage Patch," encyclopedic entry, 2019, https://www.nationalgeographic.org/encyclopedia/great-pacific-garbage-patch.

55. "EU Parliament Approves Ban on Single-Use Plastics," *Phys.org*, March 27, 2019.

56. Rukmini Callimachi, "Al Qaeda-Backed Terrorist Group Has a New Target: Plastic Bags," *New York Times*, July 4, 2018.

57. Jill Neimark, "Microplastics Are Turning Up Everywhere, Even in Human Excrement," *NPR*, October 22, 2018.

58. Y. Jin, L. Lu, W. Tu, T. Luo, and Z. Fu, "Impacts of Polystyrene Microplastic on the Gut Barrier, Microbiota and Metabolism of Mice," *Science of the Total Environment* (February 2019); Y. Lu, Y. Zhang, Y Deng, W. Jiang, Y. Zhao, J. Geng, L. Ding, and H. Ren, "Uptake and Accumulation of Polystyrene Microplastics in Zebrafish (Danio rerio) and Toxic Effects in Liver," *Environmental Science & Technology* (April 2016).

6장 당신의 '옳음'은 모두 틀렸다

1. Paul K. Piff, Daniel M. Stancato, Stephane Cote, Rodolfo Mendoza-Denton, and Dacher Keltner, "Higher Social Class Predicts Increased Unethical Behavior," *PNAS* (March 13, 2012).

2. John Fritze, "Trump Used Words like 'Invasion' and 'Killer' to Discuss Immigrants at Rallies 500 Times," *USA Today*, August 8, 2019.

3. "Exit Poll Says 20 Percent of Trump Supporters are Pro-Slavery?," https://www.snopes.com/fact-check/trump-supporters-pro-slavery.

4. Voltaire, *Questions sur les miracles*, 1765.

5. Meagan Flynn, "Detained Migrant Children Got No Toothbrush, No Soap, No Sleep: It's No Problem, Government Argues," *Washington Post*, June 21, 2019.

6. Kristen A. Graham, "'Lunch Shaming' School District Apologizes, Says It Will Accept La Colombe CEO's Donation, *Philadelphia Enquirer*, July 24, 2019.

7. Meghann Myers, "ICE Is Supposed to Consider Service When Deporting Veterans. It Hasn't Been," *Military Times*, June 12, 2019.

8. Alex Horton, "ICE Deported Veterans While 'Unaware' It Was Required to Carefully Screen Them, Report Says," *Washington Post*, June 8, 2019.

9. "Table XVI(A): Classes of Nonimmigrants Issued Visas (Including Border Crossing Cards), https://travel.state.gov/content/dam/visas/Statistics/AnnualReports/FY2018AnnualReport/FY18Annual Report%20-%20TableXVIA.pdf.

10. Visual Capitalist Chart of the Week, "The Most Valuable Companies of All Time," 2019.

11. Linda J. Bilmes, Rosella Cappella Zielinski, and Neta C. Crawford, "War with Iran Will Cost More Than the Iraq and Afghanistan Wars," *Boston Globe*, June 24, 2019. 빌메스는 미국의 이런 모험 탓에 납세자들이 얼마나 많이 부담해왔고 앞으로 부담할 비용이 어느 정도인지 따진다. 그는 이 분야에서 세계적 전문가들 중 하나로 꼽힌다.

12. 다음은 전쟁 비용을 다루는 굉장한 사이트다: https://watson.brown.edu/costsofwar/costs/human/civilians.

13. 다음은 인류의 생존과 관련해서 정말 중요한 글이다. Aaron Clauset, "Trends and Fluctuations in the Severity of Interstate Wars," *Science Advances*, February 21, 2018.

14. Arthur Charpentier, "The US Has Been at War 222 out of 239 Years." *Freakonomics*, March 19, 2017.

15. Hans M. Kristensen and Michael Kordas, "Estimated Global Nuclear Warhead Inventory," armscontrol.org Factsheets, 2019. 미국 국무부와 스톡홀름국제평화문제연구소Stockholm International Peace Institute의 자료를 토대로 했다.

16. http://www.precautionaryprinciple.eu. 이 '원칙'은 수많은 반발을 낳았다. 다음을 그 예로 참조하라. Kenneth R. Foster, Paolo Vecchia, Michael H. Repacholi, "Science and the Precautionary Principle," *Science*, May 12, 2000.

17. 당신을 다치게 할 수 있는 것들의 목록이 궁금하다면 소비자 제품안전 위원회Consumer Product Safety Commission 웹사이트를 참조하라. 그런 다음에는 맥주나 한잔 마시러 나가라. 단, 운전은 하지 마라. https://www.cpsc.gov.

18. November 21, 1984. 다음의 그가 신문사에 보낸 편지의 일부다. "나는 고속도로에서 시속 55마일 이하 속도로 크루즈(정속주행) 설정을 하고서 1차로를 타고 달립니다. 내가 1차로를 계속 고집하는 이유는 그 차로가 보통 가장 매끄럽기 때문입니다. 이렇게 하면 오른쪽의 2차로를 달리다가 속도를 늦추는 앞차를 피해서 차로를 바꿀 이유가 없습니다. 그리고 차로를 바꿀 때마다 크루즈의 속도를 다시 설정할 필요도 없죠. 그런데 빠른 속도로 가려는 사람을 위해 내가 굳이 불편함을 감수해야 할 이유가 어디에 있습니까?"

19. "Physician John Nestor Dies," *Washington Post*, May 5, 1999.

20. "Lyme Disease Vaccines," https://www.niaid.nih.gov/diseases-conditions/lyme-disease-vaccines.

21. Deloitte, "Measuring the Return from Pharmaceutical Innovation," 2018.

22. "Historical Fatality Trends: Car Crash Deaths and Rates," https://injuryfacts.nsc.org/motor-vehicle/historical-fatality-trends/deaths-and-rates. "연간주행거리 개념이 처음 등장한 1923년에는 주행거리 1억 6,100킬로미터당 자동차 관련 사망자는 18.65명이었다. 1923년 이후 지금까지 이 수치는 93퍼센

트나 줄어들어 현재는 1.25명밖에 되지 않는다."

23. Brian Beltz, "100+ Car Accident Statistics for 2019," https://safer-america .com/car-accident-statistics/#Global.

24. A. McCormick, Frank H. Walkey, and Dianne E. Green, "Comparative Perceptions of Driver Ability: A Confirmation and Expansion," *Accident Analysis & Prevention*, June 1986.

25. Michael Mercadante, "Driving and the Dunning-Kruger Effect," *Modern Driver*, April 19, 2017.

26. National Safety Council, "Vehicle Deaths Estimated at 40,000 for Third Straight Year," *Safety + Health*, February 14, 2019.

7장 그래서… 결론은?

1. Kate Conger, "Google Removes 'Don't Be Evil' Clause from Its Code of Conduct," Gizmodo, May 18, 2018. 그러나 이에 대한 반발이 워낙 거세게 일어나서 그 원칙은 몇 달 뒤에 원상복구되었다.

2. Lisa Hix, "Selling Shame: 40 Outrageous Vintage Ads Any Woman Would Find Offensive, *Collectors Weekly*, January 10, 2014.

3. Kayleigh Dray, "These Shocking 21st-Century Adverts Are a Grim Reminder That Sexism Is Alive and Well," *Stylist*, July 2019.

4. jenriquez@excelvm.com.

5. 하지만 그렇다 해서 모든 인간이 본질적으로 우아하다는 뜻은 아님을 명심하기 바란다. 진화론적인 용어로 말하자면, 사이코패스들은 엄연히 우리 사회에 존재하며 그 누구도 이들을 이성으로 설득할 수 없다. 당신이 설정해야 하는 목표는 선량한 이들이 95퍼센트에서 99퍼센트에 이르는 사회가 자폭의 길을 걷지 않게끔 만드는 것이다.

6. 2017~2018년에 미국, 독일, 헝가리, 프랑스 등을 포함한 여러 나라에선 반(反)유대교 행동들이 갑작스럽게 몰아쳤다. 여러 나라의 정치인들이 포퓰리즘적이고 민족주의적 태도를 취하며 나서자 많은 이들은 오랜 세월 동안 금기시되어왔던 감정들을 자유롭게 표현해도 된다고 느꼈다. 2019년에는 상황이 더 나빠졌다.

7. Daniel Goldhagen, *Hitler's Willing Executioners: Ordinary Germans and the Holocaust* (Knopf, 1996)

8. 노예제도에 대한 링컨의 견해. 1854년 7월 1일.

9. 매우 용감한 편지 하나를 소개하면 다음과 같다. https://www.splcenter.org/sites/default/files/derek-black-letter-to-mark-potok-hatewtach.pdf. And if you want the full story:Eli Saslow, Rising Out of Hatred: The Awakening of a Former White Nationalist (Doubleday, 2018). 아울러 다음을 참조하라. Tara Westover's extraordinary journey of grit and survival: *Educated: A Memoir* (Random House, 2018).

10. John Bohannon, "For Real This Time: Talking to People about Gay and Transgender Issues Can Change Their Prejudices," *Science*, April 7, 2016.

남은 이야기

1. Ross Andersen, "What Happens if China Makes First Contact?," *The Atlantic*, December 2017.

2. Yuehong Zhang, "Chinese Journal Finds 31% of Submissions Plagiarized," *Nature*, September 9, 2010.

3. Vincent Lariviere, Kaile Gong, and Cassidy R. Sugimoto, "Citations Strength Begins at Home: The Increasing Production of Papers and a Propensity to Cite Compatriots Makes China Likely to Win the Referencing Race," *Nature*, December 12, 2018.

4. Smriti Mallapaty, "Engineering a Biomedical Revolution: A Permissive Regulatory Climate and a Pragmatic

Approach Has Seen China's Bioscience Sector Soar," *Nature*, December 12, 2018.

5. Sarah Dai, "China's Facial Recognition Mania Now Extends to Public Housing and Trash Cans—So Watch Your Step," *South China Morning*, August 2, 2019.

6. Adam Greenfield, "China's Dystopian Tech Could Be Contagious: The PRC's "Social Credit" Scheme Might Have Consequences for Life in Cities Everywhere," *The Atlantic*, February 14, 2018.

7. https://gdpr.eu/right-to-be-forgotten.

8. Vernor Vinge, "The Coming Technological Singularity: How to Survive in the Post-Human Era," Proceedings of Symposium Vision 21, Westlake, Ohio, March 30 – 31, 1993. NASA Conference Publication 10129.

9. Joshua Samuel Zook, "Is Vernon Vinge's Singularity the End of Days?," *Futurism*, 2016.

10. Brad Darrach, "Meet Shaky, the First Electronic Person: The Fascinating and Fearsome Reality of a Machine with a Mind of Its Own," *Life*, November 20, 1970.

11. John Maeda, *How to Speak Machine* (Portfolio/Penguin, 2019). 굉장한 책이다.

12. Max Roser and Hannah Ritchie, "Technological Progress," https://ourworldindata.org/technological-progress.

13. Ernest Hemingway, *The Sun Also Rises*. 이를 일깨워준 데이비드 브린[David Brin]에게 고맙다는 말을 전한다.

14. Roser and Ritchie, "Technological Progress."

15. 현재의 인공지능 상태에 대한 팀 어번의 다음 포스트를 참조하라. 정말 똑똑한 글이다. "The AI Revolution: The Road to Superintelligence." https://waitbutwhy.com/2015/01/artificial-intelligence-revolution-1. html. Worth reading in full—both parts.

16. Urban, "The AI Revolution."

17. Frank Rose, *Into the Heart of the Mind: An American Quest for Artificial Intelligence* (Vintage Books, 1984).

18. 마이크로소프트의 활자체 선정과 관련해서 심층적인 공부를 하고 싶다면 어맨다 에릭슨[Amanda P. Erickson] 의 석사 논문을 참조하라.

19. 알고리듬의 윤리적 함의를 개괄하고 싶다면 다음을 읽어라. Brent Daniel Mittelstadt, Patrick Allo, Mariarosaria Taddeo, Sandra Wachter, and Luciano Floridi, "The Ethics of Algorithms: Mapping the Debate," *Big Data & Society* (July – December 2016).

20. Ulrich Beck, *Risk Society: Towards a New Modernity* (Sage, 1992).

21. Patrick Tan, "Could Cryptocurrencies Provide the Alpha That Algos Evaporated on Wall Street?," *Medium.com*, January 10, 2019.

22. "Formulating Values for AI Is Hard When Humans Do Not Agree," https://www.ft.com/content/6c8854de-ac59-11e9-8030-530adfa879c2.

23. K. Macnish, "Unblinking Eyes: The Ethics of Automating Surveillance," *Ethics and Information Technology*, October 23, 2014.

24. B. W. Schermer, "The Limits of Privacy in Automated Profiling and Data Mining," *Computer Law & Security Review* (2011).

25. Charles Eisenstein, "Coronation," Eisenstein Blog/Essays, March 2020.

26. Lydia Gall, "Hungary's Orban Uses Pandemic to Seize Unlimited Power," Human Rights Watch, March 23, 2020.

27. Neha Wadekar, "Like a Biblical Plague, Locusts Swarm East Africa, Laying Waste to Crops and Livelihoods," *Los Angeles Times*, March 26, 2020.

28. https://www.goodreads.com/quotes/132146-10-percent-of-any-population-is-cruel-no-matter-what.

29. Theron Mohamed, "'Hell Is Coming': Billionaire Bill Ackman Sent the Stock Market Spiraling during a 28-Minute Interview Filled with Dire Coronavirus Warnings," *Business Insider*, March 19, 2020.

30. Siobhan Roberts, "The Exponential Power of Now," *New York Times*, March 13, 2020.

31. 물리학자 데이비드 도이치David Deutsch는 TED 강연 〈우주 속의 우리 자리Our Place in the Cosmos〉에서 우리는 유기물 찌꺼기가 맞다고 인정한다. "그러나 (…) 우리 인간은 종류가 다른 유기물 찌꺼기입니다. 이 찌꺼기인 우리는 우주적 보편성을 갖습니다. 우리의 구조는 모든 사물의 구조를 품을 수 있습니다. 그 것도 시간이 지날수록 더욱 정확하게 말입니다. 그런 의미에서 다른 어떤 곳도 아닌 바로 이곳이야말 로 정말 우주의 중심이라 할 수 있습니다. 나머지 우주 전체의 구조적 본질과 인과법칙의 핵심을 담을 수 있기 때문이죠. 그렇기에 인간은 무의미하기는커녕 물리 법칙에 의해 허락받은, 아니 오히려 애초부터 그렇게 되게끔 정해졌다고까지 말할 수 있는 특별한 존재입니다. 이런 사실이야말로 이 물리 세계에서 일어난 가장 중요한 사건 중 하나입니다."

32. https://exoplanets.nasa.gov.

33. 만일 생명의 기원과 생명이 나타날 수 있는 다양한 조건들에 대해 조금 더 알고 싶다면 NASA의 천문학 웹사이트 https://astrobiology.nasa.gov를 참조하기 바란다. 무척 흥미진진할 것이다.

34. Ross Andersen, "What Happens if China Makes First Contact?," DeutschThe AtlanticDeutsch, December 2017. 만일 중국 SF가 익숙하다면 리우치신(刘慈欣)의 소설을 읽어보라.

옮긴이 이경식

서울대학교 경영학과와 경희대학교 대학원 국문학과를 졸업했다. 옮긴 책으로『싱크 어게인』『에고라는 적』『신호와 소음』『문샷』『문 앞의 야만인들』『두 번째 산』『소셜 애니멀』 등이 있다, 쓴 책으로는『1960년생 이경식』『나는 아버지다』 외 다수가 있으며, 오페라 〈가락국기〉, 영화 〈개 같은 날의 오후〉〈나에게 오라〉, 연극 〈춤추는 시간 여행〉〈동팔이의 꿈〉, TV드라마 〈선감도〉 등의 각본을 썼다.

무엇이 옳은가

초판 1쇄 발행 2022년 3월 29일
초판 9쇄 발행 2024년 11월 27일

지은이 후안 엔리케스
옮긴이 이경식
펴낸이 최동혁
디자인 co*kkiri

펴낸곳 ㈜세계사컨텐츠그룹
주소 06168 서울시 강남구 테헤란로 507 WeWork빌딩 8층
이메일 plan@segyesa.co.kr
홈페이지 www.segyesa.co.kr
출판등록 1988년 12월 7일 (제406-2004-003호)
인쇄 제본 예림

ISBN 978-89-338-7180-5 (03300)

앞으로 채워질 당신의 책꽂이가 궁금합니다.

마흔 살의 세계사는 더욱 섬세해진 통찰력으로
당신의 삶을 빛내줄 귀한 책을 소개하겠습니다.